폭군의 셰프 2

 2

초판 1쇄 찍은날 2025년 11월 21일
초판 1쇄 펴낸날 2025년 11월 28일

글 김지영
펴낸이 서경석
총괄 서기원 **편집** 배현아 서지혜 손다인 황창선
기획·마케팅 박문수 **디자인·제작** 이문영

펴낸곳 도서출판청어람
출판등록 1999년 05월 31일(제38-7-1999-000006호)

주소 서울특별시 구로구 디지털로272, 404호
전화 02-6956-0531
팩스 02-6956-0532
메일 chungeoram_book@naver.com

ISBN 979-11-04-20006-9 04680
       979-11-04-20004-5 (세트)

김지영 대본집

폭군의 셰프

일러두기

1 이 책의 편집은 김지영 작가의 집필 방식을 따랐습니다.

2 드라마 대사는 글말이 아닌 입말임을 감안해, 한글맞춤법과 다르다 해도 그 표현을 살렸습니다.

  지문의 경우 한글맞춤법을 최대한 따르되, 어감을 살리기 위해 그대로 둔 표현도 있습니다.

3 물음표, 마침표, 쉼표 등 문장 기호의 표기 역시 인물의 성격과 장면의 분위기를 살리기 위하여 그대로 둔 표현이 있습니다.

4 미방영 내용이 포함되어 있으며, 방송된 부분과 다를 수 있습니다.

기획의도

이 드라마는
폭군이자 절대 미각을 겸비한 왕 '연희군'과 미래에서 온 셰프 '연지영'이 만나
요리의 맛에 진심을 느끼고 요리의 완성을 위해 목숨을 거는 왕과 요리사의 사랑,
그리고 시대와 세대를 초월한 '요리정치'에 관한 이야기이다.

대체 왕의 사랑과 정치가 요리와 무슨 상관이냐고?
시대를 막론하고 요리는 정치와 함께 성장해 왔다.
언젠가 사랑을 위해 순정을 바치는 것이 당연했던 것처럼.
왕은 백성을 배불리 먹이기 위해 정치를 했고,
신하는 왕을 배불리 먹이기 위해 헌신했고,
부모는 자식을 배불리 먹이기 위해 일을 했고,
자식은 부모를 배불리 먹이기 위해 열심히 살았다.

이토록 사랑하는 자들은 사랑하는 이들을 배불리 먹이기 위해
자신의 모든 것을 바쳐 살았고, 그것은 결국 우리가 살아가기 위해 가장 중요한 것은
'먹는' 것이라는 사실을 일깨운다.
아마도 먹이기 위한 행위와 먹는 것 사이 그 어딘가쯤 정치가 있을 것이다.

결국 요리(料理)란, 헤아리고 다스린다는 그 뜻처럼,
사람의 마음을 어루만지고 헤아릴 수 있는 가장 강력한 사랑이자,
사람과 사람의 사이를 잇는 가장 강력한 정치 수단이었다.

이 드라마는 그러한 '요리'에 주목하고자 한다.
각기 다른 색과 맛을 지닌 그들의 사연과 사랑 이야기.
그리고 그들이 만나 벌이는 요리정치의 세계.

정성이 담긴 요리를 먹으면 사람은 건강해진다.
그것이 민심과 멀어진 채로 폭정을 일삼으며 살아가던 연희군을 변화시킨
연지영의 요리 신념이다.

용어정리

S# Scene. 같은 장소와 시간 내에서 이루어지는 행동이나 대사가 하나의 씬을 구성한다.

E Effect. 소리만 나오는 경우에 주로 사용하며, 입말이 아닌 마음속 소리, 내레이션 등을 표현할 때 쓰인다.

Na Narration. 장면의 내용이나 줄거리, 등장인물의 독백 등을 장면 밖에서 설명하는 것을 말한다.

VFX Visual Effects. 촬영 영상에 디지털 효과, 합성, CG 등을 더해 장면을 구현할 때 쓰인다.

INS Insert. 특정한 동작이나 상황을 강조하는 장면을 넣거나 동일 씬에서 다른 장소를 삽입할 때 쓰인다.

Cut to 한 장면에서 다른 장면으로 전환될 때 쓰인다.

F.C Flash Cut. 인물의 기억, 과거, 감정 등이 짧은 컷으로 빠르게 전환되는 장면 연출 방식을 말한다.

O/L Overlap. 화면이 겹치며 전환되는 효과를 주며 한 장면이 완전히 사라지기 전에 다음 장면이 겹쳐 들어올 때 쓰인다.

CG Computer Graphic. 화면에 후처리로 삽입되는 그래픽 요소. 자막, 문자, 지도, 그래픽 등을 삽입할 때 쓰인다.

V/O Voice Over. 인물의 속마음, 내레이션 등 얼굴이 보이지 않는 상황에서 쓰인다.

Contents

● **연지영** 파리 미슐랭 3스타 레스토랑의 헤드셰프

한국대학의 저명한 사학자 연승우의 외동딸로 어머니를 일찍 여의었다. 프랑스 최고 요리대회 '라 포엘 도르'에서 우승한 다음 날, 아버지의 부탁으로 고서적 '망운록'을 전달받고 한국행 비행기에 오른다. 그런데 그녀에게 믿을 수 없는 일이 벌어진다. 일식과 함께 비행기 화장실 안에서 망운록이 펼쳐지더니 과거로 시간여행을 하게 된 것.

미슐랭 3스타 레스토랑 '해피큐어'의 헤드셰프가 될 일만을 남겨두고 있었는데.. 터진 김밥처럼 복잡해진 머리를 쥐어뜯고 있을 때, 어떤 정신 나간 남자를 만난다.

"과인이 이 나라의 왕이니라."
그는 최악의 폭군으로 기록된 연희군이었다!
과거로 온 것도 기가 찰 노릇인데, 하필 왕 폭탄을 만나다니. 그녀의 인생이 실타래처럼 꼬여가고 있었다.

● 이헌(연희군) 군주

태어나 보니 왕이었다. 운이 좋았다. 하지만 그 행복은 그리 오래가지 않았다. 이헌이 8살이 될 무렵, 인주대왕대비의 한씨 가문의 주도 아래 모친 연씨가 폐비가 되었다. 어린 이헌이 세자로서 할 수 있는 일은 하나도 없었다. 운이 나빴다. 이헌은 어머니의 죽음에 얽힌 진실을 알기 위해 사라진 그날의 기록, '사초'를 찾기 시작했다.

그는 폭주기관차처럼 힘의 균형을 잃고 폭정을 시작했다. 사람들은 그를 폭군이라 불렀다. 하지만 이헌에게 호칭 따위는 중요하지 않았다. 그러던 어느 일식이 일어나던 날, '귀녀' 연지영을 만났다. 알고 보니 이 귀녀의 정체는 요리사란다. 지금 말로 수라간의 대령숙수란다. 귀녀에게 끌려다니가 찾은 금표 안 초가집에서 귀녀가 만든 '불난집 비빔밥'을 맛보았다.

그런데 이 맛은?! 난생처음 느껴 보는 알싸한 매운맛에 처음엔 독이라 생각했다. 수많은 생각이 머릿속을 스쳐 가던 그 찰나, 그 맛을 계속 맛보고 싶은 본능이 일었다. 심지어 배불리 먹고 난 뒤에 밀려오는 오랜만에 느끼는 이 편안함은 대체 뭐란 말인지. 이헌은 귀녀 연지영에게 품었던 경계를 풀고, 그녀를 수라간 '대령숙수'에 임명한다.

• 강목주 숙원, 이헌의 후궁

천하절색의 미인. 제산대군의 심복. 제산대군의 눈에 들어 그를 통해 노래, 춤, 가야금 등을 배웠고, 장안의 이름있는 기녀들에게 남자의 마음을 훔치는 기술을 섭렵했다.

대외적으로는 왕의 승은을 입고 숙원의 자리까지 오른 여인으로 알려져 있으나, 제산대군을 위해 궁 안의 온갖 정보를 퍼 나르는 첩자 노릇을 하고 있다. 가장 낮은 곳에서, 가장 높은 곳으로, 가장 높은 곳에서, 가장 낮은 곳으로 추락하는 비운의 악녀(惡女).

• 제산대군 사옹원 제조

이헌의 숙부. 왕족으로, 선왕인 선종(宣宗)과 배다른 형제다. 부왕인 임종이 승하하고 적장자인 선종이 즉위하며 한씨 가문이 권세를 잡자, 목숨을 보존하기 위해 바보 행세를 하며 살았다.

그러나 허허실실 웃으며 뒤에서는 극악무도한 짓을 서슴지 않는 냉혈한이다. 이헌에게 희대의 요녀 강목주를 바치고 어머니의 복수를 부추기며, 호시탐탐 반정의 기회를 노리고 있다.

<수라간 사람들>

• 서길금 냄새를 잘 맡는 소녀

절대 후각의 소유자.
전라좌수영 군관이었던 아버지를 찾아 한양길에 올랐다가 화적떼를 만나 어머니마저 잃고, 홀로 금표 안 초가집에서 살았다. 미래에서 왔다는 지영의 말을 유일하게 믿어주는 지영의 든든한 지원군이다.

● **엄봉식** 선임 숙수, 종 7품 선부(膳夫)

세습된 숙수 집안에서 자랐다. 기본적으로 밝고 쾌활한 성격이지만, 요리할 때만큼은 엄하다. 지영이 대령숙수가 되기 전까지 맹숙수와는 라이벌 관계였으며, 이헌의 건강 상태와 안위를 살피기 위해 인주대왕대비가 심어둔 인물이다.

● **맹만수** 선임 숙수, 종 8품 조부(調夫)

왜관에서 음식을 배웠다. 음식에 관해선 학구파로, 늘 노력하고 요리 공부에 매진한다. 반찬류 요리를 잘 만들어 궐 안의 실세인 숙원 강목주의 총애를 받고 있으며, 처음엔 지영에게 질투심을 느끼고 온갖 해괴한 짓을 벌이다가 점점 그녀의 요리 실력을 인정하게 된다.

● **심막진** 보조 숙수, 임부

불 다루는 일을 담당하는 정9품 임부(飪夫).
수라간의 공식 주당(酒黨)으로 엄숙수를 믿고 따른다.

● **민개덕** 보조 숙수, 반공

밥 짓는 일을 담당하는 반공(飯工).
가볍고 수다스러운 성격으로 심숙수와 달리 맹숙수를 잘 따른다.

● **윤춘식** 설리, 수라간 관리내관

수라간의 모든 살림을 책임지는 사옹원 소속 설리.
깐깐한 인상과 달리 지영과 숙수들을 물심양면으로 돕는다.

<이헌의 사람들>

● 임송재 도승지

이헌의 누이 휘숙옹주의 부마. 권모술수에 능한 모략가이자 지략가. 옹주와 혼인하고도 이헌의 엄청난 총애를 받으며 도승지 자리에 올랐다. 아버지 임서홍과 함께 채홍사 노릇을 자처하며 희대의 간신이라 손가락질 받지만, 어심을 헤아리지 않는 충심은 필요 없다고 생각한다. 이헌이 '귀녀' 지영에게 호감을 보이자, 이헌의 총애를 강목주에게서 지영에게로 옮겨 강목주를 제거하려는 계획을 세우고 있다.

● 신수혁 우림위장

타고난 무사 기질로 불같은 성정의 이헌의 곁을 묵묵히 지킨다.

● 공길 비밀이 많은 이헌의 광대

사당패의 꼭두쇠이자, 처용무로 이헌의 마음을 빼앗은 광대.

● 창선 상선

선대왕 시절부터 왕을 2대째 모시고 있는 내관. 입이 무겁고 지혜롭다.

● 최말임 대전 상궁

창선과 함께 이헌을 오래 보필한 지밀상궁.
예의 바르고 위엄이 있다. 지영을 좋아하고, 지영의 요리는 더욱 좋아한다.

● 폐비 연씨 이헌의 생모

이헌이 어린 시절, 모종의 이유로 폐서인된 후에 죽음을 맞이한다.

<내명부 사람들>

● 인주대왕대비 이헌의 조모

임종이 죽기 직전 들였던 마지막 왕비로, 임종이 승하하고, 아들인 선종 역시 자신보다 먼저 승하하자, 무소불위의 권력을 쥐게 된다. 친손자이자 세자인 이헌을 보위에 올렸으나, 폐비 연씨 사건의 전말이 드러날까 매일 전전긍긍하는 인물로, 폐비 연씨 사건의 핵심 키를 쥐고 있다.

● 자현 대비 이헌의 계모

폐비 연씨가 쫓겨난 후, 선종의 새로운 왕비로 간택되어 진명대군을 낳았다. 이헌을 친자식처럼 대하고 키웠으나, 왕실의 비밀인 폐비 연씨 사건의 전말이 드러날까 이헌을 늘 걱정하는 인물이다.

● 양귀인 선왕의 후궁

이헌의 부왕인 선종이 총애하던 종1품 귀인.
나이를 떠나 밝고 때 묻지 않은 명랑한 성격으로, 인주대왕대비와 자현대비의 손과 발, 귀 역할을 한다.

● 성귀인 선왕의 후궁

이헌의 부왕인 선종이 총애하던 종1품 귀인.
선종이 승하하자 부쩍 외로움을 느끼며 양귀인과 친자매처럼 지내고 있다.

● 진명대군 이헌의 이복동생

역사에서는 이헌이 '갑신사화'를 일으켜 폐위되며 보위에 오른다.

● 김복순 제조상궁

상궁 중 가장 지위가 높은 어른 상궁으로, 왕명을 받들고 내전의 재산 관리를 담당하는 업무를 맡았지만, 내명부의 실세인 인주대왕대비를 주로 보필한다.

● 추월 감찰상궁

궁녀들의 부정부패를 감시하고 조사하여 처벌하는 임무를 맡았지만, 사실 목주가 심어놓은 첩자다. 궐 안에서 각종 염탐, 거짓말, 이간질, 모함을 일삼는다.

<조정 대신들>

● 임서홍 공조참판

임송재의 부친이자 사육신 변절자의 후손으로 대를 이은 간신이다. 정치보다는 돈과 여자, 이익에 관심이 많다. 상대방의 비위를 잘 맞추고, 살살 웃으며 아첨도 잘하고, 뒤돌아서 욕도 잘한다.

● 한민성 한민성파

영의정. 인주대왕대비의 오라버니로, 현 조정을 움직이는 실세.

● 박원준 한민성파

좌의정. 이헌의 올바르지 못한 행실에 충언을 일삼는다.

● 유형민 한민성파
예조참판. 명나라 사신단을 맞이하는 원접사.

● 성인재 제산대군파
우의정. 제산대군을 등에 업고 새로운 나라를 꿈꾸고 있다.

● 유문정 제산대군파
이조판서. 무인사화 때 가족을 잃고, 제산대군의 편에 섰다.

● 김양손 제산대군파
홍문관 대제학. 무인사화 때 동생 김이손을 잃고, 이헌에게 적대심을 지니고 있다.

<주변 인물들>

● 홍경달 경기감영 관찰사
신하들의 존경을 받는 충신이자, 폐비 연씨 사건에 연루된 인물.

● 홍언욱 참봉
홍경달의 아들. 딸 미향의 채홍을 막기 위해 지영을 위기에 빠뜨린다.

● 덕출 제산대군의 호위무사
제산대군의 은밀한 명을 받아 수행한다.

Bon Appétit, Your Majesty

제 7 부

1. 봉덕궁 / 수라간 / 회의실 / 낮

(6부 엔딩에 이어서)

지영과 길금, 엄숙, 맹숙, 민숙, 심숙이 빙 둘러앉아 있는 가운데,
탁자 위, 압력솥 그림들이 여러 장 놓여 있다.

길금   요로코롬 생긴 것은 첨 보는디? 요거시 무다요?

지영   이번 3차 탕 경합에서, 이걸 사용할 거예요.
       (그림을 들고 설명하며) 자, 이 솥은, 여기 솥의 밑바닥에 열을 가해,
       증기가 빠져나가지 못하게 한 다음에, 압력이 높아지도록 만든 솥이거
       든요?

길금   그란디 아직 1차도 치루기 전인디, 시방 뭐땀시 3차부터 애기한다요?

지영   내가 요리대회를 참가해 보니까 우승하려면 항상 마지막 메뉴를 잘 준
       비해야 돼.
       다들 1, 2차전은 잘하겠지. 그러다 3차전 가면 지치고 아이디어가 바닥
       나면서 3차 경합이 가장 중요한 승부처가 될 거야.

우리 전략은 역순으로 가는 게 포인트야!

길금   (적으며) 뽀인투...

엄숙수   3차 경합이라면 인삼이 들어간 '탕' 요리가 아닌가.

인삼 장어탕, 인삼 추어탕, 인삼 갈비탕.. 어차피 보양식일 텐데.

왜 이런 솥이 필요하단 건지.. 가마솥도 있는데.

지영   제가 생각한 인삼이 들어간 가장 적절한 탕은, 오골계 삼계탕이에요.

숙수들 일동오골계 삼계탕?!

심숙수   삼계탕이 뭐여?

엄숙수   닭 세 마리를 넣자는 겐가?

민숙수   산 게! 살아있는 게로 만든 탕. 일종의 해물탕 아닐까요?

지영   (E) 아.. 삼계탕이 없었구나. 이 시대에는.

삼계탕은 닭의 뱃속에 인삼과 한약재료를 잔뜩 넣어서 푹 삶아 먹는 탕

이에요.

맹숙수   황당무계한 압력솥도 모자라 겨우 오골계 속을 갈라 이것저것 막 넣고

탕을 만들자는 말이오?

엄숙수   닭 속에 재료를 넣으면 닭이 익을 시간에 속 재료가 다 퍼져버릴 텐데..

그게 말이 되나? 탕을 잘 모르네~

지영   예, 재료가 익는 시간이 서로 다르겠죠.

그러니까, 이 탕은 반드시 정성과 더불어 과학의 힘이 들어가야 한다구요.

엄숙수   정성?

맹숙수   가학?

지영   예, 먼저 오골계를 끓일 압력솥을 구해야 하구요.

길금   아따, 그라믄 요것이 첫 번째 정성이네요~

지영   그리고 지장수에 준비된 오골계를 씻어 비린내를 뺀 후에,

민숙수   두 번째, 두 번째 정성이죠.

지영   마지막으로, 최소 6년근 홍삼과, 대추, 황기, 황칠, 도라지, 잔대, 녹각

등 10가지 한약재료를 넣고 육수를 내서 오골계와 함께 끓입니다. (미소)

엄숙수   정성이 얼마나 더 들어가야 되는 거야?

심숙수   설마, 대령숙수, 이게 마지막 정성이쥬?

지영	마지막 음식을 향한 마음까지 넣고 나야 끝이죠. (으쓱)
맹숙수	그냥 무쇠 가마솥에 해도 될 거 같은데.
지영	거친 야생 오골계의 속살을 시간 안에 다른 재료와 맞춰
	1시간 안에 10시간 푹 곤 효과를 내서 연하게 익히려면,
	반드시 이게 필요하다구요. (으쓱)
민숙수	(조심스레) 듣도 보도 못한 물건인데.. 만약에... (그림 보며)
	이걸 못 구하면요...?
맹숙수	민숙, 답답하다 답답해~ 이런 걸 어디서 구한다고..
민숙수	형님~ 그러지 말고~ 일단 대령숙수 말 좀 들어 봅시다.
심숙수	아유~ 앓느니 죽지~ (한숨) 말 듣는다고 뭐 뾰족한 수가 있겠냐고.
	(하는데)
지영	(O/L) 만들 거예요.
엄숙수	(탄식) 하.. 연숙수~ 말이 되는 소릴 좀 하게~ 이런 걸 누가 만들 수 있
	겠나~?
맹숙수	(보다 못해서) 아니, 대령숙수를 믿고 가는 판이니, 다른 건 그렇다 칩
	시다. 하지만, 솥을 만든다니.. 여기가 무슨 대장간이요?

딴 데 보는 길금과 집중하는 민숙수. '하..!' 어이없는 심숙수. 지영을 본다.

지영	쉽진 않겠지만..
	이 솥이 있으면 차원이 다른 깊은 맛을 낼 수 있어요. (씨익)
맹숙수	정말이오? 자신 있소?
지영	네, 그리고 내 기억이 맞다면, 조선에 이걸 만들 수 있는 사람이 한 명
	있어요.

지영의 결연한 표정과 수라간 숙수들의 충격적인 표정에서.

타이틀. **"폭군"** 뜨면,

식칼이 슝! 하고 날아와 꽂히고 칼자국 사이로 흘러내린 글자가 문장을 완성한다.
"폭군의 셰프"

- Course N˚7 비 오는 날의 동래파전 -

2. 숙수들 + 이헌 몽타주 / 낮, 밤

1. 낮/수라간 회의실
지영과 길금, 숙수들 일동. 떠들썩하다.
회의실 대자보에 언문으로 '1차 경합 요리' 보이고, 그 밑에 여러 가지 메뉴를 쓰고 있다.
갈비찜, 너비아니, 고기완자 등등.

2. 낮/태평관 회의실
탁자 위, 각자 요리를 적은 작은 종이들이 보이고, 그중 하나를 집어 드는 당백룡. 당백룡이 고른 종이(글자는 보이지 않고)를 보여주면 아비수, 공문례가 고개를 끄덕이고 일어선다.
다 뒤집혀 있는데 글자가 보이는 종이 한 장, '鷄'(닭 계).

3. 밤/지영의 처소
요리 그림들이 바닥을 가득 메웠다.
그림을 그리는 지영의 얼굴과 손, 옷엔 먹물이 잔뜩 묻었다. 길금이 한 장 들어보면 갈비와 통닭 그림들.. 갸우뚱하는 길금.

4. 낮/수라간
손질된 오리 목에 대나무 깔때기를 끼우고 입으로 바람을 부는 엄, 맹, 심, 민. 오리가 빵빵해진다. / 호박 조청, 식초 등을 넣고 끓인 물을

국자로 손질된 오리에 끼얹어 데치는 지영. / 수라간 아궁이 옆 선반에 걸리는 오리들. (5마리)

5. 낮/태평관 수라간

웍에 닭고기를 넣고 튀기는 아비수. 당백룡, 하나 먹어보고 끄덕.
공문례는 뭔가 의견을 낸다.

6. 낮/사옹원

방앗간에서 온 고추장과 고춧가루를 풀어보는 숙수들.
매운 냄새와 맛에 모두 난리다.
일각에서 사옹원 내관과 함께 지켜보는 제산대군. 날카로운 눈빛.

7. 낮/태평관 수라간

채소를 다듬는 당백룡, 탕을 끓이는 공문례, 웍질을 하는 아비수.
각기 새로운 재료를 넣어 맛보며 1, 2, 3차 경합 준비가 한창이다.
(궁보계정, 사찰 음식, 불도장)

8. 밤/수라간 회의실

2차, 3차 요리 리스트가 빼곡히 적힌 회의실.
사방 벽이 메모와 그림, 찢어서 붙여놓은 요리서 조리법들로 빈틈없이 꽉 채워져 간다.
2차 라쯔야(매운 오리볶음) 옆에 3차 오골계탕, 압력솥 도면을 설명하는 지영과 듣는 길금, 숙수들 일동.
엄숙수, '오골계는 질겨서 익는 데 오랜 시간이 걸리고'
맹숙수, '그렇다고 너무 익히면 맛이 떨어져서 경합 요리로는 안 맞소'
지영, '그래서 이 압력솥을 사용해야 한다는 겁니다. 물은 100도에서 끓지만 2기압에선 120도에서 끓거든요. 한마디로, 고기를 뼈까지 씹어 먹을 수 있도록 푹 익히는 게 가능하단 소리예요'
한쪽 문에 손가락 구멍을 뚫어 수라간 회의실을 가만히 지켜보는 이헌. 뒤에서 창선이 망을 본다.

지영, 인기척에 문을 확 열어보면 아무도 없다. 닫으면 창선 위에 넘어져 있는 이헌.

3. 봉덕궁 / 침전 마루 / 낮

창선이 일각에 서 있고, 이헌과 지영이 마주 앉아 있다.

이헌, 지영이 건넨 그림을 한 장씩 살펴보다 마지막 장을 탁자 위에 휙- 내려놓고 황당한 표정 짓는다.

이헌   대체 이런 걸 만들어서 어쩌겠다는 것이냐?

지영   3차 경합에서 탕 끓일 때 사용할 거예요. 음식의 맛을 좌우할 중요한 솥이거든요? 이건 요리와 과학의 결합이에요.

       전하, 이 시대에 없는 새로운 맛을 내려면 반드시 필요합니다.

이헌   그러니까... 이걸 만들 자를 구해 달라.. 이 말이냐?

지영   네. 여기 장영실이란 분 계시지 않아요? 그분은 만드실 수 있을 것 같은데..

이헌   하.. 앙부일구와 자격루를 만들었던 그 대호군 말이냐?

       그 자라면.. (창선 보면)

창선   (생각하다 끄덕)

이헌   선대왕께서 아끼던 기술자였는데..

지영   선대왕? 그럼 지금은 안 계시다는 거예요? (사색이 되며)... ㅠㅠ

이헌   (생각하다가) 가만, 군기시(軍器寺)에는 그럴 만한 자가 있을지도 모르겠다..

       자막 | 군기시(軍器寺) : 조선시대에 군사 병기의 제조 업무를 관장하던 관청

지영   군기시요?

이헌   군사용 무기를 만드는 곳인데, 대포도 만들고 창, 칼도 만들고..

지영   (울상) 하... 그런 데는 안 되는데.. 발명가가 필요하다구요.

창선	(조심스레) 전하. 적당한 자가 있기는 합니다..
지영	(!!, 창선을 보면)
이헌	(급히) 그자가 누구냐.
창선	장춘생이라고.. 대호군 장영실의 후손인데..

INS_ 정체를 알 수 없는 물건이 어지럽게 널린 창고.
장춘생 / 땀을 닦으며 대장간 같은 창고에 앉아 '땅땅' 망치로 쇠를 치며
무언가를 만드는 중이다.

지영	장영실의 후손?
이헌	(눈을 빛내며) 그래, 어떤 자냐?
창선	예, 군기시에서 기괴한 물건을 만들기로 유명한 자였지요.. 그러다 작년 여름, 폭발 사고를 내고 쫓겨났다고 하옵니다.
지영	(??) 폭발 사고요...? (하고 이헌 보면)
이헌	(창선에게) 그자는 지금 어디 있느냐?
창선	고향으로 내려갔다고 들었사온데, 군기시에 물으면 자세히 알 수 있을 것이옵니다.
지영	(눈을 빛내며) 전하, 당장 그 사람을 만나게 해주세요. 시간이 없습니다.
이헌	호들갑 떨 것 없다. 서둘러서 제대로 되는 일 (하는데)
지영	(답답) 전하, 압력솥이 없으면 탕으로 명나라 숙수들을 이기기 힘들어요. 오골계 살을 쫄깃하게 익히면서 인삼의 진액이 탕에 배어들게 하려면 이게 꼭 필요하다구요. 1차, 2차 요리대결 준비까지 마치려면 시간도 없구요. 다른 음식 재료들도 구해야 하거든요.
이헌	식재료라면 궁에도 많이 있지 않느냐.
지영	그게... 제가 원하는 건 산 좋고 물 좋은 곳에서 바로 채집한 거예요. 갓 채취한 신선한 재료가 요리의 성패를 좌우하거든요.
이헌	허면, 나도 같이 다녀오는 게 (하는데)
창선	(O/L) (한발 나서며) 전하, 아니 되옵니다. 사신단이 태평관에 머물고 있사옵니다. 뿐이옵니까? 지금 연숙수는 조선의 사활을 걸고 경합을 준

비하러 가는 것이옵니다.

헌데 이런 때에 전하께오서 궁을 비우시면 (하는데)

이헌   (O/L) (못마땅) 그만~! 알아들었다.

창선   (뒤로 물러나며 조아리고) 예..

이헌   (핵 지영을 보며) 그래, 출궁을 윤허하마.

지영   예? 감사합니다. 전하.

이헌   허나, 너를 혼자 보낼 수는 없다.

지영   예??

이헌   도승지와 함께 다녀오거라.

지영   도승지면, 임송재 그분이요?

이헌   그래. 채홍한다고 전국을 돌아다녀서 지름길을 아주 잘 안다.

도움이 될 것이다. (씨익)

지영   (끄응) 아.. 예... 전하.

4. 봉덕궁 / 계무문 / 낮

이헌과 수혁이 일각에 서 있고,

그 맞은편엔 봇짐을 멘 송재와 장돌뱅이로 변복한 지영이 서 있다.

이헌   (지영을 보며) 조심히 다녀오거라.

지영   네, 잘 다녀오겠습니다. (미소)

이헌   (마패를 건네며) 말과 사람을 동원해야 할 때 쓰거라.

송재   (공손히 받고) 예, 전하. 그럼 다녀오겠사옵니다. 너무 심려치 마시옵

소서.

이헌   그래.

지영과 송재, 예를 갖추고 돌아서서 문을 나선다. 둘의 뒷모습을 보는

이헌, 왠지 불안한 표정이다.

이헌	(수혁에게) 수혁아 저 둘.. 왠지 남들이 보기에 이상하지 않겠느냐?
수혁	무슨 말씀이시온지..
이헌	부부로 보이지 않느냐, 이 말이다.
수혁	형제로 보기에 연숙수가 곱기는 합니다만.. 부부까지는..
이헌	(O/L) 안 되겠다. (귓속말로 뭔가를 지시)
수혁	(!!) 예, 전하...

5. 도성 입구 / 길 일각 / 낮

도성을 드나드는 사람들 사이에 섞여 도성 밖을 나가고 있는 지영과 송재. 걸어가며 얘기 중이다.

지영	망운록을 찾긴 하겠죠?
송재	나만 보면 그놈의 책 타령, 전하께서 찾아주신다 하였으니, 그만 보채라.
지영	저한테 중요한 책이니까 그렇죠. 이번 경합만 끝나면, 진짜 돌아갈 거예요. (새침)
송재	아직도 그리 돌아가고 싶으냐?
지영	(빠직) 그게 무슨 뜻이죠?
송재	아니다~ 전하께서 너와 꽤 정이 든 거 같아서 말이다~
지영	(찔리고) 저, 정이라뇨?
송재	(바램을 담아서) 너랑 전하를 보고 있자니, 요즘 그런 생각이 든다. 이러다 내가 너한테 존대를 해야 하는 날이 오는 것은 아닌지... 마마.. 라고 말이야. 허허허!
지영	(민망) 어이없어 진짜. 이상한 소리는 집어넣으시구요~ 전 돌아갈 거니까 걱정 마세요~ (앞장서고)
송재	(피식) 그러지 말고, 이참에 전하의 마음을 확실히 얻거라.
지영	(홱 고개 돌리며) 허! 어이없어 진짜. 송재님이야말로 뭘 얻으시려고 저를 자꾸 푸쉬해요?

송재	(뜨끔) 내가 무슨 푸셔.. 푸셔는 무슨.. 푸셔? 그게 무슨 말이냐?
지영	몰라요 진짜~ (앞장서 가고)

이때, 송재와 지영의 앞을 가로막으며 휙 나타나는 공길.

지영	아 깜짝이야! (놀라)
공길	어이쿠.
송재	네가 여긴 어인 일이냐?

공길이 씨익 웃으며 일각을 보면, 변복한 이헌과 수혁이 서 있다.

송재	(놀라 둘러보며) 전하! 전하께서 어인 일이시옵니까?
이헌	남녀칠세 부동석이라~ 나와 이들이 동행하면 연숙수는 불편한 오해를 사지 않을 것이다~
송재	하오나 연숙수는 남장을 해서 괜찮사 (하는데)
이헌	(O/L) 어허! 누가 봐도 여인이다.
지영	(뻘쭘)...
송재	전하! 사신단이 태평관에 머물고 있사옵니다.
이헌	(O/L)(씨익) 맞다. 허니, 너는 어서 돌아가거라. 궁을 지키는 너의 역할도 막중하다!
송재	(!!) 송구하오나 이러시면 아니 되옵니다. 게다가 천 리 길을 걸으셔야 하는데..
이헌	이 출궁은 조선의 사활을 건 경합을 위한 준비다. 당연히 내가 직접 두 발로 걸어야지 않겠느냐! (부채를 쫙 펴서 얼굴 가리며) 서둘러라~ 이러다 늦겠다~ (앞장서고)

이헌이 저만치 가면 따라가는 수혁과 공길.
지영, 고개를 갸웃대다가 '같이 가요!' 하면서 달려가고.
송재만 덩그러니 남아 망연자실... '전하, 이러면 아니 된다고요... 하..'

6. 봉덕궁 / 침전 앞 / 낮

창선, 침전 앞을 서성이며 안절부절못하고 있다. 침전 앞에 다가온 송재.

창선   (급히) 전하께서는 어디 계시옵니까!
송재   (고개를 숙이며)... 출궁하셨소.
창선   (원망하듯) 말리셨어야지요! 지금 때가 어느 땐데!
송재   하... 이미 변복까지 하고 작정하신 분을 무슨 수로 말린단 말이오.
          (한숨) 쩝.. 내 편전을 맡을 테니, 창선이 침전을 알아서 하시구랴. (가고)
창선   (불안하게 먼 곳을 보고) 하...

7. 봉덕궁 / 편전 / 낮

떠밀려 나오는 대신들. 쿵. 송재와 서홍이 편전의 문을 걸어 잠근다.
웅성거리는 대신들의 목소리.

송재   (손을 탁탁 털며) 전하께서 몸이 불편하시어 당분간 조회를 열지 않겠
             다 하셨으니, 사신단 접대와 경합 준비에 만전을 기해 주시고, 그 외 안
             건은 장계로 제출하십시오.
한민성   아니, 갑자기 몸이 불편하시다니, 그게 무슨 말이오?
성인재   어제까지만 해도 아무 일이 없으셨지 않는가.
임서홍   (안 들리는 듯) 그럼, 그리들 아시고~
송재   이만 실례하겠소이다. (가버리고)

송재, 서홍의 뒷모습에 따가운 눈총이 쏟아진다.
묵묵히 노려보는 성인재파와 투덜대는 한민성파.

8. 어느 산길 / 낮

산길, 공길이 앞장서서 길잡이를 하고 있다. 이헌, 수혁, 지영이 뒤를 따르고.

이헌   (퀭하고) 공길아~ 여기가 대체 어디냐. 다리 아파 죽겠구나.

공길   다 와 갑니다 전하~ 조금만 참으십시오.

지영   (숨 고르며) 전하, 가면 '내가 이 나라의 왕이다~' 이런 거 하고 그러시면 안 돼요.

이헌   (피식) 사실인 것을 군이 숨길 필요가 있느냐?

지영   (걱정) 그러다 (사극 흉내) 송구하오나 저는 만들 수 없사옵니다~ 이러면 어떡하냐구요..

이헌   (귀여워 웃고) 그럼 주리를 틀어야지.

지영   전하!

이헌   아, 알겠다.

지영   약속하신 겁니다.

이헌   어허! 두 번 말하게 하지 말거라.

지영   (어이없는 미소) 으휴...

공길   이만 가시지요.

공길, 슬쩍 지영과 이헌을 본다. 해맑게 웃고 있는 지영과 이헌. 수혁은 묵묵히 뒤를 따르고.

제산대군 (E) 주상께서 또 궐을 비우셨다..?

9. 제산대군 저 / 사랑채 / 밤

제산대군과 유문정, 성인재가 모여 앉아 차를 마시며 대화 중이다.

유문정	예, 대군, 대령숙수와 함께 출궁하였다 하옵니다.
제산대군	(차를 따르며) 왜지? 명나라와 경합이 코앞인데, 이리 중한 때에.
성인재	수라간 나인들의 말에 따르면, 경합에 쓸 기괴한 물건을 구하고 있다고 하옵니다.
제산대군	(차를 마시고) 기괴한 물건이라.. <u>으흐흐흐.</u> (의미심장한 눈빛) 이참에 경합 자체를 무산시키는 것도 좋겠군.
성인재	(흠칫) 하오나 대군, 사신단이 명나라로 돌아갈 때까지는 기다려야 하지 않겠습니까.
제산대군	우상대감, 이번 경합이 얼마나 중한지 모르시오? 경합의 승패가 결국 거사의 도화선이 될 것이외다.
김양손	맞습니다. 대군, (유문정 보고) 우리에겐 준비된 자들이 있지 않습니까.
유문정	구월산 산채에서 훈련 중인 자들... 말하는 것인가.
제산대군	이참에 그동안 갈고닦은 실력 좀 보잔다고 이르시게.. <u>으흐흐흐.</u> 표적은 대령숙수다.
유문정	(눈을 빛내며) 예, 대군.
성인재	(걱정스럽고) ....

제산대군, 가만히 찻잔을 응시하며 미소 짓는다.

10. 경기도 외곽 / 장춘생의 집 앞 + 마당 / 늦은 오후

지영과 이헌, 공길, 수혁이 드디어 장춘생의 집 앞에 도착했다.

지영	여기가 맞나요?
수혁	(지도를 보며) 틀림없소. 군기시에서 들은 내산골 끝자락.
이헌	헌데, 뭐라고 써져 있는 것이냐?

지영, 이헌, 공길, 수혁 문을 보면, 문간에 뭔가 대롱대롱 달린 경고판.

언문으로 **[허락 없이 문을 여는 자는, 죽음을 자초할 것이다 - 장춘생]**

이헌　(기막혀서) 참 기가 막히는군. 이래서 괴짜들은 위아래가 없다는 것이다. 어디 감히 지 허락을 받으라 마라인가!

지영　(애가 타서 손짓발짓하며 작게) 전하, 제발 쫌.

말이 통하지 않는 이헌, 분노에 찬 걸음으로 다가가 문을 확 열며!

이헌　장춘생! 썩 나와 예를 갖춰라. (하는데)

지영　(입술을 질끈 깨물고 고개를 돌리는) 진짜 진상...

열린 문 앞, 큼직한 대포가 떡하니 서 있다. 심지어 '치이이이익..' 소리와 함께 심지가 타들어 가고.
지영과 공길, 수혁이 놀라 보면, 이헌이 연 문에 묶인 줄이 대포 심지에 닿은 부싯돌에 연결되어 있다.

지영　(다급하게) 대포예요! 전하가 그냥 문을 여는 바람에 심지에 불이 붙었잖아요! (도망치며) 다들 피해요!

수혁　피하십시오!

수혁이 대포를 온몸으로 막아서면!
이헌과 공길, 사색이 되어 지영과 함께 몸을 날리며 '으아악~!' 비명을 지르는데,
그 순간! 쾅! 하면서 불꽃을 뿜어내는 대포!!

11. 장춘생의 집 / 외경 / 늦은 오후

멀리 보이는 장춘생의 집 외경.

펑! 소리와 함께 집이 들썩.. 이내 마당에서 연기가 피어오르고..

12. 장춘생의 집 / 마당 / 늦은 오후

뿌연 연기 사이로, 벚꽃처럼 날리는 튀밥들.
지영, 슬며시 눈을 뜨면... 이헌, 지영을 보호하려고 지영을 감싸고 있는 모양새다.
지영, 화들짝 놀라 이헌과 떨어지며.

지영　　(콜록콜록) 아니, 대체 이게 뭐죠?

이헌　　(인상 꽉) 그건 내가 묻고 싶은 말이다. 이게 대체 뭐냐? (콜록콜록 하는데)

공길　　(콜록) 화포는 아닌 것 같습니다.
　　　　자막 | 화포(火砲) : 불덩이를 멀리 쏘아 성벽을 지키는 군사 무기

수혁　　(콜록콜록) 장춘생! 네 이놈을 당장!

공길　　당장! 당장! 담장, 담장 말이오?

공길이 급히 수혁의 몸을 잡고 막아서는데, 뻥튀기 반대쪽에 쭈그려 앉아 뭔가 열심히 하는 장춘생.

장춘생　　아이고야, 됐다, 됐어~ 됐어! (감격하며)

지영　　(연기를 휘휘 저으며 다가가) 장춘생님...?

바삭바삭한 뻥튀기를 만져보며 행복한 표정 짓는 장춘생.
지영, 자세히 보면 대포 반대쪽의 뚜껑(해치 방식)이 열려있고 뻥튀기가 수북히 쌓였다.

지영　　(뻥튀기를 하나 집어 들고) 이건 뻥튀긴가?

이헌	(같이 집어들고 오만상) 뽕틱이?
지영	(한입 먹고 표정이 환해지며) 뻥튀기 맞네.. 와~ 진짜 제대로 찾아온 것 같은데..?
이헌	고작 한과 부스러기를 보고 뭔 소릴 하는 게냐? (부스러트리며)
지영	이건 단순한 요리가 아니에요.

이헌과 수혁, 공길이 긴장한 표정으로 지영을 보면,

지영	요리와 과학이 결합한 분자 요리라구요!

자막 | 분자요리(分子料理) : 음식 재료를 분자 단위로 분해해 새롭게 창조한 요리

이헌	분자 요리? (하는데)

다음 순간, 들고 있던 뻥튀기를 바닥에 내팽개치는 장춘생.
지영과 이헌, 수혁과 공길이 흠칫 장춘생을 본다.

장춘생	아, 이거 양은 늘었는데.. 영 밍밍하니 맛이 없네. (퉤퉤)
이헌	(기가 차서 홱 보며) 네놈이 장춘생이 맞으렷다? 감히, 내가 누군줄 알고 이러느냐?
지영	(이헌을 잡고 눈으로 말리며) !!!
장춘생	(심드렁) 누구세요?
	나라님은 아니고 대체 뉘신데 남의 집에 이렇게 막 쳐들어 와가지고,
이헌	(O/L) 뭐라? 난 이 나라의!!!
지영	(재빨리 껴들며) 아이고, 임송재 어르신! 왜 그러십니까.
장춘생	아~ 그 채홍사? 그랬구나. 그래서 이렇게 기고만장했구나!

공길이 픽 웃고, 수혁은 칼집에 손을 올리며 노려보고.

지영	맞소~! 도승지 어르신이오!
이헌	(점점 부아가 치미는) 알고도, 가짜 대포로 사람을 놀라게 했느냐? 네 정

녕! (하는데)

장춘생   (보며) 만약, 궁에서 오신 분들인 걸 내가 알았으면,
　　　　그쪽으로 쌀이 아니라 수백 발의 쇠구슬이 날아갔을 게요~ (히죽)

이헌, 수혁, 공길, 소름이 쫘아악 끼치는 표정을 짓고.

수혁   어허! 무엄하다. (하는데)

장춘생   (긁적긁적) 어허, 어디서 개가 짖노! (수혁과 공길을 보며) 아이고, 개가
　　　　두 마리네..

이헌   이런 고얀! (하는데)

지영   (슥- 이헌의 코앞에서 아무 말 하지 말라고 싹싹 비는)

이헌   후~ (고개 돌리고)

공길   (껴들며) 월월! 아이고, 사람 참 잘 보십니다. 어르신.

장춘생   어르신은 무슨~!

지영은 어느덧 대포를 살피고 있다.

지영   (E) 압력과 열을 이용하는 뻥튀기 기계다!! 이 사람이라면...?
　　　　(예의 바르게) 어흠, 안녕하시오. 수라간 대령숙수 연지영이라 하오.

장춘생   (심드렁하게 보며) 에헤, 별일일세. 도승지 행차에 대령숙수는 남장 여
　　　　인이라.

지영   티가 나나..? 안 믿어지시겠지만 다 사실이구요.
　　　　저희는 부탁이 있어서 먼 곳에서 왔습니다.
　　　　나라의 사활이 걸린 아주 중대한 문제라구요.

장춘생   (기가 차다는 듯) 나라의 사활?
　　　　나랏일은 나라님이 해결하셔야지. 왜 날 찾아오셨을까?

이헌   (뒷짐 지고 나서며) 정녕 목에 칼이 들어와야 네놈이 정신을 차리겠느냐?!

장춘생   허허.. 불청객이 주인에게 겁박이라..
　　　　(피식, 옆에 늘어진 줄 하나를 잡더니) 지금 나가는 게 좋을 게요.

이제부터는 당신들의 안전을 보장할 수 없으니.

이헌 도저히 안 되겠다. 수혁아~ (하는데)

수혁 (칼자루를 잡으며) 예!!

지영 (수혁을 막아서고 이헌에게 작게) 이러지 않기로! 약속했잖아요!

이헌 후~ (분을 삭이며 눈을 감는)

지영 (춘생 보며 미소) 선생님, 나랏일이 아니라 제가 부탁드릴 게 있어서 왔습니다.

장춘생 (무시하고 줄을 당기며) 난 경고했소.

공길 (재빨리 휙 튀어나와) 잠깐~! 아따, 성질 참 급하시네~
일단 사람 말을 끝까지, 끝까지 좀 들어보시오~

장춘생, 한발 물러나며 줄을 조금 더 내리자, 끼기기기, 기분 나쁜 소음이 들려오며,
신기전 같은 화포가 평상 밑에서 쓰윽 올라와 대문 앞 지영 일행을 겨냥한다.

지영 (다급히) 안 되겠어요. 나가요, 나가.

이헌 저, 저런 미친놈을 봤나!

지영, 이헌과 수혁, 공길을 민다. 문 밖으로 떠밀려 나가는 이헌과 수혁, 공길.

지영 (장춘생 돌아보며) 거, 아쉽네요.
뻥튀기 맛있게 하는 법 좀 알려드리려고 했는데. (하며 나가려는데)

장춘생 뻥튀기? 이 튀긴 밥 말인가?

지영 (아무렇지 않은 척 돌아보며) 왜 그러시죠? (E) 휴~ 먹혔다.

장춘생 저기, 정말로 이 밍밍한 걸 맛있게 만드는 법을 아오?

지영 (품에서 설탕 주머니 꺼내며) 설탕인데.. 쌀 넣을 때 한 줌 넣고 다시 해보세요. 그럼.. (나가는)

장춘생   (받아들고).....

장춘생, 물끄러미 그런 지영의 뒷모습을 바라보는.

13. 장춘생의 집 앞 / 늦은 오후

장춘생의 집 앞에 있는 지영과 이헌, 수혁 그리고 공길.

이헌   이렇게 나오면 어쩌자는 것이냐?! 저놈의 주리를 틀어서라도 만들게 해야지!

지영   (깊은 한숨) 괴짜는 위아래가 없다고 누가 그랬죠?
    아니 그러다가 진짜로 그 줄 당겼으면 어쩌려구요?

이헌   (분한 듯 이를 갈며) 분명, 허세일 것이다.

공길   전하, 저런 놈치고 허세만 부리는 놈 보지 못하였습니다.

수혁   (못마땅한 듯 보며) 네 어느 안전이라고 함부로 입을 놀리느냐.

공길   안전은 무슨, 안전하지가 않았잖소.

지영   지금 이럴 때예요? 싸울 때 싸우더라도, 지금 말고 갈 때 싸우세요. 안 말릴 테니까.

수혁/공길 (획 서로 노려보고)...

이헌   (획 돌아서) 하... 이것 참.. 내 이런 수모를 겪다니..

하는 순간, 쾅! 하며 문 안에서 다시 울리는 대포 소리! 이헌, 놀라서 도포로 지영을 감싸안는다.
지영, 응? 하는 표정으로 보면, 그제야 얼굴이 붉어지며, 바로 떨어지는 이헌.
수혁과 공길은 귀 막고 주저앉았다가 일어서고.

14. 장춘생의 집 / 마당 / 늦은 오후

이때, 뻥튀기가 담긴 함지박을 들고 평상에 앉아서 맛을 보는 장춘생.
지영, 대문 옆 담장으로 가서 담장 틈으로 안을 엿보는데.

장춘생   (뻥튀기를 먹어 보는데) 오~ (저절로 감탄사가 나오는)

지영   (E) 설탕 넣으신 거 맞죠?

장춘생   (흠칫 돌아보면)

담장 틈새로 지영이 보인다.

장춘생   아직 안 갔소?

지영   (으쓱) 그냥은 못 가죠. (뻥튀기 보며) 어때요? 더 맛있어졌죠?

장춘생   설당이 들어가니까 맛은 있소만, 영~ 글렀소.

지영   왜요...?

장춘생   사람들 배불리 먹으라고 쌀이 두 배로 커지는 기계를 만든 건데,
설당을 넣어야만 맛이 난다면.. 거, 무슨 소용이요? 그 비싸고 귀한 것을.

지영   (회심의 미소) 그렇다면 더더욱 저를 도와주셔야 합니다.
이번 경합에서 이기면 조선이 사탕수수를 얼마든지 싼값에 사들일 수
있거든요. 그러면 저 맛있는 뻥튀기를 모두가 즐길 수 있는 날이 오지
않을까요?

장춘생   (마음이 동하여) 그 사탕수수 얘기, 정말이오?

지영   제가 전하랑.. 아니, 저~ 높으신 분이랑 같이 왔는데 거짓말 하겠어요?

장춘생   진짜 대령숙수는 맞고?

지영   (대령숙수 패찰을 담 틈으로 건네며) 이거 보세요.

장춘생   그럼 저쪽도 진짜 도승지?

지영   예, 예!

장춘생   아니, 당신 같은 사람이 저런 간신배와 왜 같이 다니오?

지영   그게.. 말하자면 좀 긴 얘긴데..

장춘생   (곰곰이 보며) 흠.. 그럼 뭘 어떻게 도와달란 말이오?

지영, 품 안에서 압력솥 그림(도면) 좍 펼쳐 보인다.
(참조: 드니 파팽의 최초의 '요리용 압력솥')

지영   (미소) 이 압력솥이요!!

15. 장춘생의 집 앞 / 늦은 오후

춘생이 문을 활짝 열어준다. 안으로 들어가는 지영을 보는 세 사람.

이헌   (기가 차서) 아니! 지금 저 둘이 안으로 들어가서 뭘 하겠다는 것이냐!
내 저놈을 당장! (하는데)
공길   (잡으며) 참으십시오, 전하. 일단 원하는 걸 얻고 봐야 하지 않겠습니까.
수혁   뭔가 일이 되어가는 듯 보입니다. 잠시 기다리는 것이..
이헌   하... 경합을 시작하기도 전에 속부터 터지는구나.

16. 장춘생의 집 / 마당 / 늦은 오후

압력솥 그림을 유심히 바라보고 있는 장춘생.

장춘생   (도면을 보며) 물이 끓었을 때 생기는 증기를 가둘 수 있는 솥이구만..
지영   (환해진 표정) 예, 맞아요!
장춘생   무게 추를 이용해서 일정한 압력이 되면 빼낼 수도 있고?
지영   맞습니다! 물은 100도에서 끓지만, 2기압에선 120도에서 끓거든요.
한마디로, 고기를 뼈까지 씹어 먹을 수 있도록 푹 익히는 게 가능하단
소리죠.

장춘생	(흥미가 당기지만) 거, 무슨 말인지 모르겠지만,
	어쨌든 솥의 이음새가 조금만 약해도 터져버릴 테니까..
	순철을 이용해야 된다는 소리고..
	(그러다 흠칫) 근데 내가 이런 생각을 왜 하고 있는지 모르겠네.
	그러니까 빨리 본론부터 얘기하쇼. 내가 왜 이걸 만들어야 하오?
지영	며칠 뒤, 희정당에서 조선과 명나라의 요리 경합이 열립니다.
	그 경합에서 이기려면 이게 꼭 필요해요..
장춘생	흠.. 명나라 숙수라.. 보통이 아닐 텐데.. (떠보듯) 자신 있소?
지영	춘생님이 도와주신다면요.. (도면 들고) 이것만 있으면 한번 해볼 만하
	거든요.
장춘생	(잠시 뒷짐을 지고 하늘을 보다가) 난 안 할랍니다.
	달면 삼키고 쓰면 뱉는 높은 놈들, 돕고 싶지 않소. (들어가려는데)
지영	잠깐만요, 춘생님! 이 경합에서 지면 조선이 많은 것을 빼앗기게 됩니다.
	그럼 백성들도 힘들어질 거구요.. 그러니까 제발 좀 도와주세요.
장춘생	(딱하게 보며 툭) ..그런다고 바뀔 세상이 아니오.
지영	장영실 어르신도 그렇게 생각하셨을까요?
장춘생	(우뚝 멈추고... 돌아보는) 백부님을 아시오?
지영	...
장춘생	그 어르신이라면 해주셨겠지. 그러다가 또 이용만 당하고 버려졌겠지.
	그래서 난 안 하겠다는 게요. (들어가며 문 닫는) 이만 돌아가시오.
지영	(깊은 한숨) 하... 쉽지 않네..

17. 장춘생의 집 앞 / 늦은 오후

지영이 힘없이 나오면 지켜보던 이헌과 수혁, 공길이 다가온다. 고개를
젓는 지영.

이헌	거, 보거라. 말이 통하는 자가 아니다. 지금이라도 관아로 끌고 가자.

시간도 없는데.

공길　전하, 저런 사람은 악밖에 안 남은 사람입니다.

마음을 움직여야지, 힘으로 했다간 십중팔구 그 물건이 겉만 번드르르 했지, 필시 속은 엉망일 겝니다.

지영　네, 공길씨 말이 맞아요..

저도 예전에 전하께서 억지로 음식 시킬 때는.. 도망갈 생각만 했다구요.

이헌　뭐라? (꾹 참고) 해서 너도 여태까지 잘만 해오지 않았느냐.

지영　(춘생 집 보며) 아니, 그랬다가 압력솥이 잘못 나오면요. 그땐 어떡하구요?

이헌　그땐 저놈의 손목을 자르고 3대를 멸할 것이다.

지영　전하... 잘 설득해서 제대로 된 솥을 만들어야지, 그게 뭐예요~

이헌　(부글부글) 그럼 어쩌자는 것이냐.

지영　마음을 움직여야 하는데.. 좋은 생각이 안 나네요.

이헌　(수혁과 공길에게) 다들! 오늘 밤 안에 좋은 생각들을 내보거라.

수혁/공길　예, 전하.

18. 봉덕궁 / 자홍원 / 외경 / 밤

횃불이 주변을 밝히고 갑사들이 경계하고 있는 외경.

19. 봉덕궁 / 자홍원 / 행운당 / 밤

비단 금침 위에 앉아 잠 못 드는 목주, 분한 듯 술상을 쾅! 내려치고.
분노의 표정.

목주　대령숙수와 출궁을 하셨다니.. 하.. 어찌 이러실 수 있단 말이냐!

추월　마마, 진정하십시오. 아마도 경합 때문인 듯하옵니다.

그보다.. (눈치 보면서) 지난번 마마께서 알아보시라 이르신, 공길이란 광대놈 말이옵니다.

목주 (분을 삭이며 보면)...

추월 그 광대놈이 예전에 속한 놀이패의 꼭두쇠에게 알아온 사실이 하나 있사옵니다.

목주 무엇이냐.

추월 혹, 옥단이란 이름을 기억하십니까.

목주 (!) 설마, 자홍원에 있던 그 옥단이 말이냐?

추월 (의미심장) 예, 그 옥단이가.. 공길이의 누이였다 합니다.

목주 (충격!) 허면, 그놈이 이 궁 안을 맴도는 것은,

추월 (O/L) 예, 필시 옥단이의 죽음과 연관이 있을 것이옵니다.

목주 (!) 사람을 풀어서 그놈에 관한 것들을 더 자세히 알아오거라.

추월 예, 마마.

목주 (불안한 표정)....

대왕대비 (E) 뭐라, 주상이 연숙수를 데리고 출궁을..?

20. 봉덕궁 / 대왕대비전 / 밤

인주대왕대비를 중심으로 자현대비와 성귀인, 양귀인이 앉아 있다.

성귀인 예, 전하의 출궁이 의미하는 바는 제가 잘 모르겠사오나 확실하다 하옵니다.

양귀인 워낙, 대놓고 출궁하시던 분이 아닙니까. 의미가 있겠습니까.

자현대비 (미소) 허나, 사신단이 와 있는 이런 때에 출궁을 하실 분은 아닙니다.

대왕대비 맞다.. 주상이 어리고 철이 없어 자기 멋대로긴 하나, 그 정도로 지각이 없지는 않다.

성귀인 혹, 사신단 경합 때문일까요?

양귀인   허나 그 때문에 직접 출궁까지 하신단 말입니까?

성귀인   (번뜩!) 설마, 주상이 대령숙수에게 연심을 품은 건.. 아니겠지요?!

대왕대비 (낮게) 어허. 그 입! 조심하지 못할까.

성귀인/양귀인   (입술을 깨물고)...

21. 장춘생의 집 옆 / 마당 / 밤

별이 총총이는 밤. 장춘생의 집 대문이 보이는 초가집. 수혁과 공길이 보
초를 서고.
지영, 평상 한쪽 끝에 망부석처럼 앉아 장춘생의 집을 바라보며 꾸벅꾸
벅 졸고 있다.
툇마루에 앉은 이헌, 그런 지영을 보다가 다가가 자신의 도포를 벗어 감
싸주고. 애틋하게 보는.

22. 봉덕궁 / 수라간 외경 / 낮

23. 봉덕궁 / 수라간 / 낮

엄숙수, 심숙수를 데리고 탕 끓이는 연습 중이다. 옆에는 손질된 오골
계가 보인다.
끓고 있는 솥을 휘저으며 멸치, 버섯 등이 후룩 떠다니는 탕을 국자로 떠
서 한입 먹어본다.

엄숙수   (음미하고) 음~ 맛은 있는데, 끝내주는 게 없네~ (하면서 양념장을 넣고)

심숙수   아무래두 우린 대령숙수 말마따나 가마솥으로 오골계는 무린가 봐유.

엄숙수   연숙수는 대체 언제 오는 거야?

심숙수	일단 지가 우대갈빈지 어디갈빈지는 싹 다 썰어놨응께, 1차 경합 준비는 다 된 거쥬?
엄숙수	고초가루랑 고초장은 잘 보관했지?
심숙수	암만요. 그건 민숙이 사옹원 곡식창 안에 얌전히 모셔놨쥬..
엄숙수	사다 놓으라는 오리는?

심숙이 대답하려는데, 헐레벌떡 들어오는 민숙수.

민숙수	(얼굴이 하얘져서) 형님, 급히 좀 가보셔야겠습니다.

엄숙수, 웅? 이건 또 뭔가 싶고.

24. 봉덕궁 / 수라간 뒷마당 가는 길 / 낮

민숙수를 필두로 엄숙과 심숙이 걸어온다.

엄숙수	아 대체 무슨 일이야.. (하는데)
민숙수	아무래도 맹숙 형님이 이상합니다.
심숙수	아 왜~ 또 불안병 도진겨?
맹숙수	(E) 다시! 다시! 다시!
엄숙수	앗! 깜짝이야!

'그만!' 하는 맹숙수의 엄한 고함. 엄숙, 심숙, 민숙, 모퉁이에 몸을 숨기고 슬쩍 본다.

25. 봉덕궁 / 수라간 뒷마당 / 낮

길금이 '탁탁탁탁' 대파와 오이 비롯한 채소를 썰고 있다. (옆에는 썰린 채소가 한가득)
길금의 손에는 여러 번 베인 듯 상처가 보이고. 맹숙수는 매의 눈으로 감시하며 고함을 지른다.

맹숙수 그만! (재료를 들어 올리고) 이따위로 썰면 재료를 쓰라는 것이냐, 버리라는 것이냐?!

길금 (울상) 송구혀라.. 다시 하게쩌라..

맹숙수 (막대로 툭툭툭 속도를 맞추며) 내 속도에 맞추거라.

다시 탁탁탁탁 맹숙수의 막대 속도에 맞춰 칼질을 하는 길금. 그러다 살짝 손을 베인다.

맹숙수 (버럭) 칼질이 이리 안 늘어서 얻다 쓰느냐?! 당장 나가서 칼부터 다시 갈아!

길금 흑.. (눈물 훔치며 칼을 들고 밖으로 나가고)

26. 봉덕궁 / 수라간 뒷마당 모퉁이 / 낮

엄숙, 민숙, 심숙 재빨리 모퉁이에 납작 붙어선다. 길금, 지나치면서 숙수들 보자, 꾸벅 인사하고 가는.

심숙수 맹숙도 참.. 그렇게 잘해줄 땐 언제고 대체 왜 저러는 건지..

민숙수 좀 이상합니다.. 저를 가르치실 때보다 훨씬 엄한 게..

엄숙수 목이 왔다갔다 하니 예민해진 거지.. (한숨) 근데 서나인은 왜 가르치는 거야?

27. 태평관 / 수라간 / 낮

아궁이에서 탕이 끓고 있다. 공문례가 맛을 본다. 됐다는 표정으로 뒤를 보면,
당백룡이 다가와 국자로 한 번 더 맛을 본다. '음~' 좋다는 뜻으로 고개를 끄덕인다.

공문례 (명) 당형의 이런 열정적인 모습은 참으로 오랜만에 봅니다.
당백룡 (명) 이번 경합은 요리사로서의 자존심을 건 대결이다.
　　　　이겨서 얻을 건 없지만, 지는 것은 참을 수 없는 치욕이 될 것이다.
　　　　작은 나라라고 우습게 봐서도 안 되고, 대국에서 왔다고 자만해서도 안 된다.
공문례 (명) 부재승덕(不才勝德)이라, 재주가 덕을 넘어서는 최고의 요리사가 될 수 없다.. 평소의 가르침을 늘 명심하고 있습니다.
당백룡 (명) 겸손함을 잊지 말고 대륙 최고의 화부들이 어떤 요리를 하는지 보여주자.
공문례 (명) 예. 당형.
당백룡 (명) 헌데, 아비수는 어디 간 거지?
공문례 …

28. 제산대군 저 / 사랑채 / 낮

제산대군이 앉아서 병서를 읽고 있다.

덕출 (E) 대감마님, 잠시 나와 보시어요. 태평관에서 사람이 왔습니다.
제산대군 태평관? (책을 덮고 일어나 나가는)

29. 제산대군 저 / 툇마루 + 마당 / 낮

제산대군이 뒷짐을 지고 나오면, 통역을 둔 아비수가 서 있다.

제산대군 (알아보고) 웅? 이게 누구야~ 명국의 숙수가 아니신가?
사신단 통역 예, 대군나리. 아비수 숙수께서 사옹원 제조이신 대군을 찾아왔나이다.
제산대군 허허, 그래, 예까지 어인 일로?
아비수 (통역을 듣고, 명) 말씀드리기 전에 이것부터.

하며 나무상자를 내밀어 덕출이 받아 올리고, 제산대군이 열면..
화자오가... 들어 있다.
자막 | 화자오(花椒) : 일명 '쓰촨 페퍼(Sichuan pepper)'라 불리는 초피

제산대군 이것은 초피가 아니냐?
아비수 (명) 이것은 그냥 초피가 아니라, 사천의 최고급 초피 화자옵니다.
제산대군 (심중을 꿰뚫어 보듯) 헌데, 이 귀한 것을 왜 내게 가져왔느냐?
아비수 (명) 이것과 바꾸고 싶은 것이 있사옵니다.

제산대군, 의미심장한 얼굴로 아비수를 보고.

30. 장춘생의 집 일각 / 오두막 / 낮 (비가 오는)

쏴아아아... 제법 세차게 내리는 소나기.
오두막 처마 아래 쪼르르 앉아서 장춘생의 집을 바라보고 있는 지영과
이헌, 공길 그리고 수혁.

지영 (비를 보면서) 하...
이헌 날씨도 도와주질 않는구나.. 허 참..

공길	(이헌에게) 이러다 전하께서 고뿔이라도 걸리면 큰일입니다.
이헌	(젖은 도포 휘저으며) 난 이미 다 젖었다. (하고 처마 밑에 서 있는 수혁을 보면)

수혁, 홀로 비바람을 심하게 맞으며 장춘생의 집을 바라보고 있다.

공길	우림위장 어르신! 거기 계시지 말고 이리로 좀 오시지요. 비 다 맞습니다.
수혁	신경 쓰지 말거라.
공길	에이고~ 그리 앞에 계시니 비를 다 맞지. 보초도 안에서 서면 되는데 유난은 쯧쯧..
수혁	(노려보면)
공길	(흠칫, 괜히 딴청하며 비를 보는) 하~ 이런 날에는 그저 막걸리에다 파전에다 탁주나 한잔하면 딱인데~ 아니 그렇습니까~ 전하?
이헌	(입맛 다시며) 파전이라~ 생각만 해도 좋구나~
지영	(번쩍) 맞다! 파전! 내가 그 생각을 왜 못했지?
	(이헌에게) 전하, 장영실 어른의 고향이 어디죠?
이헌	그걸 내가 어찌 아느냐.
공길	장춘생 어른의 억양으로 봐서.. 동래.. 부산포 쪽인 거 같소.
지영	그러니까 부산 사람.. 맞죠? 저도 그런 거 같았어요.
이헌	왜 그러느냐?
지영	(눈을 빛내며) 춘생님의 마음을 돌릴, 방법이 있을 것도 같아요.
이헌/공길	??
지영	(씨익) 얼른 식재료 좀 사러 가요.
	비 그치면 말짱 꽝이니까. 빨리요! (뛰어가며)

빗속을 뛰어가는 지영. 이헌 '하.. 내 진짜' 마지못해 뒤따라 뛰어가는. 공길과 수혁도 뒤를 따르고.

31. 장춘생의 집 / 공방 툇마루 / 낮 (비가 오는)

장춘생, 아무것도 느껴지지 않는 무표정으로 자기 앞에 놓인 뻥튀기를 억지로 씹어 먹으며,
사라지는 지영과 이헌 일행을 보고 있다.

장춘생   (혼잣말) 이제 가나보네..
그나저나, 설당을 뺐더니, 양만 늘고, 맛도 없고, 먹어도 먹어도 배가 안 부르네.. (먹던 뻥튀기를 바구니에 던지며) 에이..!

장춘생, 돌아서는데 꼬르륵.

32. 장춘생의 집 일각 / 오두막 / 낮 (비가 오는)

숯이 타고 있는 화로 위, (또는 작은 임시 아궁이 위) 번철이 달아오르고 있다.
그 옆, 밀가루(진가루)와 찹쌀가루 반죽에 다진 쇠고기를 섞는 지영.
옆에서 큰 우산을 받쳐든 공길.
이헌과 멀찍이 선 수혁까지.. 모두 침을 꼴깍 삼키며 번철 위를 보고 있다.

이헌   어서 올리지 않고 뭘 하느냐.
지영   (계속 섞으며) 에헤이~ 뭘 모르시네~ 동래파전은 반죽을 진득한 농도로 맞추는 게 포인트거든요?
이헌   뽀인두?

지영, 쪽파를 달구어진 번철 위에 나란히 올리고.

지영   쪽파를 일렬로 세워 이렇게 바싹 익히는 게 먼저예요~ 자 이제부터 부

채질 시작~!

수혁   (장춘생 집 쪽으로 부채질하며 침을 꿀꺽)....

이헌   (뒷짐 지고 보며) 하.. 냄새가 아주 기가 막히는구나~

공길   (마찬가지로 부채질하며) 아! 정말 환장하겠습니다. 전하.

지영   (장춘생의 집을 바라보며 회심의 미소) 자, 자! (박수 치며) 더 쎄게요!
       공길씨 잘하고 있어요~ 수혁님~ 굿!

이헌   (괜히 질투가 나서 수혁에게 손을 내밀며) 주거라.

수혁   (놀라) 아닙니다 전하.

이헌   어허!

수혁   (마지못해 부채를 주면)

이헌   (맹렬한 기세로 부채질을 하는)

지영, 장춘생 집 쪽을 보며 그런 이헌을 보지 않고.
이헌, 그런 지영의 관심을 끌려 더 세게 부채질하고!

공길   (눈치껏 지영이 들리도록 크게) 호호호~! 전하! 부채 바람이 산바람 같
       사옵니다.

이헌   (팽팽 부채질) 말 시키지 말거라! (땀을 삐질)

공길   (건조하게) 예, 전하.

지영   (흘깃 보고 다시 고개 돌리며 모른 척)...

Cut to_ 어느새 번철 위의 쪽파가 갈색으로 익었다.
치이이익... 파전의 앞쪽이 노릇하게 구워지자, 휘릭~ 한 방에 파전을
뒤집는 지영.
장춘생의 집 쪽으로 죽어라 부채질하며 맛있는 냄새에 괴로워하는 수
혁과 공길.
기운이 다 빠진 이헌은 부채와 함께 일각에 널브러져 있다.

33. 장춘생의 집 / 공방 / 낮 (비가 오는)

뻥튀기를 씹고 있던 장춘생. 어디선가 나는 냄새에 저도 모르게 벌떡 일어난다. 킁킁..

장춘생   (냄새에 침이 꿀꺽) 이게 무슨 냄새지? 하아.. 기가 막히는데.. (다시 침이 꿀꺽)

장춘생, 자신도 모르게 킁킁.. 냄새에 홀려 나가고.

34. 장춘생의 집 일각 / 초가집 앞 / 낮 (비가 오는)

장춘생, 우산을 쓰고 홀리듯 걸어 당도한 곳은 집 앞 일각의 초가집 앞. 파전을 부치고 있는 이헌과 지영, 공길과 수혁을 보고 한숨을 내쉬는 장춘생. 발길을 돌린다.

지영   잠깐만요 춘생님!
장춘생   (돌아보면) 뭐요.
지영   저희 전하, 아니, 도, 도승지께서 비 올 때 파전에 막걸리 드시고 싶다고 해서, 파전을 좀 넉넉하게 만들었거든요? 와서 같이 드세요~
         파전은, 춘생님 고향 음식이기도 하잖아요.
장춘생   고향 음식...? (비웃고) 됐수다. (돌아서는데)
이헌   냅두거라! 절이 싫으면 중이 떠나는 게지. (전 보며) 전이나 어서 자르거라. (하는데)

꼬르륵, 꼬르륵. 요란한 장춘생의 배꼽시계. 하지만 눈을 부릅뜨고 발걸음을 옮기는 장춘생.
공길, 보다 못해 오두막에서 내려와 장춘생을 잡는다.

공길	거, 보소~ 그라지 마시고 저 가가꼬 같이 함 잡수고 가입시다~
	(침을 꿀꺽) 아따 마~ 저 노릇노릇한 파전 좀 보이소. 빛깔 쥑이지예.
장춘생	(침을 꿀꺽)...
지영	빨리 좀 드셔 보세요~

Cut to_ 이헌, 노릇하게 익은 파전과 막걸리를 먹기 바쁘다.
각자 다른 이유로 수혁과 공길, 장춘생, 꿀꺽 침을 삼키면서도 섣불리 먹
지 못하고.
고개를 숙이는 수혁과 공길.

장춘생	아따, 거 얄밉게도 처먹네.
이헌	(그제야 먹다가 고개를 들고) 난 괜찮으니, 어서 먹거라.

말이 떨어지기가 무섭게 수혁과 공길이 파전을 낼름 집어 먹는다.
'아, 뜨거' 하면서 먹는데 '와삭' 소리가 나면서 파 씹히는 소리가 나고.
'으음' 감탄사를 내뱉으며 커진 눈으로 서로를 보는 수혁과 공길!
장춘생, 도저히 참을 수 없다. 자신도 모르게 젓가락을 움직여 지영이
만든 파전을 한입 넣는데...!!

장춘생	(E) 아니.. 이 맛은..!!

수혁과 공길을 제치고, 허겁지겁 파전을 먹는 장춘생. 켁켁. 목이 막히고,
수혁과 공길, 그제야 의미심장하게 눈을 빛내며 젓가락을 내려둔다.

지영	(막걸리를 건네주며) 아유~ 체하시겠어요, 넉넉히 많이 있으니까 천천
	히 드세요.
장춘생	(막걸리를 꼴깍 마시고) 하~ 이제 좀 살겠네.
	(감탄하며) 정말 내 어릴 적 잔칫집에서 먹던 고향의 맛 그대로요.
	어찌 이 맛을 냈소?

지영	(미소) 저희 아버지도 부산 사람이거든요.
장춘생	부산.. 포?
지영	네, 맞아요. 부산포.
장춘생	어쩐지..
지영	좀 더 드세요.
장춘생	(한입 더 먹는)
지영	어제.. 장영실 어르신께서 이용만 당하다가 버려졌다고 하셨잖아요.
	하지만 춘생님이 이렇게 옛 맛을 기억하시는 것처럼,
	사람들도 결코 그분을 잊지 않을 거예요.
장춘생	(지영을 보면)
지영	그분 덕분에 사람들은 시간을 정확히 알게 되었고.

INS_ 물시계. 자격루를 보고 시각을 적는 천문관

지영	별자리도 관측할 수 있게 되었잖아요.

INS_ 간의대를 보고 별자리를 관측하는 천문관

장춘생, 묵묵히 듣고 있다.

지영	춘생님.. 이런 말 좀 이상하게 들리실 수도 있겠지만요.
	사실 제가 이 시대 사람이 아니에요. 설명하자면 좀 복잡한데.. 아무튼
	그렇거든요.
	근데 제가 왜 이렇게까지 이 일을 나서서 하냐면요..

일각에 따로 앉아 파전을 먹던 이헌, 젓가락을 놓은 수혁과 공길, 장춘
생 모두가 흠칫 지영을 본다.

지영	저는 요리하는 게 너무 좋아요.

제가 만든 음식을 사람들이 맛있게 먹고 만족하는 표정을 보면, 엄청 행복하거든요.

이 경합에서도 명나라 사람들한테 저의 요리, 그리고 한국의, 조선의 맛을 보여주고 싶어요.

장춘생　(뭔가 느낀 표정으로 지영을 보면)

지영　그러니까 춘생님도, 춘생님이 좋아하는 일 하시면서 저희 좀 도와주시면 안 될까요?

우리가 이 경합을 이겨서 명나라 사탕수수로 온 백성들이 저 맛있고 달콤한 뻥튀기를 언제든지 먹을 수 있도록요. 그럼 분명 춘생님도 행복하실 거예요.

(꾸벅) 모두를 위해서.. 이렇게 부탁드릴게요.. 네? 제발..

장춘생, 생각에 잠긴다.

지영은 진심 어린 표정이고, 이헌, 수혁, 공길, 다리에 쥐가 나지만 움직일 수 없어 서로 눈치만..

별안간 장춘생이 막걸리를 한 잔 들고 벌컥벌컥 마시고 탁! 내려놓는다.

장춘생　만들겠소!

지영　진짜요?! (너무 기뻐 울컥) 감사합니다! 감사합니다! 진짜 감사합니다!

장춘생　나도 감사하오. 다시는 맛보지 못할 줄 알았던 이 음식을.. 다시 먹게 해줘서..

한 평생 이 고향의 맛이... 참으로 그리웠소..

지영　(미소) 다음 번엔 제가 '캬라멜 뻥튀기'도 알려 드릴게요!

장춘생　카라멜 뻥튀기?

35. 장춘생의 집 앞 / 낮 (비가 그친)

어느덧 비가 개고 해가 떴다. 공길과 장춘생이 지영과 이헌, 수혁을 배웅하며 서 있다.

장춘생	가는 곳이 단양이라고 했나?
지영	예, 거기서 찾을 식재료가 있어서요.
이헌	(저만치 서서) 다녀올 때까지 솥이 완성되도록 잘 돕거라.
공길	예, 전.. 나으리.
수혁	딴전 피우지 말고, 열심히 하거라.
지영	늦겠어요. 어서 가요~ (춘생과 공길 보며) 그럼 다녀올게요~

지영과 이헌, 수혁이 가고 나자, 획 들어가는 장춘생, 머쓱한 공길도 눈치를 살피며 들어가고.

36. 단양 / 저잣거리 / 교차편집 / 몽타주 / 밤

호미와 자루를 사는 수혁. 지영이 호미와 자루를 각각 하나씩 나누어 주면, 이헌이 자신의 자루를 수혁에게 넘긴다.
결국 수혁이 자루 두 개를 들고 길을 나선다.

37. 장춘생의 집 / 공방 / 교차편집 / 밤

공방 일각, 장춘생이 가마 앞으로 가서 쇳물이 이글이글한 도가니를 연다.

공길	자, 거푸집 대령이오~
장춘생	(씨익) 시작해 볼까?

거푸집에 쇳물을 붓는 장춘생. 집게로 거푸집을 꽉 잡은 공길.

38. 단양 산 속 / 교차편집 / 낮

나무 밑에 무리를 지어 서식하고 있는 곰보버섯을 캐고 있는 지영과
수혁.
이헌, 지영 옆에 쪼그려 앉아 버섯을 다 뭉개면서 캐는데. 지영, 보다가.

지영   전하, 저기~ 가서 잠시 쉬세요.

이헌, 뻘쭘하게 나무 밑에 앉았다가 뭔가 발에 채여 그것을 뽑아낸다.

이헌   이것이 무엇이냐. 생긴 건 삼인데?
지영   (놀라 눈이 커지고) 대박..! 이건... 산삼이에요 전하!

이헌과 수혁, 눈이 동그래지고. 이헌, 홱 뺏어서 자기 봇짐에 넣는다.

지영   지금 뭐 하시는 거예요?
이헌   잊었느냐? 이 나라의 모든 것은 내 것이다. 심지어 내가 발견한 진짜 내
       것이지.
지영   (어이없고)

39. 장춘생의 집 / 공방 / 교차편집 / 낮

어느새 모양이 갖춰진 압력솥 뚜껑과 압력솥 몸통을 망치로 두드리고
있는 장춘생.
공길은 구릿빛 피부를 뽐내며 연신 땀을 닦으며 눈치껏 장춘생이 필요
한 도구를 건네준다.

장춘생   (땅땅! 치며) 내일이면 끝나겠다.

공길   다행이오.. 대령숙수와 도승지가 그때쯤 돌아올 것이니.. 딱입니다.

장춘생   헌데, 대령숙수가 이걸로 뭘 만들려는지 아나?

공길   (으쓱) 그건 모르겠소. 허나 아주 대단한 음식이지 않을까 싶소..

장춘생   (미소) 그렇겠지. 자, 서두르세! (땅땅! 두들기고)

40. 태평관 외경 / 낮

41. 태평관 / 찬방 / 낮

웍(혹은 일반 솥) 안에 고인 붉은 기름(고추 기름)을 손가락으로 찍어 맛보는 아비수.
만족한 표정으로 고개를 끄덕이고. 옆에는 탕물을 끓이는 공문례가 국의 간을 보고 있다.
이때, (명)나인들과 찻상을 들고 가던 당백룡이 아비수를 보고 다가온다.

당백룡   (명) 그게 뭐지? 못 보던 기름인데?

아비수   (명) 첫 번째 대결을 완벽한 승리로 이끌 비장의 한 수죠.

공문례   (명) (기름을 손가락으로 찍어 맛보고) 음... 이 맛은? 어디서 난 것이냐.

아비수   (명) 믿어 보세요. 첫 번째 요리는 제게 맡기셨잖아요.

공문례   (명) 함부로 낯선 재료를 쓰지 마라. 전에도..

당백룡   (명) (O/L)(공문례의 어깨를 잡고) 아비수, 믿으마.

당백룡, 다시 나간다. (명)나인들이 찻상을 들고 뒤를 따르고.

42. 태평관 / 우곤의 처소 / 낮

우곤과 성인재가 명나라 말로 대화를 나누고 있는 중이다.
당백룡과 (명)나인들이 찻상을 들고 들어온다.

성인재 (명) 경합 날짜가 다가오고 있습니다.

우곤 (명) 그렇소이다.

성인재 (명) 명 숙수들의 요리에 기대가 큽니다.

우곤 (명) 믿어 보시지요.

(당백룡을 힐끗 보며) 우리 조선말로 합시다.

성인재 예, 그러시지요.

당백룡 (찻상을 정돈해 두고 예를 갖추고 나가는)

우곤 (차를 마시며) 어차피 우린 한배 탄 관계 아니오.

주고받는 거래, 확실히 하면 되오.

성인재 (차를 마시며) 이를 말입니까. 귀국은 이번 경합에서 반드시 승리하실

것입니다.

(미소를 띠며) 어쩌면.. 경합 자체가 열리지 못할 수도 있을 듯하구요.

우곤 (찻잔을 내려두고) 그게 무슨 소리요?

성인재 대령숙수가 경합에 필요한 물건을 구하기 위해서 출궁을 했다 합니다.

헌데.. (넌지시) 궁 밖엔 워낙 험한 일들이 많이 벌어지지 않습니까.

우곤 (알아 듣고, 명) 그날 명국 음식으로 잔치를 벌이는 게 아니오? 하하..

성인재 오늘은 푹 쉬시고, 내일 미시에 느긋하게 나오시지요.

자막 | 미시(未時) : 십이시의 여덟 번째로, 오후 1시부터 3시까지

우곤 (명) 우리 화부들이 좀 아쉽겠습니다... (히죽)

43. 태평관 / 우곤의 처소 밖 / 낮

벽에 기대 알 수 없는 표정으로 서 있는 당백룡.

44. 봉덕궁 / 경춘문 앞 / 밤

문이 열리며 엄숙수와 맹숙수가 다른 숙수들과 함께 지친 표정으로 나온다.

엄숙수 (한숨) 드디어 내일이면 경합이네. (불안) 대령숙수는.. 제 시각에 오겠지?

맹숙수 오겠지요~ 오늘은 가서 푹 주무시죠.

엄숙수 민숙하고 심숙만 남겨두고 나왔더니 좀 불안하네.

맹숙수 야참상까지 준비하고 나왔는데 뭘 걱정이십니까.

엄숙수 그런데 말이야. 요새 서나인을 왜 이렇게 힘들게 하나? 대령숙수도 없는데.. 너무 갈구지 말게.. 오늘 보니까 또 일을 잔뜩 시켜 놓은 거 같던데..

INS_ 창고 안, 길금, 큼지막한 돼지고기를 썰고 있다.
눈물 한번 닦고 썰고, 눈물 한번 닦고 써는. 길금의 손은 상처투성이다.

맹숙수 (냉정) 도움이 안 될 것 같으면 제 발로 수라간을 나가는 게 맞지요. (가는)

엄숙수 쯧쯔.. 사람이 어찌 그렇게 매정한가. (뒤따라가고) 발은 또 왜 이렇게 빨라. 이보게!

45. 도성 골목 일각 / 밤

맹숙수가 빠른 걸음으로 걷고 있으면, 숨을 헐떡이며 따라오는 엄숙수.

엄숙수 이보게! 같이 가자고. 내 말 안 들리나?

맹숙수 형님! 어차피 가는 방향이 다른데 왜..

엄숙수 내가 자넬 몇 번이나 불렀, (하는데)

쉭, 바람 소리와 함께 골목 한쪽에서 온통 검은 복면을 두르고 나타난 사내(당백룡).
어느새 두 사람을 막아선다.

맹숙수 ...뭐야.

엄숙수 (놀라) 누, 누구요...

당백룡 (조선말) 지금 당장 전하께 이걸 전하시오.

당백룡, 주변을 경계하며 품에서 종이 하나를 꺼내 내민다.

당백룡 대령숙수가 위험하오. 서두르시오. (말을 마치고 바람처럼 사라지는)

엄숙수 (호들갑) 저 흰머리, 명나라 사신단 맞지? 맞지?

맹숙수 그럴 리가 있겠습니까? 분명 조선말이었는데요?

엄숙수 (가슴을 쓸어내리며) 자네 봤는가? 품속에 칼이 있었네, 칼이..
(종이를 보며) 쪽지는 뭐라고 적혀있는 거야?

맹숙수 (펴보면 백지다) 아무 말도 안 적혀 있습니다.

엄숙수 ...

쏜살같이 봉덕궁으로 향하는 엄숙수와 맹숙수.

46. 봉덕궁 / 침전 앞 / 밤

창선과 최상궁, 대전 나인들이 지키고 서 있다. 맹숙수와 엄숙수가 들어서며 창선에게 예를 갖춘다.

창선 (작게) 아니, 자네들이 이 밤에 무슨 일인가?

맹숙수	퇴궐하는 길에 정체 모를 자를 만났는데, (건네며) 전하께 이걸 전해달
	라고 했습니다.
엄숙수	검은 복면에 무시무시한 살기를 뿜어내는데 보통 사람은 아니었습니
	다요.
창선	(서찰을 받아들고) 알겠네. 이만들 가보게.

엄숙수, 맹숙수 예를 갖추고 간다. 창선, 서찰을 들고 안으로 들어가는.

47. 봉덕궁 / 침전 서재 일각 / 밤

창선이 일각에 서 있고, 송재가 호롱불 아래 서찰을 펴본다.
백지다. 잠시 고민하다가 호롱불에 서찰을 대보면 한문으로 쓰인 글자
가 드러난다.

당백룡	(E) 대령숙수를 노리는 자들이 있사옵니다.
	내일을 넘기기 힘들 것이오니, 방비하십시오.
송재	(얼굴이 사색이 돼서) 상선 영감.
창선	예,
송재	장춘생이란 자의 집이 여기서 얼마나 걸리는지 아시오?
창선	말을 빨리 달리면, 내일 낮에는 도착하실 수 있을 것입니다.
송재	(나가며) 서둘러 말을 준비하라 이르게! 어서!
창선	(따라 나가며) 예.

48. 봉덕궁 / 궐 북문 / 밤

문이 열리며 송재와 우림위 여섯 명이 탄 말이 달려 나온다.
말의 옆쪽으로 거치된 활과 화살, 검이 보이고, 송재, '이랴!' 무섭게 말

을 몰아가고.

송재   (E) 전하... 제가 당도할 때까지 부디.... (간절히) 무사하십시오...

49. 장춘생의 집 앞 / 낮 (이른 아침)

약재와 버섯으로 가득한 봇짐을 맨 지영과 이헌, 수혁이 장춘생의 대문 입구에 다다른다.

50. 장춘생의 집 / 마당 / 낮 (이른 아침)

공길과 장춘생, 김이 빠져나오는 압력솥을 보며.

공길   됐습니다. 됐습니다, 어르신!
장춘생   (미소)
이헌   (E) 여봐라~!
공길   (대문을 열어주며) 오셨습니까, 전하.

집 안으로 들어서는 지영과 이헌, 수혁.

51. 장춘생의 집 앞 / 수풀 일각 / 낮 (이른 아침)

자객1, 멀리 수풀 일각에서 그들의(지영과 이헌, 수혁) 모습을 지켜보다 가 뒤를 돌아 몇 걸음 뛰어간다.
슥슥 모습을 드러내는 자객들. 열 명이 넘는 위협적인 기운이 뿜어져 나 온다.

자객1 계집만 죽인다.

자객들, 명령이 떨어지기 무섭게 신속하고 빠르게 장춘생의 집으로 향하고.

52. 장춘생의 집 / 공방 / 낮 (이른 아침)

지영과 이헌, 수혁과 공길이 기대하며 보는 가운데 장춘생이 덮인 보자기를 확 당긴다.
그러자 빛나는 압력솥이 모습을 드러내고..

지영 (만져보며 감탄) 와...
이헌 (감탄) 과연... 제법이로구나.
공길 밤을 꼬박 새며 만들었습니다. (화상 자국 보여주며)
장춘생 (지영에게 미소) 불을 세게 올려 압력을 높여도 잘 견디게 만들었네.
연숙수, 이번 기회에 솜씨 한번 제대로 발휘해 보시게.
지영 (뭉클) 감사합니다. 진짜, 감사합니다, 춘생님.. 와, 진짜 완벽해요.
이헌 (엽전 꾸러미를 내려놓으며) 후에 다시 후사할 것이다. 수고 많았다.
자, 이제 궁으로 돌아가자!
수혁/공길 예. / 가시죠.
지영 밥이라도 한 끼 차려드리고 싶은데.. (아쉽고)
장춘생 괜찮네~ 또 놀러 오시게.

하지만 지영, 아쉬운 표정으로 장춘생을 보는데.

53. 장춘생의 집 앞 / 낮 (이른 아침)

사사삭.. 빠르게 장춘생의 집을 포위하는 자객들.
그러다 자객1이 집 앞 일각의 나뭇가지 하나를 건드린다.
그 나뭇가지를 시작으로 얇은 실이 흔들리고..

54. 장춘생의 집 / 공방 마당 / 낮 (이른 아침)

이때, 천장 구석의 방울 하나가 땡- 울린다. 순간, 안색이 변하는 장춘생!!
급히 문 쪽으로 달려가 작은 나무 틀을 올리고 밖을 보면, 언뜻언뜻 자객들의 모습이 보인다.

장춘생   (작게) 큰일 났소. 자객들이오.
지영   (놀라) 예? 자객이라뇨?
이헌   (설마) 무슨 소리냐? (하고 밖을 보는)
공길/수혁 (문 앞에 바짝 서서 함께 밖을 살피고)

그다음 순간, 그 옆의 방울이 땡.. 하는데..!!

장춘생   방울 하나에 십 보 거리요. 헌데 이리 빨리 오는 것을 보면..
수혁   (긴장) 엄청난 고수들입니다. 어서 몸을 피하셔야 하옵니다, 전하.
장춘생   (눈이 동그래지며) 저, 전하?!!
이헌   .....
지영   (안절부절) 죄송합니다. 저 그게... (하는데)

이때, 바로 그 옆의 방울이 다시 땡...

장춘생   설명은 나중에 듣겠소. 일단 여기서 나가셔야 합니다.
이헌   (분하고) 대체 어떤 놈들인가!

| 지영 | (울상) 전하, 이제 어떡해요! |
| 이헌 | 내 뒤로 숨거라. |

그러는 사이, 방울이 서너 개가 더 울리고..
장춘생, 급히 대포 뒤의 해치를 돌려 닫는다. 그다음 심지를 집어 들고
는 이헌과 수혁, 공길을 향해.

장춘생	내가 신호하면 문을 열어 주십시오.
이헌	(기겁하며) 아니, 겹겹이 닫아도 모자랄 판에 왜 여는 것이냐!
장춘생	소신을 믿으십시오. (하고는 부싯돌로 심지에 불을 칙)

치이익. 대포의 심지가 타들어 가기 시작하고.

55. 장춘생의 집 앞 / 낮 (이른 아침)

자객1, 손짓으로 한 무리에게 왼쪽, 또 다른 무리에게 오른쪽으로 가라
고 손신호를 준다.
그리고 남은 둘과 함께 문 입구를 향해 조심조심 다가서는데.

56. 장춘생의 집 / 공방 / 낮 (이른 아침)

장춘생, 마지막 종이 땡...! 울리자

| 장춘생 | 지금이오...!! |

장춘생의 말이 떨어짐과 동시에 공길과 수혁이 문을 연다.
그와 동시에 장춘생이 타들어 가던 심지의 불꽃을 심지 구멍에 꽉 박자

대포가 쾅!!!

순간, 포구를 벗어난 메추리알만 한 수백 개의 쇠구슬들이 긴 포물선을
그리며 자객들을 향해 날아간다.

(참고 : 조란탄(鳥卵彈))

57. 장춘생의 집 앞 / 낮 (이른 아침)

문 앞에 서 있던 자객들, 순식간에 나가 떨어진다.

그런데 이때, 좌우의 담장이 부서지면서 또 다른 자객들이 장춘생의 집
에 난입한다.

그 순간! 어딘가에서 날아오는 표창! 수혁, 지영과 이헌을 호위하듯 검
을 뽑아 챙챙 표창을 날리고, 모습을 드러낸 자객과 챙챙! 검을 맞대며
싸운다. 공길도 수혁과 합세하고.

장춘생	연숙수! 도망치시오! 어서!!
지영	네. (압력솥을 싸 들고 낑낑) 전하, 가시죠!
이헌	따라오거라.

그사이 장춘생, 가구 서랍에서 재빨리 장전된 작은 쇠뇌를 꺼내 눈앞의
자객에게 발사하는데!

총탄을 맞은 자객은 쓰러지지만, 뒤에서 계속해서 밀고 들어오는데.

지영, 자객의 칼을 피하다가 넘어지며 압력솥을 떨어뜨린다.

텅! 소리와 함께 바닥에 떨어진 압력솥.

지영	(분리된 뚜껑을 보며) 안 돼..!!! 내 뚜껑!!!
이헌	(검을 뽑아 챙챙 막아내며) 뭐 하는 게냐! 어서 가자!
장춘생	(공길에게) 공길아! 연숙수 데리고 뒷문으로 나가!
	지금은 무기를 쓸 수가 없어! 어서!

지영	(막막) 어떻게 구한 압력솥인데..
장춘생	(앞을 막아내며) 연숙수! 내가 책임지고 경합일까지 가져가겠소! 그러니 지금은 가시오! 이러다 다 죽소!
지영	(망연자실)...

이헌, 억지로 지영의 손을 잡고, 앞을 막아내며 필사적으로 뒷문으로 간다.

장춘생	(대포 심지로 위협하며) 다 죽자!!!

공길, 자신에게 날아오는 칼날을 요리조리 피하며 이헌의 뒤를 이어 뛰어가고!
수혁도 그런 이헌의 곁에서 싸우다가 겨우 뛰어나가고!
그러자, 신속히 뒤로 물러나며 공길과 지영을 쫓기 위해 밖으로 나간 자객들.
순식간에 조용해진 실내..

장춘생	(긴 한숨을 내쉬며 압력솥 뚜껑을 살피는데...) 이런 젠장!! 하아..

압력솥의 뚜껑 한쪽이 찌그러지고, 작은 구멍이 생겼다.

58. 다른 길 일각 / 낮

지영, 압력솥을 안고 정신없이 달린다. 이헌, 수혁, 공길.. 그들의 뒤를 네 명의 자객이 쫓고 있다.

수혁	전하, 아무래도 소신이 뒤를 막을 테니, 전하께서 몸을 피하십시오!
이헌	알겠다.

지영   (솥을 안은 채) 조심하세요!
수혁   (공길에게) 전하의 안위를 잘 부탁하네.
공길   (끄덕)...

이헌과 지영이 멀어지면, 수혁이 눈을 빛내며 자객들과 치열하게 검 대 결을 하고!

59. 갈림길 / 수풀 일각 / 낮

압력솥을 놓치지 않고 달리는 지영과 이헌, 그리고 공길. 갈림길이 나오 자 망설이는 공길.

공길   전하, 여기서부터 갈라서야 할 듯합니다. 제가 시간을 끌겠습니다.
이헌   (비장하게 끄덕) 알겠다. 우린 이쪽으로 가마.
지영   (공길 보며) 고마워요, 공길씨.
공길   (지영에게) 얼른 가시오!

이때, 자객 1, 2, 3이 달려오는 게 보인다.

공길   (일각으로 도망치며) 이쪽이다! (자객을 도발하듯) 여기다 이놈들아!

이헌과 지영은 반대 방향으로 필사적으로 뛰는데..
달려온 자객2는 공길에게 향하고, 자객1은 멈춰서 보다가 자객3과 함께 지영과 이헌을 쫓는다.

60. 다른 길 / 수풀 일각 / 낮

지영, 무섭고 지쳤다. 압력솥의 무게 때문에 마음과 달리 점점 느려지고 천천히 달리게 되는 지영.

이헌, 지영을 신경 쓰며 달려가는데! 어느새 뒤를 쫓아온 자객1, 3.

그중 자객 하나가 순식간에 공중제비를 돌아 손을 뻗는데 지영의 옷깃을 잡아챈다!

지영, 공포에 질려 '악~!' 비명을 지르다 휘청이면! 이헌, 결국 돌부리에 발이 걸려 넘어진다.

압력솥이 데굴데굴 구른다. '안 돼에~!!' 하면서 다시 잽싸게 압력솥을 끌어안는 지영.

자객1, 3. 검을 들고 지영과 이헌을 향해 천천히 다가간다.

이헌, 벌떡 일어나 지영을 자신의 뒤로 보내고 검을 빼든다.

이헌   (형형한 눈빛) 네놈들을 사주한 자가 누구냐..

챙챙! 자객들과 검을 겨루는 이헌! 지영은 너무 놀라고 무서워 아무것도 할 수 없다.

이헌이 자객3을 제압하는 순간, 자객1의 검이 이헌의 목을 스치고 지나쳐 어깨를 벤다.

이헌 '윽..!' 하는 신음소리와 함께 다시 검을 잡고 집중한다.

지영, 압력솥을 안은 채 그런 이헌을 보며 달려가,

지영   전하.. 전하!! 어깨에 피..!!
이헌   (피식) 소란 떨지 마라. 안 죽는다.
지영   (눈물) 세상에 어떻게 사람을 이렇게... (울먹울먹)

다음 순간, 날아오는 자객3의 검!

이때, 두두두두, 어디선가 다급한 말발굽 소리가 들려온다.

이헌, 홱 몸을 돌려 뒤를 돌아보는데...! 송재와 우림위들이 활을 든 채 미친 듯이 말을 달려오고 있다.

순간, 송재가 쏜 화살이 자객3을 쓰러뜨리자, 자객1이 이헌의 뒤로 돌아가 지영의 목에 칼을 겨누는데..
그 검을 맞대며 지영을 확 뒤로 보내며 지키는 이헌. 지영, 너무 놀라 눈이 커지고!
이헌, 재빨리 자객1의 멱살을 잡는데, '누구냐, 누가 시켰느냐' 하는데 혀를 물고 자결하는 자객1.
그제서야 지영, 긴장이 풀린 듯 풀썩 쓰러진다. 그러면서도 압력솥을 끌어안고 있는 지영.
이헌, 달려가 지영을 끌어안는다.

이헌	(흔들며) 연숙수! 연숙수! 눈을 떠 보아라! 괜찮은 것이냐?
지영	(혼절하고) ...
이헌	(지영을 일으키며) 눈을 떠 보거라.
송재	(말에서 내려 급히 지영의 맥을 짚고) 전하, 잠시 혼절한 것입니다. 너무 늦어 송구합니다, 전하.
이헌	고맙다.. 송재야.. (지영을 끌어안고)

Cut to_ 주변이 어둑해진 가운데, 상처투성이 수혁이 다리에 피가 낭자한 공길을 부축해 온다.
두 사람, 가만히 지영을 안고 있는 이헌과 그의 곁에 선 송재에게 다가오면.

이헌	(지영을 일각에 누이고) 무사하냐?
수혁	무사합니다 전하.
공길	(허세) 우림위장은 저 아니었으면 죽을 뻔했사옵니다.
이헌	오호~ 그러냐? 수혁이 검은 조선에서 당할 자가 없을 텐데.
공길	(피식) 비탈길을 굴러서 말입니다~
송재	조선제일검도 비탈길에선 소용없구나~

하하하. 웃음이 터지는 이헌과 송재, 공길, 수혁, 네 남자.

공길 (지영을 흘깃 보며) 대령숙수는 괜찮습니까?

이헌 많이 놀라 잠시 혼절한 것 같다.

송재 경합이 코앞인데, 이만하길 다행입니다.

수혁 헌데, 이 자객들은 지난번 놈들과는 좀 다른 것 같습니다.

이헌 그러하냐?

공길 (흠칫) …

수혁 예, 전하. 이들은 군사훈련을 받은 자들이옵니다.

이헌 (놀라) 군사훈련…?

수혁 이들은 움직임이 일사불란하고, 붙잡히면 비밀을 지키려고 자결했사옵니다.

이헌 (분노) 허면 사사로운 방해가 아니란 말인데…

송재 전하, 역심을 품은 자들이 보낸 군사인 듯하옵니다.

이때, '내 압력솥~!' 외치며 벌떡 일어나는 지영. 눈앞에 있는 솥을 보며 안심하고.

이헌 (미소) 괜찮은 것이냐?

지영 (급히 일어나며) 다들 괜찮으세요?

공길/수혁 멀쩡하오. / 걱정 마시오.

이헌 다들 무사하다.

지영 진짜 다행이에요. 진짜 무서워 죽는 줄 알았네..
(번뜩) 전하, 아직 오늘 맞죠, 경합일?

이헌 그래. 헌데, 그 손으로 무슨 경합을 하겠느냐?

지영 (손에 상처투성이지만) 저 괜찮아요. 얼른 가야 돼요. 얼른, 얼른!

이헌 지금 솥뚜껑도 없지 않느냐.

지영 뚜껑은 춘생님이 갖다준다고 하셨잖아요. 전 믿어요. 얼른 가야 돼요. 어서요, 어서!

이헌이 기가 차서 지영을 보면, 송재와 공길, 수혁은 '흠흠' 고개를 돌리고..

61. 제산대군 저 / 사랑채 / 낮

밀지를 확 구기는 제산대군, 화가 난 표정이다.

제산대군 쓸모없는 것들! 이래서야 어찌 거사를 도모한단 말인가.

촛불에 밀지를 태우며.

제산대군 허나, 경합이 주상의 뜻대로 되지는 않을 것이오. 으흐흐~

62. 봉덕궁 / 희정당 / 마당 / 낮

희정당 마당엔 조선의 별감들과, 명나라 사신단 호위무사들이 보인다.

63. 봉덕궁 / 희정당 / 월대 위 / 낮

월대 중앙에 빈 옥좌가 보이고, 그 오른쪽에 우곤이 앉아 있다. 우곤 뒤로 통역이 시위하며 서 있다.
옥좌의 좌측은, 조선의 대신들이 앉아있고, (제산대군파와 한민성파) 우측은 명나라 수행원들이 앉아있다.
각 주요 인물들 자리 앞에는 시식을 위한 개인상이 놓여 있고,
중앙 조리대 뒤로 수라간 최고상궁들과 수라나인들이 시위해 있다.

64. 봉덕궁 / 희정당 / 조리대 앞 / 낮

경합을 벌일 양측의 임시 아궁이, 조리대, 탁자들이 서로 마주한 형태로 놓인 모양이 보이고,
오른쪽은 당백룡, 아비수, 공문례가 서 있고, 뒤로 명나라 수라나인 3명이 보이고,
오른쪽엔 엄숙수와 맹숙수, 그들의 뒤로는 심숙수와 민숙수, 그리고 길금이 서 있다.
아직 나타나지 않은 지영과 이헌 때문에 모두가 초조한 상황..

65. 봉덕궁 / 희정당 / 월대 위 / 낮

성인재, 제산대군과 의미심장한 눈빛을 교환한 후, 우곤을 본다.

우곤   (명) 이거야 원..
미시가 되었음에도 전하와 대령숙수가 모습을 드러내지 않는 것을..
어찌 받아들여야 하는지.. 참..
자막 | 미시(未時) : 십이시의 여덟 번째로, 오후 1시부터 3시까지

우곤의 말에 표정이 덤덤한 제산대군과 대신들,
낯빛이 어두워지는 한민성과 대신들.

한민성   (깊은 한숨) 상선 영감, 사신 정사께 전하께서 조금 늦으신다고 전하거라.
창선   예.

66. 길 일각 / 낮

서둘러 말을 몰아가는 이헌. 뒤에는 송재와 수혁, 공길이 각자의 말을 타고 따라오고 있다.

이헌의 앞에는 안색이 좋지 않은 지영이 소중한 압력솥의 단지를 꼬옥 끌어안은 채 눈을 감고 앉아있다.

이헌　정말 괜찮은 것이냐…?

지영　힘이 하나도 없고… 미식거리는 게… 말을 타서 멀미를 좀 하나 봐요..

이헌　(불쑥) 고생시켜 미안하단 말이라도 듣고 싶은 것이냐?

지영　설마요~ (픽 웃고) 근데 아까는 고마웠어요~ 진짜, 멋있었어요.

이헌　그래, 내가 칼은 좀 쓰지. 흠흠.. 어쨌든 모두들 고생이다. 내가 명과의 경합을 하자고만 안 했어도..

지영　(O/L) 왜 그래요, 전하답지 않게. 괜찮다니까요~ 빨리 가요, 빨리!

이헌　(피식) (E) 미안하다, 연숙수. 널 이렇게 위험에 빠트리게 하다니.

궁을 향해 달려가는 말. 그 위의 두 사람.

그런 두 사람을 지켜보는 공길의 의미심장한 눈빛.

67. 봉덕궁 / 희정당 / 월대 위 / 낮

우곤　(명) 약속한 시각이 다 되었다. 예부터 조선은 동방예의지국이라 불렸는데, 이건 예의에 어긋나도 한참 어긋난 것이 아닌가..

　　　설마, 전하께서 대령숙수를 데리고 어디 도망이라도 치신 것인가..?

　　　(비웃는 표정)

명나라 수행원들, 일제히 비웃으며 명나라 말로 '진짜 도망쳤나..?' 웅성대고,

사신 통역, 우곤의 무례한 말을 직역하면 한민성과 대신들 분노한다.

유형민	저런.. 무례한 인사들을 봤나..
박원준	(한민성에게) 만약 미시가 끝나 가도 전하께서 오시지 않으면 어찌합니까.
한민성	...기다려 봅시다.
제산대군	사신 정사를 이리 기다리게 하는 것은 예의가 아니지요. 서둘러 경합을 시작하는 것이..

한민성과 신하들, 푹 한숨을 내쉰다. 제산대군, 창선에게 어쩔 수 없다는 듯 고개를 끄덕이고.

관상감	(E) 미시요~
창선	(월대 중앙에 선다) 미시 정각입니다. 경합을 시작하도록 하겠습니다. 각국 숙수들은 앞으로 나와 주십시오.!

징- 소리가 울리고, 사색이 된 수라간 숙수들, 웅성대는데.
일각에 서 있던 당백룡이 석대 앞으로 걸어가 우곤 앞에 서서 포권을 한다.

당백룡	(명) 대인, 불가(不可)합니다.
우곤	(명) 그것이 무슨 소리냐.
당백룡	(명) 아직 미시(未時)가 다 지나지 않았습니다. 신시(申時) 전까지 시작하지 않겠습니다. **자막 | 신시(申時) : 십이시(十二時)의 아홉 번째로, 오후 3시부터 5시까지**
우곤	(명)(미간을 찌푸리며) 무슨 소리냐?
당백룡	(명) 대인, 대국의 아량을 보이셔야 할 때이옵니다.
우곤	(명) 뭐라? (발끈하려다) 흠.. 그래, 알았다. 기다려라.

못마땅한 우곤의 표정, 당백룡을 보며 입가에 묘한 미소를 띠는 제산대군.

가슴을 쓸어내리는 표정의 한민성과 신하들 일동. 우곤의 눈짓을 받은 창선이 앞으로 나간다.

창선   명나라의 요청으로, 신시에 시작하도록 하겠습니다.

성인재, 유문정, 김양손 못마땅한 표정.. 제산대군은 표정을 숨기고 허허롭다.

68. 봉덕궁 / 희정당 / 조리대 앞 / 낮

길금과 숙수들 일동의 불안한 표정.

길금   (가슴을 쓸어내리며) 그나마 다행이여라.
엄숙수   (애가 타서) 대체 연숙수는 어쩌자고 이렇게 늦는 거야..
길금   지도 모르겠어라.
맹숙수   (조용히 칼을 가는)

명국의 당백룡을 비롯한 공문례와 아비수도 웍을 닦고, 칼을 정비하는 모습.

Cut to_ 희정당의 해시계 앞, 관상감이 '신시요~' 하면 깃발을 펄럭이는 별감. 웅성대는 사람들.
속을 알 수 없는 표정으로 가만히 서서 기다리는 당백룡과 아비수, 공문례.
긴장한 표정으로 불안하게 서 있는 엄숙수와 맹숙수, 그 뒤 길금과 민숙수, 심숙수.

엄숙수   (절망한 표정) 끝났네.

길금	숙수님, 어떡합니까..
맹숙수	차라리 오지 않는 게 나을 수도.. (고개를 숙이고)
엄숙수	지금 그걸 말이라고..

아비수와 공문례는 미동도 없는 가운데, 눈을 감는 당백룡.
웅성대는 사람들의 말소리가 커지던 그 순간..!!
당백룡이 뭔가를 느끼고 눈을 뜬다.

당백룡	(명) 왔다.. (미소)

69. 봉덕궁 / 희정당 / 마당 / 낮

또각또각 소리와 함께 천천히 들어오는 이헌의 말.
지영을 태운 이헌의 말이 희정당 마당으로 들어온다. 중앙에 우뚝 멈춰
서는 이헌의 말.
그리고 말에서 내리는 이헌과 압력솥을 안고 있는 지영. 뒤로 송재, 수혁,
공길의 말이 옆으로 늘어선다.

이헌	(지친 목소리로) ..도착했구나.
지영	(지친 얼굴이지만 눈빛만은 형형하게) 이제 실력 발휘 좀 해볼까요?

제산대군파와 한민성파 신하들 일동 모두가 나와서 본다.
수라간 숙수들이 버선발로 지영에게 달려가고, 우곤의 인상이 찌푸려
지며,
긴장감이 감도는 희정당의 모습에서 엔딩.

<7부 끝>

제 8 부

Course N˚8 쌀머루주 비프 부르기뇽

1. 희정당 / 월대 / 낮

(7부 엔딩에 이어서)

이헌, 어느새 곤룡포로 갈아입고 월대로 올라가 우곤과 서로 예를 갖춘 뒤 어좌에 앉는다.
우곤이 심기 불편한 표정으로 노려보면, 제산대군과 측근 대신들은 당혹감에 고개를 돌린다.
이헌, 관복으로 갈아입은 송재에게 손짓을 한다.

송재   (앞으로 나서며) 송구하옵니다. 지금부터 진짜 경합을 시작하겠습니다. 첫 번째 요리의 주제는, 무, 육! 세상에 없던 고기!

이헌   (일어나서) 이제 요리를 시작하라! (앉으면)

통역이 크게 외치면 징을 울리는 징꾼. 징- 소리!
향시계에 향을 붙이는 향내관.

2. 희정당 / 양측 조리대 앞 / 낮

모두의 시선이 집중된 가운데, 마주 서서 인사하는 지영을 비롯한 조선 측 숙수들과 명측 숙수들.

지영 (숨 고른 후 숙수들에게) 첫 번째 요리, '매운 우대 갈비찜' 시작할게요.
당백룡 (차이다오를 돌려 잡으며 명나라 말로) '계정' 시작한다.

보조 나인들이, 바가지에 물을 떠 오면 엄숙한 표정으로 손을 씻는 조선과 명측 숙수들.

명측 조리대 앞, 공문례, 아궁이에 불을 지피고 솥에 물을 붓기 시작한다. 아비수, 놋그릇과 미온수를 준비한다.
조선측 조리대 앞, 엄숙수, 마찬가지로 아궁이에 불을 지피고, 물을 붓기 시작한다.
맹숙수, 대추, 은행, 밤을 소쿠리에 담아 조리대로 온다.
지영, 눈을 감았다가 숨을 고른 후, 길금을 향해 눈짓한다.
명측 조리대 앞, 당백룡과 공문례, 거의 동시에 보조 나인을 향해 눈짓한다.
조선측 조리대 앞, 지영의 조리대 앞에 찬물에 담가 핏기를 뺀 소의 우대갈비를 가져와 내려놓는 길금.
명측 조리대 앞, 당백룡과 공문례의 조리대 앞에 생닭을 가져와 내려놓는 나인.

지영과 당백룡, 공문례. 그렇게 각자의 칼을 들고 고기 손질을 시작하는 모습.
지영의 칼 쓰는 모습이 불편해 보인다. 다친 손의 고통을 꾹 참고 하는 지영.

지영 (명측 조리대를 보며) 뭐야.. 2:1? 메인을 둘이서 한다는 건가?

엄숙/맹숙 뭐야, 쟤네.. / 음.. 이렇게 나오시겠다..

(명측) 놋그릇에 미온수를 붓는 아비수의 손 컷.

(조선측) 번철을 달구는 엄숙수의 손 컷. / 대추, 밤, 은행을 다듬는 맹숙수의 손 컷.

(명측) 생닭의 껍질을 벗겨내고 뼈를 분리하는 당백룡과 공문례의 빠른 손놀림 컷.

생닭의 살을 한입 크기로 깍둑썰기를 하는 손 컷. 마치 두부를 송송 자르는 듯한 느낌.

(조선측) 길고 웅장한 우대갈비 뼈의 주변 근막을 칼로 살살 제거하는 지영의 노련한 손 컷.

다친 손의 붕대를 다시 꼭 감고, 떨리는 칼끝으로 아슬아슬하게 근막을 제거해 나간다.

엄숙수, 옆에서 지영이 손질한 우대갈비를 가져가 반으로 자른다.

(명측) 가운데에 모인 손질한 닭 뼈를 가마솥에 절도 있게 넣고 끓이는 공문례의 손 컷.

재료 테이블에서 손을 씻고, 오이를 준비한다.

당백룡 (명)(명 나인들이 조리대를 정리하면) 아비수!

(명측) 아비수, 일각에서 물그릇을 들고 당백룡과 자리를 바꾼다.

(조선측) 꽃갈비의 근막을 다 제거한 지영이 이마에 맺힌 식은땀을 닦으며 명측을 보는.

지영 (E) 뭐야, 첫 번째 숙수가 아비수였어? 무슨 속셈이지..?

재빠르게 물그릇에 소금, 식초를 붓고, 꿀을 섞은 후에, 깍둑썰기한 닭고기를 넣는 아비수의 손 컷.

물그릇을 천으로 덮어 노끈으로 단단하게 묶는다.

지영 (E) 소금과 식초, 꿀로 염지를 하네? 고기를 연하게 만들겠다는 건데..
뭘 만드는 거지? 닭볶음?
(고기 자르며) 후.. 집중하자. 집중.

지영, 마지막으로 손질한 꽃갈비를 엄숙수에게 건네며 '이제 삶을게요'
한다.

당백룡 (E)(명)(지영을 보며) 고작 갈비찜인가?
(피식) 내가 너무 기대를 했나..
아비수 (명)(당백룡에게) 고기에 간이 배면, 요리를 시작하겠습니다.
당백룡 (명) 예상 시간은?
아비수 (명)(미소) 양각!(30분)

지영, 아궁이 앞, 갈비를 넣은 솥에 소금을 뿌린다.

지영 (매운 갈비찜 양념 그릇을 챙긴 후에 맹숙수 보며) 맹숙수님.
맹숙수 (다듬어진 대추, 밤, 은행을 내밀며) 진즉에 끝났소.
엄숙수 (아궁이 앞에서) 번철도 다 달궈놨고.
자막 | 번철(燔鐵) : 음식을 지지거나 볶을 때 사용하는 무쇠 조리 도구

지영 좋아요. 고춧가루 주세요.
엄숙수 심숙, 고초가루 어디 갔나?
심숙수 잉, 그게.. 민숙이 사웅원서 찾고 있어유. 올 때가 됐는디.. (목을 길게
빼고 보면)
엄숙수 ?

사색이 된 민숙수가 빈손으로 달려 들어온다. '크, 큰일 났습니다'

맹숙수	왜 빈손이냐?
민숙수	(울상) 고초가루가 없어졌습니다.
지영	(사색이 되서) 네?!! 지금 그게 무슨 말이에요?
엄숙수	(인상 쓰며) 사옹원에 잘 모셔다 둔 게 다 어디 갔단 말이야? 잘 찾아 봤어?
민숙수	예, 구석구석 다 뒤져 봤는데.. 고초장, 고초가루가 싹 다 사라졌습니다.
엄숙수	(한숨) 하아.. 대체 이게 무슨 일이냐.. 시합도 하기 전에...
맹숙수	경합 전에 재료 점검도 안 했단 말이냐?!
민숙수	분명 어젯밤까지만 해도,
지영	(E) 말도 안 돼.. 망했다.
	민숙수님, 확실한 거죠?
민숙수	예..
엄숙/맹숙	하...
지영	이러고 있을 때가 아니에요.. 고춧가루가 없어졌다면 요리를 바꿔야 돼요.
엄숙수	아니, 이제 와서 어떻게 요리를 바꾼단 말인가!
맹숙수	(팔짱 끼고) 그냥 간장에 졸인 갈비찜으로 가시죠!
엄숙수	그건, 세상에 없는 고기 요리가 아니지 않나!
지영	하... (심호흡하며 눈을 감는)

수라간 숙수들 일동, 다들 초조한 표정으로 지영을 보고.

| 지영 | (E) 저들이 처음 보는 고기 요리를 해야 돼... 이 시대엔 없던 맛을... 후.. |

지영은 머리를 감싸 쥐고, 눈을 감은 채 생각에 몰두한다. 어둠 속에서 번뜩 떠오르는 요리의 모습.

INS_ 하얀 식탁보가 덮인 테이블 위, 투명한 베일이 벗겨지며 보이는 '비프 부르기뇽'과 와인 세팅.

지영　(E) 그래!! 이거야!!

（숙수들 향해) 다들 제 말 잘 따라 주세요. 사옹원에 쌀로 담근 머루주 있죠?

심숙/민숙　있쥬! / 지금 가져올까요?

지영　네! 서둘러 주세요.

심숙수와 민숙수, 사옹원으로 달려가고.

지영　(E) 비프 부르기뇽의 맛을 제대로 내려면, 쌀머루주만으로는 부족해. 베이컨의 풍미를 내야 해.

（엄숙수 보며) 엄숙수님, 돼지 비계만 잘라서 번철 좀 기름칠해 주세요.

엄숙수　(가며) 알겠네~ (재료 테이블에서 돼지 비계 그릇을 챙겨 조리대3으로 가는)

지영　(E) 그리고, 미르포아의 향미도 필요해. 양파, 당근, 셀러리를 대체하려면..

（재료 테이블을 쳐다보며) 맹숙수님은 표고버섯이랑 무랑, 저기 호박 좀 썰어 주시구요.

자막 | 미르포아(Mirepoix) : 음식의 향미를 끌어올리는 프랑스식 채소 베이스. 주로 양파, 당근, 셀러리로 만듦

맹숙수　알겠소. (무와 호박, 표고버섯을 조리대에 올리고 표고버섯부터 썰기 시작하는)

지영　길금씨는 갈비 좀 건져줘.

길금　야, 알겠어라.

길금, 데친 꽃갈비를 도마 위에 올리면, 지영, 불고기 양념(간장, 설탕, 깨, 조청)을 만들어 붓는다.

지영, '길금씨, 물 한 바가지만', 길금이 물 한 바가지를 양념 그릇에 부으면, '가마솥에 물 좀 빼줘.'

지영   (E) 그래, 지금은 이게 최선이야.

Cut to_ 엄숙수, 돼지 비계를 이용해 번철을 지지고, 지영, 우대갈비의 표면을 가볍게 시어링한다.
우대갈비를 그릇에 옮기고, 맹숙이 다 썰은 무, 호박, 표고버섯을 시어링해 그릇에 옮긴다.
심숙과 민숙이 머루주를 가져오면, 지영, 솥에 시어링한 고기와 채소를 쓸어 넣고, 머루주를 촤악- 붓는다.

3. 희정당 / 명측 조리대 앞 / 낮

조선측 조리대에서 솔솔 풍겨오는 냄새에 저절로 고개가 돌아가는 당백룡.

당백룡   (명)(큼큼) 아니, 이 냄새는…?
(조선측, 아궁이 위의 솥을 보며) 이건 분명 술 냄새다. 쌀과 머루의 향이 섞인 술..! 술로 고기 요리를 하다니.. 대체 뭘 만드는 것인가..

공문례   (명)(무표정하지만 눈을 떼지 못하며) 괴이합니다.
고기의 잡내를 없애려고 술을 뿌리는 게 아니라 술에 아예 담그다니.

아비수   (명)(흥미로운 표정) 표정들이 다급한데요. 경합을 포기하려는 거 아닐까요?

당백룡   (명)(신중한 표정) 뭔지는 몰라도, 세상에 없던 고기 요리는 맞는 것 같다.

아비수   (명)(장난기 어린 표정) 하지만 아무리 발버둥 쳐도 소용없어요. 우리가 이길 테니까.
(하면서 작은 주머니 하나를 들어 보이며) 이걸 구했거든요.

당백룡/공문례   (무심히 주머니를 보고)

4. 희정당 / 조선측 조리대 앞 / 낮

지영, 비프 부르기뇽을 젓고 있는 엄숙수 옆에서 조선식 '부케 가르니'를 넣는다.

맹숙수 연숙수, 방금 뭘 넣은 건가?

지영 '부케 가르니'라고, 프렌치 허브 묶음을 조선식으로 만들어 봤어요.

맹숙수 북해 가르리?

지영 (솥뚜껑을 덮고) 후... (숙수들 보며) 이제 됐어요. 찌기만 하면 돼요.

엄숙수 (향시계 첫 번째 방울이 떨어지자 향시계 보며) 시간은 얼마나 걸리겠나? (30분 경과)

지영 (으쓱) 한 시간이요.. 반 시진? 불을 교대로 볼게요.

엄숙수 (눈을 부릅) 교대는 무슨! 끓이는 건 내 전문이니, 타지 않게 잘 봄세.

지영 (미소) 엄숙수님도 참...

맹숙수 (시크하게) 헌데, 이 요리는 뭐라고 부르면 되겠소? 찜은 찜인데..

지영 조선식 갈비찜과 서양식 조리법의 만남이니까...
(미소) 쌀머루 와인에 졸인 비프 부르기뇽 갈비찜?!

엄숙수, '뭔 갈비찜...?' 하면.. 맹숙수, 엄숙수 보며 '쌀머루와니에졸인보라불기용갈비찜! 이랍니다.'
심숙수, 민숙수, 길금, 너도나도 들은 대로 말하는 어수선한 분위기에서.

타이틀. **"폭군"** 뜨면,
식칼이 슝! 하고 날아와 꽂히고 칼자국 사이로 흘러내린 글자가 문장을 완성한다.
"폭군의 셰프"

- Course N°8 쌀머루주 비프 부르기뇽 -

5. 희정당 / 월대 + 대신석 + 조리대 앞 / 낮

5-1. 월대 + 대신석1 / 이헌을 비롯한 우곤과 제산대군파 대신들 양측 조리대를 번갈아 보며.

이헌   (E) 연숙수, 대체 뭘 하는 것이냐? (의아한 표정)

유문정   (작게, 성인재에게) 술에 담가서 고기를 익히다니..?

성인재   (작게) 명나라 숙수들에 비해 실력 차이가 나는군요.

김양손   (작게) 첫판부터 제승하기는 물 건너 간 것 같습니다.
                자막 | 제승(制勝) : 겨루어 눌러 이김

우곤   (명, 거들먹거리며 이헌에게) 크하하~ 아뢰옵기 송구한 말이지만, 조선의 숙수들은 애초에 상대가 되지 않았습니다. 우리 화부들은 명나라에서도 손꼽히는 실력자들이니까요.

이헌   (피식) 허나, 요리의 진가는 냄새를 맡을 때가 아니라 결국 먹을 때가 아니겠습니까. 얼마나 뛰어난 맛을 갖추고 있느냐가 관건이지요~ 우리 숙수들도 조선에선, 국사무쌍의 솜씨를 갖춘 자들입니다.
                자막 | 국사무쌍(國士無雙) : 나라에서 둘도 없는 뛰어난 인물을 말함

우곤   (명, 속마음을 숨기며) 물론 그러시겠지요.

이헌, 우곤, 팽팽한 기세로 경합 중인 마당을 본다. 제산대군과 일파들은 여유롭게 보고.

5-2. 대신석2 / 한민성파 대신들, 양측 조리대를 번갈아 보며.

박원준   온갖 산해진미가 담겨도 모자랄 판에.. 저, 무슨 경거망동인지, 원.. 쯧쯧.

유형민   명측 조리대를 보십시오, 손놀림 자체가 귀신같질 않습니까.

한민성   기다려들 보시지요. 술에 담근 고기에 특별한 기운이 서릴지 누가 압니까.

박원준, 유형민, 믿을 수 없다는 듯이 절레절레... 한민성, 걱정스럽지만 덤덤히 경합을 지켜보고.

6. 희정당 / 양측 조리대 앞 / 낮

/조선측 조리대
지영, 솥뚜껑을 열어 국물을 맛본 후에, 소금을 추가한다.
'이제 가니쉬 준비할게요.', '엄숙수님은 늙은 호박을 삶아주시고, 맹숙수님은 어린잎 채소 좀 손질해 주세요.'
자막 | 가니쉬(Garnish) : 완성된 음식의 외형을 돋보이게 하기 위해 곁들이는 장식

Cut to_ 지영, 번철에 기름을 넉넉히 둘러 가니쉬용 튀밥을 튀기고 있다.
엄숙수, 늙은 호박을 잘라 가마솥에 넣는다.
맹숙수, 가니쉬용 어린잎 채소를 손질한다.

/명측 조리대
아비수, 웍에 콩기름을 두르고, 연마를 시작한다.
당백룡, 계란 4개를 연달아 까서 흰자를 분리한다.
공문례, 작은 조각칼로 오이를 카빙하고 있다.

7. 희정당 / 외경 / 해 질 녘

해가 서산 쪽으로 자리를 옮기는 모습.

8. 희정당 / 조선측 조리대 앞 / 해 질 녘

향시계의 두 번째 방울이 떨어진다. 땡그랑. (1시간 경과)

아궁이 앞, 지영, 튀밥을 그릇에 옮겨놓고, 천을 두른 손으로 솥을 만져본다.

이어 귀를 살짝 대보면 보글보글.. 얕게 끓는 소리가 들린다.

조리대 앞, 엄숙수는 가마솥에서 호박 2조각을 꺼내고, 맹숙수는 손질한 어린잎 채소를 정리하고 있다.

지영	이제 한 30분, 반의반 시진 정도면 완성될 거예요.
엄숙수	그럼 이제 기다리기만 하면 되는 건가?
지영	네. 엄숙수님, 이제 상차림할 접시랑 식기 좀 봐주세요. 티끌이라도 있는지.
엄숙수	자, 상차림을 시작하게.
숙수들	네.

9. 희정당 / 명측 조리대 앞 / 해 질 녘

조리대 앞, 공문례, 계속 오이를 카빙하고 있다.

조리대 앞, 당백룡, 닭고기 순살에 계란 흰자와 전분가루(녹말가루)를 묻혀 잘 버무리고.

관솥불 앞, 아비수, 웍에 기름을 붓고, 대파, 마늘, 생강을 볶다가, 주머니에서 붉은 가루를 꺼내 섞는다.

순간적으로 차르르~ 소리와 함께 매콤한 냄새가 경합장에 퍼져 나가고.

10. 희정당 / 조선측 조리대 앞 / 해 질 녘

지영, 호박을 학독에 갈며 우유를 첨가한다. '맹숙수님, 거기 타락 좀 주세요'

맹숙수, 지영 보며 '호박.. 앙금이오?' 하면, 지영 '호박 퓨레', '아, 휴레'
길금, 민숙, 심숙과 함께 각을 잡고 접시와 수저를 닦고 쟁반, 접시를 준
비하던 엄숙이 재채기를 한다.
자막 | 타락(駝酪) : 우유의 옛 이름

엄숙수　엣취! (재료 테이블에서 고개를 돌리며) 대체 이게 무슨 냄새야~ 어이
　　　　구 매워~

길금　코를 찌르는 익숙한 냄새가 나는디..

지영　(냄새를 맡고 놀라) 설마..?

맹숙수　(냄새를 맡고 킁킁) 명나라에서 자주 쓰는 산초는 아닌 거 같은데...?

지영　(명측 조리대 쪽으로 다가가며) 아냐, 그럴 리가 없는데..?

지영, 명측 조리대 웍질하는 아비수 맞은편에서 보면, 엄숙수, 맹숙수,
지영의 곁으로 가서 서고.

11. 희정당 / 명측 조리대 앞 / 해 질 녘

아궁이 앞, 아비수, 붉게 변한 고추기름을 보며 만족한 미소를 짓는다.
양념 접시에서 화자오를 집어 팬에 넣고 볶다가 웍을 들어 고추기름을
체에 거른다.
당백룡, 아비수 도와주고, 상차림 지시한다. 나인들은 재료 테이블을 정
리한다.
공문례, 카빙을 끝내고, 준비된 곡부명주를 보자기에서 꺼낸다.

12. 희정당 / 조선측 조리대 앞 / 해 질 녘

맹숙수　왠지 익숙한 이 매운 냄새는 대체 뭐요...

지영	(부르르) ....아냐.. 아닐 거야..
엄숙수	에효~ 나는 상차림이나 마저 하겠네. (재료 테이블로 가는)
민숙수	(놀라 지영 보고) 근데 저 술도 특별해 보이는데 뭐죠...!
심숙수	(놀라 민숙수 보며) 저, 전설의 곡부명주(曲阜銘酒) 아녀...?!
민숙수	(심숙수 보며) 아, 곡부 가문에서만 내려온다는 그 술?
지영	(멍하니 처다보는)....

13. 희정당 / 월대 중앙 일각 / 해 질 녘

이헌, 경합 중인 지영의 당황한 모습을 간파하고, 슬쩍 우곤을 보면 우곤이 비열한 미소를 짓고 있다.

이헌	(떠보듯) 명나라 숙수들의 요리하는 모습이 인상적이오. 허나, 세상에 없던 고기 요리는 아닌 듯하오만. (우곤 보는)
우곤	(명, 비열한 미소) 아비수의 요리는 무엇인지 알 수 없으나, 세상에 없던 요리임은 분명할 겁니다. 공문례가 준비한 술도 세상에 하나뿐이 없는 것이구요.
이헌	(설핏 깨닫고) 공문례..?!
우곤	(명) 후후.. 예, 그자는 공자의 후손입니다.
이헌	(!)...
우곤	(명) 공문례는 전하께서 여태껏 맛보신 적 없는 곡부명주를 곁들임으로 내놓을 겁니다.
이헌	(E) 공자의 후손이 내놓는 세상에 하나뿐인 술! '곡부명주!'
우곤	(명) 아비수가 어떤 요리를 만들어 내든, 세상에 하나뿐인 술을 곁들인.. 세상에 하나밖에 없는 요리임이 분명하지요. (미소)
이헌	(덤덤한 척) 기대가 크오.

제산대군과 유문정, 성인재, 김양손 모두 여유 있는 미소를 지으며 경합장을 바라보고,
이헌만이 손을 꼭 쥔 채 지영을 지켜본다.

14. 희정당 / 양측 조리대 앞 / 해 질 녘

향시계의 세 번째 방울이 떨어진다. (1시간 30분 경과)

/조선측 조리대
정신 차리고 아궁이 앞으로 가서 솥뚜껑을 여는 지영. 황급히 도와주는 엄숙수 컷.
우대갈비를 번철에 올리고 국자로 작은 그릇에 소스를 옮기는 지영.
'플람베 할 거니까 번철로 다 옮겨주세요. 맹숙수님, 소스 여기다 좀 담아주세요.' / '소스는.. 양념!'(맹)

/명측 조리대
아궁이 앞, 웍에 기름을 붓고, 파, 마늘, 생강을 볶다가 닭고기와 닭 육수를 넣고 볶는 아비수.
노릇해진 고기에 준비해둔 땅콩과 고추기름을 넣어 농도를 맞추며 튀기는 아비수의 손 컷.

/조선측 조리대
머루주를 더 붓고, 불쏘시개로 플람베(Flambee)를 하는 지영의 손 컷.
불이 확 올랐다가 사그라진다.
호박 퓨레를 담을 한지 짤주머니를 만드는 맹숙수의 손 컷.

/월대 + 대신석
'우오오~' 지영의 플람베를 신기한 듯 경탄하며 바라보는 이헌과 한민성파.
심드렁한 얼굴로 지영의 재주를 바라보는 우곤과 유문정, 성인재, 제산대군 일파.

/명측 조리대

아비수, 이에 질세라 곡부명주를 붓고 웍질을 한다. 불이 확 올랐다가 사그라진다.

당백룡, 상차림을 마무리한다. 공문례, 술을 따르고 있다.

양측으로 화악 퍼져 나가는 명과 조선의 강렬한 음식 향기.

15. 희정당 / 월대 + 조리대 앞 / 해 질 녘

플레이팅하는 양국 숙수들.

지영, 그릇에 한지 짤주머니로 호박 퓨레를 짜고, 그릇을 탕탕 쳐서 평평하게 만든다.

우대갈비를 그릇에 올리고, 국자로 소스를 붓는다.

우대갈비 위에 튀밥, 호박 퓨레, 어린잎 채소로 가니쉬를 한다.

아비수, 오이 카빙이 놓인 그릇에 국자로 궁보계정을 한 번에 올리고, 카빙꽃의 각을 잡으며 마무리한다.

지영   (E) 요리는 셰프의 마지막 손끝에서 완성된다.

깊고 묵직한 맛의 부르기뇽에, 튀밥을 올려 크런치한 식감을 살려주고..

호박 퓨레로 은은한 단맛을 더한 다음, 향긋한 어린잎 채소를 올려주면 끝!

아비수   (명)(E) 오이로 피워낸 꽃 위에, 계정을 정성껏 올린다.

세상에 없는 고기 요리 완성!

마지막(네 번째) 향시계 방울이 다 떨어지고 징~ 소리와 함께 조리시간이 끝난다. (2시간 경과)

송재   시간이 다 되었습니다. 양국의 숙수들은 모두 손을 떼시오.

Cut to_ 일각에서 기다리던 수라간 최고상궁과 수라나인들, 접시를 들고 요리를 나누어 옮긴다

이헌, 우곤, 대신들의 테이블 위에 착착 올라오는 완성된 비프 부르기뇽과 궁보계정-곡부명주.

송재   이제 맛평을 시작하겠습니다.

음식을 드신 후에, 전하와 사신 정사께 먹과 종이를 드릴 것이니,

상대국의 요리를 10점 만점으로 평가해 주십시오.

이헌과 우곤이 고개를 끄덕이고.

송재   먼저 조선측 요리입니다.

Cut to_ 최고상궁, 시식 테이블에서 비프 부르기뇽부터 기미를 하면,

차례대로 시식을 하는 이헌과 우곤, 그리고 제산대군을 비롯한 대신들.

진지하게 음미한다.

INS_ 나비가 팔랑대는 장원서. 꽃들에 둘러싸여 만찬을 하는 이헌.

INS_ 나비를 따라가면 장원서 반대편, 과일나무에 둘러싸여 갈비를 우걱우걱 뜯고 있는 우곤.

이헌   (감탄) 고기가 혀에 닿으면 녹아내린 것처럼 사라진다.

이처럼 부드럽고, 세상에 없던 이 요리의 이름은 대체 무엇이냐?

지영   이 요리는, 쌀머루 와인에 졸인 '비프 부르기뇽'입니다.

프랑스의 전통 스튜 요리인데요.

투뿔 우대갈비를 깊은 풍미를 더해주는 쌀머루 와인에 넣고~ 푹~ 졸여서, 조선식 갈비찜으로 만들어 봤습니다.

이헌   도뿔 갈비? 쌀머루에 보풀기뇽이라..

우곤   (명, 놀란) 비푸르기냥이라. 정말 고기가 입에서 눈처럼 녹아내리는

구나.

게다가 이 향내는 마치 과수원에 앉아있는 듯 느껴집니다.

이헌　(다시 한번 더 먹고) 음... 정말 맛있구나. 쌀머루주의 깊은 향과 풍미
　　　는 남았으되 술맛은 느껴지지 않으니 연유가 무엇이냐?

지영　쌀머루 알콜은, 고기를 끓일 때 거의 다 날아갔고요.
　　　플람베까지 해서 그렇습니다.

이헌　(서로 보면) 푸른 배??

지영　플람베라고.. 아까 순간 불이 확 올라갔다가 사그라드는 거 보셨죠?
　　　그게 남아있는 알콜,

우곤　(명) 알크어?

지영　술기를 싹 날려준 겁니다.

우곤　(명) 흥미롭군.

제산대군　이 싱그러움이 감도는 향기~! 입에서 살살 녹는 이 부드러운 육질~!
　　　놀라운 솜씨입니다.

한민성　(자신감) 이런 걸 만들 수 있는 숙수는 명에서도 몇 명 없을 겁니다!

우곤　(명)(미소) .... 허허.. 그럴지도요.

이헌　(기분 좋은) 섬세한 머루의 풍미와 어우러진 고기 본연의 맛이 용미 중
　　　의 용미로다!

지영　감사합니다. (꾸벅)

모두가 인정하는 듯 만족스런 표정이고.

우곤　(명, 사악한 미소로) 헌데, 이것은 어찌 됐든 갈비찜이다.
　　　이것을 세상에 없는 고기 요리라 할 수 있겠느냐?

지영　(어렵게 말문을 연다) 이 요리는 지금 세상에는 없는 요리가 맞습니다.

우곤　(명) 무슨 말이냐?

지영　몇백 년 뒤, 프랑스 시골에서 만들어질 가정식이거든요.

이헌　(피식) ..

우곤　(의아)

지영   그리고 개인적이긴 하지만, 저에게도 세상엔 없는 요리입니다.
이 요리는.. 프랑스 가정에서 엄마들이 늘 해주는 음식인데요.
그러다 보니 이 요리를 만들 때마다,
돌아가신 어머니께서 이걸 만들어 주신다면 어떤 맛일까 상상하곤 했
었거든요.
그렇기 때문에 이 요리는,
지금 시대에는 없고, 저에게도.. 세상엔 없는 고기 요리입니다.

이헌   (눈시울이 붉어지고)...

통역의 설명에 낯빛이 변하는 우곤. 이헌과 제산대군, 조선의 신하들
모두가 고개를 끄덕이고,
복받치는 감정으로 지영을 보는 숙수들, 긴장한 명측의 요리사들.
이헌, 지영을 향해 따뜻한 미소 짓는다, 지영 심호흡하고 자기 자리로
돌아간다.

송재   다음은 명나라 요리입니다.

이헌과 우곤, 궁보계정과 곡부명주를 본다.

우곤   (명, 환한 표정) 이건 무슨 요리냐?

아비수   (명) 예, 대인. 이것은 제가 처음 만들어 본 것인데,
닭고기와 견과류를 주재료로 사용하였기에 '계정'이라 명명하였습니다.
그리고 곁들여 곡부명주를 준비했습니다.

일각에서 듣던 조선의 숙수들 '계정?' 하며 서로 의아한 듯 보는데, 지영
만 안색이 하얘졌다.

지영   (E) 계정? 청나라 때나 나와야 할 요리인데, 사천요리 궁보계정이 대
체 왜..!

설마, 아비수가 계정의 창시자?!

자막 | 궁보계정(宮保鷄丁) : 닭고기를 땅콩, 고추, 채소 등과 함께 볶은 쓰촨(사천)의 대표 요리

이헌, 최고상궁을 향해 눈짓한다. 최고상궁, 기미하고.
궁보계정과 곡부명주를 차례대로 시식하며 맛을 음미하는 이헌과 우곤.
움찔하는 이헌, 미소 짓는 우곤. 지켜보는 제산대군과 조선의 신하들
일동.

INS_ 콰콰쾅! 번개가 산에 내려치며 번쩍!

이헌	(충격적인 표정)(E) 참으로 매콤하고 달콤한 데다 고소하기까지 하다.
우곤	(명)(E) 강렬하다. 대체 이 맛은 무엇인가?
이헌	식감은 유달리 촉촉한데 연유가 무엇이냐?
아비수	(명) 닭고기가 속까지 익도록 충분히 볶되, 과하지 않게 조절하여 촉촉한 식감을 유지하였고, 땅콩을 넣어 고소함을 더했습니다.
우곤	(명) 이 강렬하고 매콤한 맛은 어떻게 낸 것이냐?
아비수	(명) (회심의 미소) 비법 양념을 넣고 닭고기에 잘 배도록 고루 섞어 입혔습니다.
우곤	(명) 비법 양념이라.. 궁금하군. 그것이 무엇이기에 이리도 강렬하게 끌리는 매콤한 맛을 내는 것인지..
이헌	(술을 한잔 마시고) 게다가 담백하면서도 매운맛을 지그시 누르는 묵직한 곡부명주! 역시 가문 대대로 내려오는 술답다!
공문례	(포권하는) ...

그제야 제산대군과 신하들도 모두 먹어 보는데 맛있다.. 고개를 끄덕
이고.

이헌	(아비수에게) 헌데, 자네가 만든 이 '계정'은 어찌하여 세상에 없던 고기 요리인가? 조선에는 이미 예전부터 이와 비슷한 '강정'이라는 닭고기

요리가 있었다.

아비수 (명, 회심의 미소) 조선의 강정은 저도 먹어본 적이 있사옵니다. 하지만 그것과는 다릅니다. 제가 만든 '계정'에는 세상에 없던 붉은 기름 '라유(辣油)'를 처음으로 사용했기 때문이옵니다.

이헌 (흠칫) 붉은 기름, 라유?

제산대군 (흠칫 아비수를 보는)...

우곤 (명, 흡족한 표정으로) 역시 명이 자랑하는 요리 선녀 아비수! 보통 요리를 잘해도 이런 새로운 양념을 만드는 것은 엄청난 연구가 있지 않고서는 불가능한 일인데.. 게다가 마치 비단에 가까운 붉고 고운 빛깔의 이 라유는, 단언컨대, 세상에 없던 새로운 맛이다!

아비수의 요리에 충격받은 표정의 엄숙수와 맹숙수 옆에 서 있는 지영, 생각에 골몰해 있다.

지영 (E) 분명해! 저건 고추가 들어간 거야.. 아무리 아비수가 천재라 해도.. 고추 없이 라유를 만들 수는 없어.

F.C_ 민숙수 헐레벌떡 달려와 사옹원의 고추가 모두 사라졌다고 말하던 컷

지영 (E) (뭔가 깨닫고) 설마..?!

도도한 표정의 아비수. 그런 아비수를 흡족하게 바라보는 우곤. 이헌에게 바짝 다가가 앉고.

우곤 (명, 소곤소곤) 전하, 이제 판정을 내리심이 어떨는지요?

이헌 그리합시다. 태감께선 어떤 요리가 더 특별하셨습니까?

우곤 (명) 황공하오나, 아비수가 만든 '계정'이 조선의 갈비찜보다 더 좋았사

옵니다.

조선의 대령숙수가 만든 갈비찜도 훌륭하였사오나,

지금 세상에 없는 미래의 요리라는 말도 믿기 어렵고,

게다가 요리에 담긴 사연이 너무 개인적인지라...

해서, 조선식 갈비찜에 높은 점수를 줄 수는 없을 것 같사옵니다.

이헌   (듣다가 긴장된 표정으로 지영을 보며) 허나, 쌀머루주에 졸인 비풀기

녕이 세상에 없던 방식으로 만든 고기 요리인 것도 확실하지요..

해서, 나도 명나라식 닭강정에 높은 점수를 줄 수는 없을 것 같소.

우곤   (엣헴) ...

16. 희정당 / 월대 + 조리대 앞 / 해 질 녘

이헌과 우곤 앞에 각각 화지와 붓, 먹, 벼루가 놓인다.

자국의 요리를 제외한 상대국의 음식 점수를 적는 이헌과 우곤.

이헌은 명측에 7점을, 우곤은 조선에 4점을 적는다.

다 적은 종이를 송재에게 넘기면, 송재가 내관들에게 건네주며, 슬쩍

명측의 점수를 본다.

내관들이 왼쪽과 오른쪽에 둘둘 말린 점수 족자를 들고 계단에 선다.

이헌이 눈짓으로 송재를 본다. 송재, 네 손가락을 펴서 명측의 점수가

4점임을 알린다.

즐거운 표정의 우곤과 어두운 표정의 이헌이 대조되어 보이는 가운데..

모두가 이헌을 보고.

이헌   첫 번째 경합의 결과를 발표하겠다!

내관들이 점수판 족자를 동시에 들고 양쪽에 선다. 떨어뜨리기 직전!

망설이던 지영이 달려 나가고!

지영	(앞으로 나아가 예를 갖추고) 잠시만요, 전하!
이헌	무어냐?
지영	승자를 발표하시기 전에, 명국의 음식을 맛보게 해주십시오.

이헌과 우곤을 비롯한 조선의 신하들, 아비수, 모두 지영을 황당하게
본다.

우곤	(명, 노엽고) 판정하기 직전에 상대국의 요리를 먹어 보겠다는 저의가 무엇이냐?
지영	아비수는 훌륭한 요리사가 확실하지만, 판정을 하기 전에 확인할 것이 있습니다.
송재	(황당해 하며) 무엄하다! 심사는 전하와 사신 정사께서 하시는 것이다! (하는데)
이헌	(O/L) 잠깐! (담담하게 우곤을 보며) 송구하오 태감.
우곤	(훙! 분한 듯 고개를 돌리고) ...
이헌	그래, 무엇을 확인하겠다는 것이냐.
지영	재료입니다. 전하.
이헌	(의아하게 보며) 재료?
지영	아비수의 '계정'을 맛봐야 알 수 있을 것 같습니다. (하는데)
우곤	(명, 통역을 듣고 불편해하며) 지금 아비수가 부정한 재료를 쓰기라도 했다는 것이냐?
지영	(간절히 보며) 한 번만 맛보게 해주십시오. 부탁드립니다.
이헌	(잠시 고민하는데)...
우곤	(명) 불허한다!
이헌	(황당한 표정으로 우곤을 노려보는)....

긴장감이 감도는 경합장. 이때 당백룡이 저벅저벅 걸어와 '궁보계정'이
담긴 접시를 지영에게 내민다.

아비수	(명, 놀라 소리치는) 숙부님! 그걸 왜 주십니까!
공문례	(무심히 보고)...
우곤	(명) 백룡! 뭐 하는 짓이냐!
당백룡	(명, 포권하며) 대인, 저도 조선측의 요리 맛이 궁금합니다. 이참에 양국 숙수들이 서로의 요리를 맛보게 해주십시오. 어차피 요리사의 승부는 맛으로 나는 것이 아닙니까.
우곤	(명, 화가 나 벌떡 일어나고) 백룡! 네가 나설 자리가 아니다. 물러서라!
당백룡	(명)(포권하며 미동도 없는) ....허면, 대인께서는 이 작은 나라의 숙수들에게 대륙의 화부들이 뒷말을 들어도 괜찮으십니까?
우곤	(부르르)......
이헌	(무게가 있는 목소리로) 태감, 앉으시오.
우곤	(주먹 쥐고)...
당백룡	(명) 명나라의 자존심이 걸린 일입니다. 윤허해 주십시오. 대인.
우곤	(마지못해 앉고)...
이헌	(미소) 양국의 숙수가 서로의 요리를 맛보길 원하니, 조선의 왕으로서 이를 윤허한다.
우곤	(명)(굳은 표정으로) 대명 제국의 사신 정사로서 윤허한다.

월대를 향해 꾸벅 인사하는 지영, 포권하는 당백룡. 서로 인사하는 지영, 당백룡.
/ 긴장한 표정의 아비수와 공문례. / 안도하는 맹숙수와 엄숙수.

Cut to_ 모두의 시선이 집중된 가운데 지영과 당백룡이 심사대 위에 놓인 서로의 음식을 맛보고 있다.

당백룡	(명, 눈이 커지고)(E) 이 맛은...!!

땡땡땡 소리와 함께, 香(향)! 色(색)! 味(맛)! 이 한자로 화면에 크게 박히며!

당백룡	(명)(E) 향과 색, 맛.. 어느 하나도 빠지지 않는 그야말로 전설의 용미 일체! (부들부들 떨며 지영을 보는)

한편, 궁보계정을 맛보며 눈이 커진 지영!
번개 치며 강렬한 매운맛이 뒷골을 강타한다. 전기충격을 받은 듯 전율을 느끼는 지영!

지영	(E) (붉은 기름을 보며) 확실히 이건 고추를 사용한.. 라유야.. (당백룡 보며) 이 붉은 기름은 어디서 난 거죠? 직접 가져온 재료가 맞아요?
당백룡	(명, 통역 듣고) 아비수!
아비수	(명, 못마땅한 표정으로 다가와) 예.
당백룡	(명) 이 붉은 가루는 어디서 났지?
아비수	(명) 조선에서 구했습니다. 제가 정당하게 얻은 재료입니다.
지영	(통역 듣고) 이건 분명히 '고춧가루'예요. 저랑 숙수들이 직접 따고, 햇볕에 말리고, 정성스럽게 만든 거라구요. 첫 번째 경합에 쓰일 아주 중요한 비밀 양념이었습니다. 근데, 이걸 어떻게 구한 거죠?
아비수	(피식).....

17. 희정당 / 월대 / 해 질 녘

지영의 말을 듣고 놀라는 이헌. 저자에 다녀오며 지영과 나누던 대화를 떠올린다.

F.C_ 6부 씬 44, 봉덕궁 가는 길 / 밤_고초장은 이번 경합에 쓰일 중요한 비밀 양념장이라고 말하던 지영 컷

이헌	(E) 비밀 양념장...? 허면? 저 붉은 기름이 고초로 만들었단 말인가..?! 저것을 대체 어디서 구했단 말인가!!
우곤	(명, 안색을 바꾸며) 전하, 숙수들의 이야기는 승자를 가린 후에 듣기로 하고, 이만 판정을 내리시지요.
이헌	(피식) 태감, 요리하는 사람들에겐 식재료가 선비의 붓이자 무사의 칼입니다. 태감께서 이런 일을 당하셨다면, 그냥 넘어가시겠소?
우곤	(움찔)...!

이헌이 천천히 고개를 돌려 매서운 눈빛으로 아비수를 본다.

18. 희정당 / 조리대 앞 / 해 질 녘

지영과 조선의 숙수들이 신뢰할 수 없는 눈빛으로 말없이 아비수를 본다.
모두의 시선이 집중된 가운데 아비수가 입술을 질끈 깨문다. 당백룡이 그런 아비수를 보고.

당백룡	(명) 아비수, 어찌 된 게냐? 혹 남의 재료를 훔친 것이냐?!
아비수	(명)(쳇) 숙부님, 훔친 것이 아닙니다. 화자오를 주고 정당하게 얻은 것입니다.
엄숙수	화자오를 주고 정당하게 얻었다 하네.
당백룡	(명) 허면, 대령숙수가 경합에 쓸 재료라는 것은 알고 있었느냐?
아비수	(명)(인정하고 싶지 않지만) 그것은...
당백룡	(명)(!!) 아비수... 너는 화부로서 절대 해서는 안 될 짓을 했다. 상대의 재료를 가로챘고,

지영을 비롯해 분노의 표정으로 아비수를 보는 엄숙수와 맹숙수, 조용히 사태를 관망하는 공문례.

당백룡	(명)(낮게 으르렁대듯) 내게 그 사실을 말하지 않았다.
	이런 야비한 짓으로 명나라의 이름을 더럽히고 이 신성한 경합장을 난
	장판으로 만들다니.. 화부로서 용서할 수 없다.
아비수	(명)(고개를 숙이고 눈시울이 붉어져)....숙부님..
당백룡	(명)(지영과 좌중을 향해 포권하며) 아비수가 화부로서 해선 안 될 실
	수를 했소.
	첫 번째 경합은, 우리가 진 것으로 하겠습니다.

충격으로 보는 지영과 엄숙수, 맹숙수, 공문례, 아비수!

19. 희정당 / 월대 / 해 질 녘

매섭게 변하는 이헌. 사색이 된 우곤이 마당을 뚫고 나갈 기세로 벌떡
일어나 당백룡을 본다.

우곤	(명) 당백룡!!
이헌	(조용히) 체통을 지키시지요. 태감. 승부는 이미 끝난 듯한데.
우곤	(부들부들거리며 이헌을 노려보는)...!!
이헌	태감께서 데려온 저들은 아무도 넘볼 수 없는 뛰어난 솜씨의 숙수들이
	분명하오.
	허나, 제아무리 요리 솜씨가 뛰어난 숙수라 한들,
	무릇 모든 일의 근본은 인간이 먼저 돼야 하는 법이외다. 아니 그렇소?
우곤	(분을 삭이며 앉고)....

한민성파가 흐뭇한 얼굴로 그런 이헌을 보고, 제산대군파는 덤덤히 경
합장을 보고 있다.

20. 희정당 / 조리대 앞 / 해 질 녘

지영, 앞으로 나선다. 당백룡을 진심이 담긴 눈으로 보며.

지영	말씀은 감사하지만, 제가 궁금한 건, 고추를 어디서 구했는지예요.
당백룡	(명) 첫판의 승부는 이미 판가름이 났다. 당신의 승리다. (돌아선다)
아비수	(명) 잠깐만요!
지영/당백룡	(거의 동시에 아비수 보는)
아비수	(명)(당백룡 보며) 전 지지 않았습니다.
	숙부님, 제가 붉은 가루를 정당하게 구했다는 걸 증명할게요!
당백룡	(명) 패배를 인정하고 깨끗이 승복해라.. 아비수, 넌 상대의 재료를 가로챘어.
아비수	(명)(억울하고) 아니에요! 전 궁의 식재료를 관장하는 사옹원에서 정당하게 구했어요.
엄숙수	고초가루를 사옹원에서 얻었다고 하는데?
지영	사옹원? 말도 안 돼..
아비수	(명)(O/L) 제게 붉은 가루를 넘긴 분은...
엄숙수	그분은 바, 바로..

아비수, 고개를 돌려 좌중을 빙 둘러보다 월대 위 제산대군을 가리킨다.

아비수	(명)(의미심장한 눈빛) 저분입니다.
지영	(!)(E) 제산대군...?!
이헌	(충격)

술렁이는 한민성파 신하들과 수라나인들, 조선의 숙수들 일동.
흠칫하는 공문례, 당백룡, 우곤.

21. 희정당 / 월대 / 해 질 녘

이헌을 비롯한 한민성과 신하들이 놀라 제산대군을 본다. 긴장한 표정
의 제산대군과 신하들.

이헌　(살기) 숙부, 저자가 지금 무슨 얘길 하는 겁니까?
　　　대령숙수의 요리 재료를 제 허락도 없이 명의 숙수에게 주신 게 사실
　　　입니까?

제산대군　(잠시 묘한 침묵을 지키다가 호랑이 같은 웃음을 터트리고) 하하하하.
　　　(표정 싹 바뀌며) 전하, 송구하오나, 전하의 허락은 필요치 않았습니다~

이헌　(분노로 보는)...

제산대군　(능청스럽게) 원래 수라간에 음식 재료를 들일 땐, 검수를 하고,
　　　사용원 제조인 제가 허락을 해야 들일 수 있지 않습니까~

이헌　해서요.

제산대군　(차분하게) 하오나 저번부터 대령숙수가 붉은 가루와 붉은 장을 무단
　　　으로 수라간에 들이고 있다 들었습니다.
　　　해서 당장 궐 밖으로 내치라고 했습니다. 왕실의 건강은 중요하니까요~

우곤　(미소로 제산대군을 보고)...

경합장, 듣고 있던 지영과 엄숙수, 맹숙수와 뒤편에 서 있던 길금, 심숙
수, 민숙수 깊은 한숨을 내쉬고.

이헌　명의 숙수에게 주신 것은 아니구요?

제산대군　아~! 맞습니다. 제가 가져가라고 했습니다.
　　　그 귀한 명의 화자오와 바꾸고 싶다고 하길래, 옳다구나!
　　　그건 이득이란 생각에 원하는 거 얼마든지 다 가져가라고 했습니다.
　　　아유~ 대령숙수가 미리 언질을 줬으면 내 그리 다 내치지 않았을 텐데..
　　　쯧쯧쯧.

이헌　(덤덤한 표정이지만 미치겠고)...

한민성파 대신들, 제산대군을 노려보고, 제산대군 모르는 척 홱~ 고개를 돌린다.

우곤　(명)(비열한 미소) 전하, 조선의 대군이신 제산대군께서 실수를 하신 듯합니다..
　　　아비수의 잘못이 아님은 밝혀졌으니, 원래대로 점수지를 공개하시지요!
이헌　(생각에 잠겨 지영을 보는데)...

22. 희정당 / 조리대 앞 / 해 질 녘

지영, 난감한 얼굴로 생각에 잠겨 있다. 이때 당백룡이 아비수의 앞으로 간다.

당백룡　(명) 아비수, 아직도 너의 잘못을 모르겠느냐?
아비수　(명) 숙부님! 억울합니다.
당백룡　(명) 네가 저 재료를 구한 방법이 설사 정당했다 하더라도..
　　　너는 대령숙수의 비법 재료가 저 붉은 가루임을 알고 받은 것이고,
　　　대령숙수는 자기도 모르게 재료를 도둑맞았다.
　　　넌 요리사로서의 도리를 잃었어. 실격이야!
아비수　(눈시울이 붉어지고) ...

/월대 위, 이헌은 그저 바라보고, 우곤, 움찔하며 파르르 손이 떨리는데 가까스로 참고 앉아 있다.

당백룡　(명) 마지막 기회다. 너에게 요리사로서의 자부심이 남아 있다면, 패배를 인정해라.
아비수　(명) 숙부님.. (눈물)
지영　(통역 듣고, 백룡의 말에 뭉클하여) 저, 제 실수도 있어요..

아비수와 당백룡, 엄숙수, 맹숙수, 공문례가 보면.. (조선, 사신 통역, 속삭이며 동시통역한다)

당백룡 (명)(냉정히) 동정은 필요 없다.

지영 아뇨! 제 실수도 맞아요!

당백룡 (보면)...

지영 애써 만들었던 고춧가루를 도둑맞았다는 생각에 억울했는데,
제가 이곳을 잘 몰라서 소중한 재료를 지키지 못한 제 불찰도 있습니다..
그러니까 이제 그만하세요.

당백룡 (명)(포권) 깊은 배려의 말씀은 감사하오.
허나 누가 뭐라던 간에, 우린 졌소. 자격 미달이니까.

지영 ... (이헌을 보며 고개를 끄덕)

23. 희정당 / 월대 + 조리대 앞 / 해 질 녘

이헌, 결심하고 우곤을 비롯한 신하들을 바라본다.

이헌 듣고 보니, 양국 숙수들의 말이 모두 옳지 않소이까?

우곤 (무슨 얘길까 싶어 불안)...

이헌 명의 숙수는 사옹원 제조에게 재료를 샀으니 잘못이 없고,
조선의 숙수는 자신이 준비한 재료를 빼앗겼으니 억울한 게 맞소..

한민성 (눈치껏) 예. 게다가 명의 대령숙수인 당백룡도
결과가 어떻든 이미 자신들이 진 거라 하지 않았습니까.

박원준 예, 해서 명이 이겼다고 판정해도 명의 숙수들이 받아들이지 않을 것입니다.

유형민 조선이 졌다고 판정해도, 조선 숙수들의 억울함이 가시지 않을 것이구요.

유문정 허나 첫 번째 경합부터 무를 수도 없는 노릇 아닙니까.

성인재 숙수들의 자존심은 자존심이고, 점수지는 공개돼야 합니다.

김양손 예, 맞습니다. (하며 제산대군을 보는)

제산대군 허허, 이거 내가 입이 열 개라도 할 말이 있어야지요~
전하, 서둘러~ 판정을 내리시지요.

이헌 허면, 이번 승부는 점수지를 무르고, '무승부'로 하겠소.

우곤 (명)(발작하듯 일어선다) 다 이긴 경합을 무승부라니요!!

이헌 다 이기셨다니요? 점수지는 아직 공개되지 않았소이다.

우곤 (명)(확신에 차서) 이번 경합은 분명 우리가 이겼사옵니다.

이헌 (한발 물러서며) 허면, 오늘의 점수지를 무효로 하는 대신!
명에게 유리한 조건을 하나 드리겠소. (씨익)

우곤 (?) 좋습니다.

Cut to_ 왼쪽엔 긴장한 표정의 지영과 맹숙수, 엄숙수가 조아리고 있고,
오른쪽엔 명의 당백룡, 아비수, 공문례가 조아리고 있다. 그 앞 중앙에
서 있는 이헌, 우곤, 그 양쪽으로 대신들이 줄을 지어 서 있다.

이헌 (짐짓 위엄 있게) 이번 경합은 어느 하나 우열을 가리기 힘드므로..
(잠시 뜸을 들이고) 무승부다!

지영과 아비수는 멍하고, 엄숙수, 맹숙수가 안도의 한숨을 내쉬면, 당
백룡과 공문례는 덤덤하다.

우곤 (명) 단! 이번 첫 번째 경합의 경우 '라유'라는 새로운 양념장을 개발한
명이 조금 더 우세했던 것이 사실이다. 허나, 조선측 양념을 가지고 만
든 것을 참작해서..
조선 왕의 배려로 무승부가 된 것이다.

이헌 다음번엔 식재료 때문에 불미스런 일이 생기지 않도록 하되,
세 번의 경합이 모조리 무승부로 끝날 경우, 명국이 승리한 것으로 한다.

지영 (E)(흠칫) 명나라에 어드밴티지...? (충격) 내가 졌던 거야..? 설마...?!

이헌	두 번째 경합도 내일 이 장소에서 같은 시간에 열겠다.
	모두 철저히 준비하도록 하라!
지/엄/맹	예, 전하.
명숙수들	(명)(포권)... 예, 전하.

이헌과 한민성파가 경합장을 나가면, 우곤, 제산대군파가 뒤를 따른다.
지영과 엄숙수, 맹숙수도 자리를 떠나려는데, 앞을 막아서는 아비수와
당백룡, 공문례. 사신단 통역.

당백룡	(명) 잠깐.
엄숙수	(겁먹은) 에구 깜짝이야!
맹숙수	(경계하며) 더 볼일이 남았소?
지영	(앞으로 나서며) 뭐죠?
아비수	(명)(포권하며) 미안하다. 내 생각이 짧았어.
지영	(눈이 커지며) 뭐야...? 사과하는 거야?

놀라 숙수들과 눈을 맞추는 지영.

엄숙수	실수한다고 누구나 다 인정하는 건 아닌데~ (큼큼)
맹숙수	오~ 이제야 대국의 숙수답네.
아비수	(명)(반성하며) 이번 경합을 통해서 나는 재료를 대하는 화부의 태도에
	대해 배울 수 있었다. 깨달음을 줘서 고맙다. (포권)
지영	... 나도 내 재료를 잘 챙겨야 한다는 걸 배웠어요. 아비수, 덕분에.
아비수	(명)(미소) 내일은 배우는 게 더 많을 거다. 숙부님을 상대해야 할 테니.
지영	(미소) 더~ 배울 건 없는데..? 내일은 이길 거니까.

숙수들 일동 '오~' 하면.

당백룡	(명)(그제야 지영 앞에 서며) 내일 봅시다. 대령숙수.

아비수와 당백룡, 공문례가 저만치 가면, 팔 걷어붙이며 결의를 다지며 보는 맹숙수와 엄숙수!
미소 지으며 엄숙수와 맹숙수를 보는 지영!

지영   (E) 으아아~! 미치겠네. 큰소리쳤는데 내일 어떡하냐구~~~

24. 봉덕궁 / 수라간 / 회의실 / 밤

지영이 머리를 쥐어뜯고 괴로워한다. 길금을 비롯한 수라간 숙수들이 그런 지영을 보고.

엄숙수   와.. 제조 어르신 정말 너무하시네. 그 고초가루 다 어디 갔어?

심숙수   우덜이 손이 부르트게 따갖고 눈깔 빠지게 말린 걸 갖다가 싹 넘긴 거여, 이거 시방?

민숙수   내일 지면 큰일 나는데..

맹숙수   끝까지 무승부여도 우리가 진 거라고 했소.

길금   아따~ 우쨌던 오늘은 진 게 아니잖애요.

지영   다들 그만해요. 내일 경합이 중요한데, 어쨌든 지금 고춧가루는 없는 거잖아요.

길금/숙수들(한숨) 에효~ / 쩝 / 후~

지영   (일어서며) 자, 일단 내일 요리부터 설명할게요. (길금 보면) 길금씨..

길금   야.. (벽에 붙은 매운 오리볶음 종이를 가리키며) 모다들 이 라쯔야 기억하죠잉?

민숙수   그럼~ 매운 오리볶음!

심숙수   (지영에게) 고초가루가 없어두 괜찮겠쥬?

맹숙수   차라리 높은 콧대를 눌러주기엔 동파육이 낫지 않겠소?

엄숙수   백합연근탕은 어떻겠나? 이것도 명나라 3대 요리 중 하나인데.

지영   (미소) 아뇨, 원래대로 진행할게요.

근데, 매운오리 라쯔야가 아니고, 북경 오리를 할 겁니다.

INS_ '오리외교'라 불리는 1971년 중미외교회담 북경 오리 식사장면 자료.
(키신저와 저우언라이 총리)

지영   (E) 북경 오리, 1970년대 미국과 중국의 외교회담 때..
그 딱딱했던 분위기를 한 방에 뒤집었다는 바로 그 환상의 요리..

숙수들 일동, 집중해서 보면.

엄숙수   그것도 명나라 요린가? 처음 들어보는데?
지영   북경 오리는 오래전부터 명나라 황실에서 즐겨 먹던 궁중 요리예요.
맹숙수   한마디로 그냥 오리구이가 아니오?
지영   맞아요. 구이. 하지만 그냥 오리구이가 아니에요.
공기를 주입해서 껍질과 살을 분리하는 게 핵심이고.
바삭한 맛을 제대로 내는 게 결코 쉽진 않거든요.
엄숙수   그렇다면 이걸로 정말 사신 정사의 입맛을 잡을 수 있겠는가?
지영   사신 정사는 황실에서 온 사람이에요. 전통을 지키는 정성스러운 요리
법과 맛의 조화를 중점으로 볼 겁니다.
그래서 오히려.. 황실 요리 '북경 오리'가 제격이죠.

지영   (E) 고춧가루 없이 건조시킨 오리를 살릴 수 있는 유일한 방법은 북경
오리뿐이다.

지영, 중앙에 한지를 두고 목탄으로 요리 방법을 그려가며 설명하면,
고개를 끄덕이며 열심히 듣는 엄숙, 맹숙, 심숙, 민숙, 길금.
'먼저, 꽤노부터 알아야 돼요'(지)..

당백룡   (명)(E) 조선의 숙수들은 생각보다 훨씬 더.. 대단했다.

25. 봉덕궁 / 태평관 / 회의실 / 밤

빙 둘러앉은 아비수, 공문례, 당백룡..

당백룡 (명) 특히 대령숙수!
공문례 (명)(의미심장하게) 무사의 칼은 사람을 죽이고, 요리사의 칼은 사람을 살리는 법. 보통 고수가 아닙니다.
당백룡 (명) 우리가 조선의 숙수를 너무 얕본 것이다. 내일은 반드시 이긴다. 재료 준비는 끝났겠지?
공문례 (명)(의미심장한 표정으로) 예. 당형.

당백룡, 공문례, 아비수, 비장한 표정으로 비단 보자기에 덮인 거대한 옹기수반을 보는 데서.
(화면에 보이지 않지만, 보자기 안의 물 위에 큼직한 연꽃이 한 송이 떠 있음)

26. 봉덕궁 / 입구 일각 / 밤

제산대군, 성인재, 유문정, 김양손이 사담을 나누며 궁을 나가고 있다.

유문정 명나라 숙수들도 훌륭했지만, 오늘 먹은 보풀갈비찜이 실로 놀랍더이다.
성인재 그러게나 말입니다.
김양손 참 탐이 나는 숙수더이다..
제산대군 오늘은 잘 먹고 잘 놀다 가는구려~ (하늘을 보며) 모처럼 달이 아주 밝구만그래~

이때, 즉 제산대군파의 앞을 가로막으며 나타나는 사내, 임송재다.

'달이 참 밝습니다'
'어이쿠 깜짝이야!' 놀라 걸음을 멈추는 제산대군과 신하들.

송재   대군나리, 잠시 따르시지요. 전하께서 찾아 계시옵니다.
제산대군   (!) 나를?

27. 봉덕궁 / 침전 마루 / 밤

이헌, 심기 불편한 표정으로 앉아 있고, 제산대군이 해맑은 표정으로 마
주 앉아 있다.

이헌   (탁! 서탁을 내려치고) 숙부! 무슨 생각으로 그리하셨습니까!!
         명과의 경합이 있다는 것을 아시면서 대령숙수의 재료를 맘대로 처분
         하시다니요!
제산대군   (넙죽) 전하, 이 숙부가 칠칠치 못해 늘 송구하옵니다.
         그것은 아까 말씀드렸다시피, 왕실의 건강을 위해 그리한 것이옵니다.
         그것이 경합에 지장을 줄 것이라 차마 생각지 못했습니다.
이헌   (노엽고) 해서! 그 고초를 정녕 다 버리셨습니까!
제산대군   (꿍얼꿍얼) 그 명나라 숙수에게 좀 주고, 창고에 뒀습니다.
이헌   (O/L) 도승지!!!

문이 열리고 송재가 들어온다. 고개를 조아리는 송재.

이헌   대군저에 가서 고초가루를 찾아와 대령숙수에게 돌려주어라.
송재   (고개 조아리며) 예, 전하. 명 받들겠나이다.
제산대군   (눈치 살피며 시선 피하는)...
이헌   (분노로 보는)....

대왕대비 (E) 무승부라?

28. 대왕대비전 / 처소 / 밤

인주대왕대비와 자현대비, 성귀인, 양귀인이 호기심 어린 눈빛으로 앉아 있다.

김상궁 예, 대왕대비마마. 남은 경합도 무승부가 될 경우엔, 명의 승리가 된다 하옵니다.

대왕대비 허면, 우리에게 불리한 것이 아닌가.

양귀인 그 불리한 조건을 주상께서 먼저 제안하셨다는 것은... (성귀인 보면)

성귀인 대령숙수가 첫판에서 졌나 봅니다.

자현대비 허나, 제산대군께서 대령숙수에게 줘야 할 재료를 실수로 명나라 화부에게 주어서.. 일이 그리 마무리된 것이라 하옵니다.

대왕대비 뭐라? 대령숙수의 재료를 제산대군이..? 헌데 어찌 그것을 실수라 할 수 있단 말이냐.

양귀인 (고개를 끄덕) 제산대군께서 사옹원 제조시니.. 뭔가 연관이 있는 것은 확실합니다.

성귀인 (무심히) 허나, 대령숙수의 재료를 버려서 얻을 게 뭐라구요..

대왕대비 ....흠 (생각에 잠겨 손가락을 톡톡)

29. 봉덕궁 / 자홍원 / 행운당 / 밤

추월이 맹숙수가 가져온 야참을 올리고 있다. 방장 뒤에는 맹숙수가 공손히 앉아 있다.

목주 오늘 경합은 비겼다고...

맹숙수	예, 마마.
목주	내 지난날 약조를 확인코자 자네를 보자고 했네.
맹숙수	(보면)..
목주	(돌아보며) 잊지는 않았겠지? 내일은 무조건 져야 하네.
맹숙수	..하오나 마마. 이번 승부에 조선의 큰 이권이 걸려 있다 들었사온데..
목주	호호호.. 언제부터 자네가.. 국가 대사를 헤아렸나?
맹숙수	...(다시 숙이며) 송구하옵니다. 마마.
목주	(손가락을 톡톡 거리다가) 자네의 모친이 제천현에 살고 있다지..?
맹숙수	그것을 어찌.. (어두운)

30. 희정당 / 외경 / 낮

31. 희정당 / 월대 + 조리대 앞 / 낮

월대엔 이헌과 우곤을 비롯한 한민성파, 제산대군파, 임서홍과 임송재
가 앉아 있고,
조선측 조리대 앞엔, 지영과 엄숙수, 맹숙수, 길금과 민숙수, 심숙수가,
명측 조리대 앞엔 아비수, 당백룡, 공문례와 나인들이 있고, 경합장 뒤
편엔 수라간 최고상궁과 나인들이 서 있다.

송재	조선과 명의 두 번째 경합을 시작하겠사옵니다.
	오늘의 주제는 '지역, 즉 상대국 요리!'입니다.
이헌	이제 요리를 시작하라.

경합의 시작을 알리는 징 소리가 울린다.

32. 희정당 / 조리대 앞 / 낮

조선측 조리대 앞, 맹숙수는 긴장한 표정으로 손을 푼다. 수라나인이 물을 가져오면 숙수들이 손을 씻는다.
명측 조리대 앞, 당백룡이 칼을 휙휙 돌리며 손을 푼다. 수라나인이 물을 가져오면 숙수들이 손을 씻고.

33. 희정당 / 명측 조리대 앞 / 낮

당백룡, 뒤의 나인들에게 뭔가 가져오라는 손짓을 한다. 그러자 나인들이 옹기로 만든 거대한 수반을 들고 온다. 수반의 물에는 연잎 위에 거대한 연꽃 한 송이가 떠 있고.
아궁이1, 공문례, 가마솥에 물을 올린다.
조리대2, 아비수, 연잎밥에 들어갈 찹쌀과 잡곡을 가마솥에 넣는다.

지영   (E) 응? 이게 무슨 향기지...?

34. 희정당 / 조선측 조리대 앞 / 낮

항아리 살피던 지영, 꼬챙이 챙기던 맹숙수, 숯을 준비하던 엄숙수가 보면, 명측 조리대에 놓인 거대한 연꽃..
뒤편에 서 있던 길금과 민숙수, 심숙수 입이 떡 벌어지고.

길금   (향을 맡고) 위매, 향 좋네요~
맹숙수   (꼬챙이 챙기며) 그렇게 속 편한 소리 할 때냐? 지금?
엄숙수   (숯을 준비하며) 저렇게 거대한 연꽃이 어디서 났는지, 원.
지영   (감탄) 크기부터 압도적이긴 하네요~

엄숙수   (눈을 가늘게 뜨고) 내 생각이 맞다면, 저렇게 큰 연꽃은..

35. 희정당 / 월대 / 낮

이헌과 송재. 대신들이 충격받은 표정으로 연꽃을 보고 있다. 우곤, 의기양양한 표정으로.

우곤   (명) 황금련입니다.
이헌   황금련...?
우곤   (명) 예, 처음 보십니까?
이헌   (충격) 저렇게 크고 노란 빛깔의 연꽃이 있다니..
우곤   (명)(오만한 미소) ..황금색을 띤다 해서 황제의 연꽃으로 알려져 있지요.

제산대군이 앞에 놓인 차를 한 모금 마시면, 제산대군과 신하들은 흥미로운 표정으로 경합장을 보고 있다.

36. 희정당 / 명측 조리대 앞 / 낮

당백룡, 황금련을 당기면 줄줄이 딸려 나오는 연근. 조리대1에서 칼을 돌리며 연근을 다듬기 시작한다.
공문례, 크고 동그란 연잎들을 씻어서 조리대2 위에 펼친다. 촥촥 일정한 간격으로 놓이는 연잎들.
아비수, 조리대3에서 귀신같이 대추, 밤, 은행 등을 다듬기 시작한다.

37. 희정당 / 조선측 조리대 / 낮

지영, 숙수들을 돌아보며.

지영 (박수 치며) 이제 괘노부터 시작할게요. (맹숙수 보며) 맹숙수님, 이것
도 부탁드려요.

자막 | 괘로(掛爐) : 북경 오리를 굽는 방법 중 꼬챙이에 걸고 불 위에서 굽는 방식

맹숙수 알겠소.

지영과 맹숙수가 조리대에서 오리를 꼬챙이에 꿰고,
엄숙수가 아궁이에서 꺼낸 숯을 화덕 항아리에 넣는다.
지영과 맹숙수가 꼬챙이에 꿴 오리를 항아리에 걸어 굽기 시작한다.

맹숙수 괘노라.. 통돼지 구이도 아닌데 이렇게까지 해야 합니까?

엄숙수 고기가 너무 익어서 질겨지는 건 아닌지 모르겠소.

지영 (보며) 뜨거운 열기로 서서히 익히니까 기름이 쫙 빠져서
겉은 바삭하고 고기는 더 부드러워져요.

맹숙수 (걱정스레) 그렇다면 다행인데..

지영 맹숙수님은 이제 야채 좀 썰어주시고, 엄숙수님은 찹쌀밥 좀 준비해 주
세요.

맹숙수/엄숙수   (비장하게 끄덕) 알겠네. / 알겠소.

조리대1, 맹숙수, 민숙수가 파와 오이를 가져오면 썰기 시작한다.
조리대2, 엄숙수, 심숙수가 찹쌀을 가져오면 씻기 시작한다.
관솥불, 지영, 번철에 간장, 설탕, 땅콩을 넣고 있다. (조선식 마장 소스)
길금은 뒤에서 여러 개의 칼을 숫돌에 갈고 있다.

38. 희정당 / 월대 / 낮

우곤을 비롯한 제산대군, 제산대군과 대신들이 의아한 표정으로 괘노

를 보고 있다.
이헌, 의기양양한 표정으로 우곤을 보고.

우곤	(명) 저건, 북경식 오리구이?
이헌	(미소) 아, 저게 북경식이요?
우곤	(명) 명에서도 최고 화부가 아니면 엄두도 못 내는 요리를.. 제대로 맛이나 날지. 참..
이헌	(편안한 표정) 대령숙수가 준비했으니 아마도 그냥 오리구이는 아닐 겁니다..

제산대군이 묘한 표정으로 보면, 제산대군과 신하들은 긴장한 표정으로 조선 숙수들을 보고 있다
한민성과 대신들도 응원하는 심정으로 조선의 숙수들을 본다.

39. 희정당 / 외경 / 낮

뜨거운 태양 아래 앙부일구 시침의 그림자가 신시-유시 중앙에 걸친다.

40. 희정당 / 조선측 조리대 / 낮

맹숙수가 항아리 뚜껑을 열고, 노릇하게 구워진 북경 오리를 꺼낸다.
지영, 끓여둔 기름솥에 북경 오리를 고정하고, 국자로 기름을 붓는다.
껍질에 윤기가 생기고 부풀어 오른다.

엄숙수	오리 껍질이 황금색으로 빛이 나네 빛이나!
지영	(미소) 이렇게 오일 샤워를 해야 껍질이 더 단단하고 어떻게 된다?
맹숙수	바삭해진다.

지영   그렇죠. (오일 샤워를 하다 손의 통증을 느끼고) 아!

엄숙수   내가 해보겠네. 이리 주게.

41. 희정당 / 명측 조리대 / 낮

공문례, 오방색으로 물들인 채썬 무를 넣은 연근을 당백룡에게 건네면,
당백룡, 순식간에 연잎에 찹쌀밥, 대추, 밤, 은행, 연근 등을 싸서 아비
수에게 건네고,
아비수, 화로 위에 놓인 나무 찜기에 연잎밥을 넣는다.
공문례, 플레이팅을 위한 연꽃잎을 준비한다.

42. 희정당 / 조선측 조리대 / 낮

어느새 다 익은 북경 오리가 도마 위에 놓여 있다. (4마리)
맹숙수, 긴장한 표정으로 칼을 든다. 지영과 엄숙수가 그런 맹숙수를
보며 고개를 끄덕인다.
맹숙수, 조심스레 북경 오리의 날갯죽지에 칼을 댄다.

지영   (E) 칼질이 중요해요.

43. 과거 / 수라간 / 조리대 / 밤

매운 오리볶음을 하기 위한 양념과 재료들을 옆에 두고,
통오리구이를 올려두고, 지영과 회의 중인 길금과 수라간 숙수일동.

지영   볶음 요리지만, 재료와 양념이 섞이기 전에,

껍질과 살이 얇고 일정하게 썰어져야 맛과 풍미가 살거든요.

엄숙수님, 한번 해보세요.

엄숙수 (썰어보며) 어이구, 이게.. (두껍게 썰리는 고기 보며) 어? 뼈까지 썰었네.

심숙수 (열심히 써는데 잘 안 되는)

엄숙수 (심숙수를 나무라며) 어이구, 다 뭉개고 있어.

민숙수 (머뭇) 처, 처음에 어떻게 하는지 잘 못 들었어가지고..

지영 맹숙수님.

맹숙수 그냥 대령숙수가 하면 안 되겠소?

길금 (옆에서 칼질하며) 저, 이만하면 된 거 아녀라?

지영 오~ 길금씨~ 소질 있네?

맹숙수 (생각에 잠기며 길금을 보는)...

44. 현재 / 희정당 / 조선측 조리대 / 낮

하, 긴장된 한숨을 내쉬는 맹숙수, 칼을 돌려 잡으며 썰기 시작하는 순간.
경합장 뒤편에서 수라간 상궁처럼 서 있던 추월과 눈이 마주친다.
얼어붙는 맹숙수. 비장한 표정으로 칼을 들어 번쩍이는 날을 보는 맹숙수.

F.C_ '내일 경합은 무조건 져야 하네', '만약 이번에도 내 말을 거역한다면 자네의 어머니도 무탈할 수는 없을 것이야' 라고 말하던 목주 컷

맹숙수, 눈을 질끈 감고 심호흡을 한 후, 오리를 썰다가 자연스럽게 손가락을 슥 베인다. '으악!'
맹숙수, 손가락을 감싸 쥐며 고통스런 표정이고!
지영과 엄숙수, 길금을 비롯한 모두가 맹숙수에게 뛰어가 보면, 맹숙수 손의 피가 바닥에 떨어져 있고.

지영	(놀라) 지혈, 지혈부터! 길금씨!
민숙수	(울상) 거 조심 좀 하시지! 형님답지 않게 이게 무슨 일입니까.
심숙수	웬일이랴.. 맹숙수가 실수를 다 하고.
엄숙수	(걱정) 아이고, 너무 긴장을 했나 보네.. 에휴..

순간, 향시계의 방울이 떨어지고.

지영	시간 없어요! 제가 그냥 할게요!

지영, 어느새 손에 천을 꽁꽁 싸맨 맹숙수를 보며 칼을 드는데 다친 손이 덜덜 떨린다.

45. 희정당 / 월대 / 낮

걱정스레 경합장을 보는 이헌과 한민성파 신하들, 즐거운 표정의 우곤과 제산대군파 신하들.

우곤	(명)(즐겁게) 이거야 원, 황당하기 그지없군요. 칼 하나를 제대로 못 다루다니요. 흐흐. 조선의 숙수들은 기본기가 부족한 듯합니다.
이헌	(분노의 미소) 기본기라.. 붓글씨를 익히다 보면 먹이 묻고, 요리하다 보면 칼에 베이기 마련이지요. 오늘은 피를 보았으니 오리 요리가 아주 잘되려나 봅니다.
우곤	(명)(비웃고) ...전하의 뜻이 그러한데, 제가 어찌 참견하겠소이까.

송재와 한민성파 '큼큼' 대고, 제산대군파 신하들은 모른 척하고.

46. 희정당 / 조선측 조리대 / 낮

엄숙수 (지영의 칼을 뺏으며) 내, 내가 해보겠네. (하면서 써는데 뭉개고..)

심숙수 (보다 못해) 줘 봐유.

민숙수 ... 제가 그냥 하겠습니다. (하고 뭉개고)

엄숙수 내가 안 되는데 자네들이 어떻게..!

이미 한 마리가 완전히 뭉개진 가운데,

지영 어쩔 수 없어요. 그냥 제가 할게요.. (하고 칼을 드는데)

칼을 드는 지영의 상처투성이 손이 덜덜 떨려서, 칼날까지 떨리면서 껍질이 부서진다.
그런 지영을 보며 눈빛을 교환하는 맹숙수와 길금.

길금 아따, 아가씨, 그 손으로 뭘 칼질을 한다고 해쌓소.
(긴장된 표정으로) 안 되겠어라. 지, 지가 한번 해보겠어라!

엄숙수 네가 무슨 수로 한단 말이냐!

지영 잠깐만요. (망설이다가) 괜찮겠어, 길금씨?

길금 (간절히) 야! 한 번만 맡겨 보쇼잉~! 지가 해두 안 되면, 그때 아가씨가 하쇼잉.

지영 (천천히 칼을 건넨다).. 그래. 부탁해, 길금씨..

길금 (숙연하게 칼을 받아들고)

/명측 조리대, 연잎쌈을 플레이팅하던 당백룡, 공문례, 아비수 갸웃하며 본다.
아비수 '이번 판은 포기한 것 같아요', 당백룡과 공문례 '..'(비웃는)

47. 맹숙수의 회상 / 과거 / 사옹원 창고 / 낮

맹숙수와 길금이 은밀하게 대화 중이다.

맹숙수   서나인, 이번 경합 때 칼질을 한번 해 보거라.
길금   고것이 무신 말이대요?
맹숙수   너는 소질이 있다. 내 직접 가르칠 테니 오늘부터 칼질을 배우거라.

48. 희정당 / 조선측 조리대 / 낮

등껍질을 조심스럽게 벗겨내는 길금. 그런 길금 응원하듯 미소로 보는
지영. 맹숙.
'후~' 긴장하며 보는 엄숙수와 민숙수, 긴장감에 차마 눈을 뜰 수 없는
심숙수, 고개를 돌리고.
이어 길금, 오리의 살을 느리지만 얇고 가지런히 썰기 시작하다가..
점점 속도가 빨라지고!
맹숙수와 닮은 칼솜씨로 아주 완벽하게 균형 잡힌 속도와 두께로 썰어
내는 길금의 손 컷컷!

맹숙수   (E) 껍질에 붙은 살을 벗길 것이다. 끄트머리를 살짝 잡고, 너무 힘을
         쥐서는 안 된다.
         껍질만, 최대한 껍질만. 그렇지. 껍질이 찢어지지 않게.
         다음은 긁어낼 것이다. 침착해라. 거의 다 왔으니.
         그렇지, 바로 그것이다. 마지막까지 신중해야 한다.

         길금이 마침내 완벽하게 북경 오리를 다 썰어냈다!
         칼을 내려놓으며 다리를 후들후들 떠는 길금, 눈물까지 글썽이는데..!
         지영, 그런 길금을 안아준다. 엄숙수, 민숙수, 심숙수 감격하며 '잘했네!'

격려하고.

지영　와, 잘했어~ 잘했어 길금씨~
길금　와, 다리가 후들려 갖고 뭘 어뜨케 썰었는지도 모르게쎠라~
지영　아니야, 괜찮아. 진짜 잘했어!
맹숙수　(E) 잘했다, 서나인. 그리고, 고맙소.

맹숙수가 지영과 의미심장한 미소를 주고받는다.

49. 지영의 회상 / 과거 / 수라간 일각 / 이른 아침 (자막 : 5일 전)

지영, 수라간 뒤편에서 팔짱을 끼고 못마땅한 표정으로 맹숙수와 대화
중이다.

지영　맹숙수님, 길금씨 손이 엉망이던데, 어제 대체 무슨 일이에요?
맹숙수　(O/L) 미안하오..
지영　뭐가요?
맹숙수　..이번 경합은 나 때문에 지게 될 거요.
지영　(심각) 좀.. 알아듣게 설명을 해주세요.
맹숙수　나는 이 경합에서 빠져야 하오. 그러나 내 맘대로 물러날 수도 없소.
지영　혹시, 협박 같은 거 당하고 있어요? (문득) 명나라에서?
맹숙수　.....
지영　맞네! (팔 걷어붙이며) 그 느끼하게 생긴 사신 맞죠?
맹숙수　(들켰다) 아무튼.. 더 이상 알려고 하지 마시오.
지영　(긴 한숨) 후~ (툭 던지듯) 강목주?
맹숙수　(놀라서 세차게 도리질 치며) 아니오. 절대 아니오.

지영　(E) 북경 오리는 잘 썰어야 제맛! 경합은 반전이 있어야 제맛이지!

50. 현재 / 희정당 / 조리대 앞 / 낮

상념에서 깨어난 지영.
캘리포니아 롤처럼 오리의 껍질을 바닥에 깔고, 오이채, 파채, 찹쌀을
넣고 김밥처럼 마는 지영.
길금이가 옆에서 각지게 썬다. 지영은 그릇 위에 북경 오리롤과 껍질을
올리고, 플레이팅을 시작한다.
/명측, 당백룡도 연잎쌈을 중심으로 아욱국 등으로 상차림을 시작한다.

지영   (E) 넓게 자른 북경 오리 껍질에 쫄깃한 찹쌀밥을 올리고,
청량한 맛의 오이와 파채를 올린 다음, 썰 때는 먹기 좋게 한입 크기로.
토란 무스로 가니쉬 하고, 고소한 마장소스를 곁들인다.
북경 오리롤 완성!

당백룡   (명)(E) 연잎에 잡곡밥과 은행, 호박을 올리고, 끈으로 묶어 향을 가
둔다.
황금연잎쌈이 된다.
오색 연근과 시원한 무를 곁들여서 완성.

향시계 마지막 방울이 떨어지고, 경합의 끝을 알리는 징- 소리가 울리고!

송재   이제 양측의 요리가 모두 끝났습니다! 양국의 숙수들은 모두 손을 떼
시오.

Cut to_
착착 심사대 위에 놓이는 당백룡의 연잎쌈 사찰 요리와 조선의 북경 오리.
그 앞에 서는 최고상궁.

이헌   명나라 숙수인 당백룡의 솜씨를 먼저 보겠다.

최고상궁, 당백룡의 연잎쌈부터 기미를 하고.
이헌, 젓가락으로 쌈을 펼치면, 찹쌀과 대추, 은행, 잣, 밤 등 오색으로
물든 연근조림이 모습을 드러낸다.
한입씩 먹어보는 이헌, 우곤. 대신들도 먹기 시작한다.

INS_ 고즈넉한 산자락, 절 누각의 흔들리는 풍경 소리를 듣는 이헌.
거대한 연꽃잎에 둘러싸인 사찰.
INS_ 절, 연꽃 안에 앉은 관음보살상을 마주 보고 앉은 우곤. 깨달음
의 맛.

이헌 (땡!)(E) 조선의 깊은 맛을 이렇게 담아내다니.. 은근하면서도 기품이
   있는 향!
우곤 (땡)(땡!)(E) 무서우리만치 은근하게 사람을 계속 끌어당기는 깊고 고
   결한 맛!
   정녕, 이것이 조선의 음식이란 말인가..
이헌 (E) 한 입 먹으면 온몸이 연꽃으로 뒤덮이는 느낌이다!

이헌, 젓가락으로 연잎쌈의 실매듭을 펼쳐본다.
찹쌀과 대추, 은행, 잣, 밤 등 오색으로 물든 연근조림이 모습을 드러
낸다.

이헌 대체 이 연근조림의 다섯 가지 색은 어찌 낸 것이냐.
당백룡 (땡) 이 요리는, 조선의 각종 나물을 황금련의 잎으로 싼 사찰 요리입
   니다.
   연근의 오색은 '인'을 뜻하는 오미자로 붉은색을 내었고, '의'를 뜻하는
   치자로 노란색을, '예'를 뜻하는 뽕잎으로 녹색을, '지'를 뜻하는 간장으
   로 검은색을 내었습니다. '신'을 뜻하는 흰색은 식초에 절여진 연근 본
   연의 색이옵니다.
이헌 (감탄하는 표정) 그렇군...

우곤   (명) 백룡, 이 사찰 요리는 대체 언제 배운 거지?

당백룡   (회상에 잠기며)(조선말로) 한때, 궁극의 맛 찾기 위해 방황했었던 적
       있사옵니다.
       그때 최고의 맛 찾지 못해 온통 괴로움에 휩싸였던 저는...

(E)   우르르 쾅! 번개가 내려치는 소리.

51. 당백룡의 과거 / 회상 / 어느 사찰 앞 / 밤 (자막 : 10년 전)

       거센 빗줄기와 바람이 휘몰아치는 어느 사찰 앞. 비틀비틀거리며 사찰
       앞에서 푹 고꾸라지는 사내, 당백룡.

52. 당백룡의 과거 / 회상 / 사찰 / 노승의 방 / 밤

       따뜻하게 이불 속에서 의식 없는 당백룡. 노승, 당백룡의 맥을 짚어 보
       더니 눈을 동그랗게 뜬다.

노승   (딱하게) 이것이 정녕 사람의 맥인가... 쯧쯧.. 나무 관세음보살.. (나
       가는)

       Cut to_ 당백룡, 헉! 하고 놀라 눈을 뜬다. 신음을 흘리며 무거운 몸을
       일으키면,
       자신의 앞에 놓인 작은 상 위에 모락모락 김이 나는 미음과 국을 올리
       는 노승.

당백룡   ....

노승   (인자한 미소) 좀 드시게.

당백룡   (고개를 가로젓는)

노승   이 아욱국이라도 자셔 보게. 그냥 마시기만 하면 되네. (국그릇을 들고 권하고)

당백룡, 마지못해 국그릇을 들고 한 모금 마시는데..! 그 순간 온몸 구석구석까지 퍼져가는 국의 기운!
순간, 띵! 놀라 눈이 커지는 당백룡. 그토록 찾아 헤매던 최고의 맛이다!
허겁지겁 아욱국을 두 손으로 받아 들고 맛보는 당백룡! 그 모습을 인자하게 보는 노승.

당백룡   (명)(명) 이렇게 맛있는 국은 처음 먹어 봅니다. 이 국엔 대체 무엇이 들어갔습니까?

노승   (미소) 조선 사람이 아니었구만..

당백룡   (명)(화급히 엎드리며) 가르침을 주십시오. 스님!!

53. 현재 / 희정당 / 조리대 앞 / 낮

당백룡이 덤덤하게 말을 이어가고 있다.

당백룡   그렇게.. 그 최고의 맛 깨우치기 위해, 조선 팔도 많은 절 돌아다녔습니다. 여기 올려진 이 찬은 그날 저를 구해주셨던 큰 스님에게 전수받은 음식들입니다.

이헌   (놀라) 허면, 조선에서 음식을 배웠단 말이냐?

당백룡   예, 조선 땅 머문 시간 5년 정도 됩니다.

우곤   (!)(명) 헌데, 조선말을 할 줄 안다는 것을 그동안 왜 숨긴 것인가!

당백룡   (명) 저는 숨긴 적이 없습니다. 대인께서 물으신 적이 없을 뿐.
          (겸손한 표정으로 고개를 조아리고)...

우곤   (쾌씸한 표정으로 고개 돌리며)... 에헴!

이헌	(큼) 이 연잎쌈은.. 이제껏 맛본 적 없는 최고의 지혜와 깊이가 담긴 맛이다. (이어서 평가하라는 듯 우곤을 보면)
우곤	(명)(통역을 들으며 애써 표정을 감추고) 찹쌀은 진득하고 연근은 아삭하면서도 쫄깃하고, 부드럽다. 게다가 연근마다 스며든 맛과 향의 조화가 절묘하다.
이헌	(인정하듯 끄덕)...

통역을 듣고 낯빛이 변하는 한민성과 신하들, 이때, 제산대군이 시식을 더 하며.

제산대군	(감탄) 하~ 음식에 절로 경외감이 느껴지는군. 이건 뭐, 볼 것도 없겠네.

제산대군과 신하들 모두가 고개를 끄덕이고, 고개를 숙이며 예를 표하는 당백룡과 아비수, 공문례.
긴장한 표정의 지영과 길금, 수라간 숙수들 일동.

지영	(E) 진짜 감동적인 스토리텔링이네.. 이번엔 쉽지 않겠는데...? 저분의 훌륭한 인품 덕에 억울함을 벗긴 했지만.. 나도 지고 싶지는 않아..

이헌이 눈짓하자 송재 나서며.

송재	다음은 조선 숙수들의 차례입니다. 수라간 숙수들은 앞으로 나오시오.

이헌, 걸어오는 지영과 눈이 마주친다, 맹숙수 대신 길금이 북경 오리 앞에 서서 심호흡한다.

이헌	(환한 표정) 이제 조선 숙수들의 솜씨를 보겠다. 이 요리는 무엇이냐?
지영	이 요리는 '북경 오리' 입니다.

명나라의 황실에서 즐겨 먹던 중원의 오래된 요리 중 하나입니다.

설탕이 뿌려진 노릇한 껍질은 그대로 드시면 되고요.

북경 오리롤은 마장에 찍어 드시면 됩니다.

우곤   (명) 북경 오리? 만들기는 쉬워도, 명의 황실 일등 화부가 아니면 바삭한 껍질과 촉촉한 속살이 조화를 이루기 어려운 요린데. 이것을 어찌..

        (비웃듯 지영을 보는)

엄숙수   (통역하며) 만들긴 쉬워도, 맛을 내긴 어려운 요리라고 비웃는데?

최고상궁 기미하며 눈이 커지고, 진지하게 음미하는 이헌과 우곤, 그리고 제산대군을 비롯한 양국의 대신들 일동. '아니, 이 맛은!' 눈이 커지는 이헌, 우곤 각자의 표정.

INS_ 검무장_낮

거문고, 가야금, 뿔피리 등 연주하는 악공들 사이에, 얼굴을 하얀 천으로 가린 채 홀로 춤을 추는 두 명의 기녀들. 이헌, 투명인간처럼 그들 사이를 걸어 다니며 감상한다.

INS_ 챙챙챙! 아름다움과 기품이 느껴지는 검과 검의 부딪힘! 예술적인 검무를 보며 맛에 찔리는 우곤! 검이 부딪힐 때마다 깜짝깜짝 놀라는데.

우곤, 허겁지겁 북경 오리롤을 소스에 찍어 먹은 후 설당 뿌린 껍질을 먹고, 믿을 수 없다는 표정.

이헌, 설당 뿌린 껍질을 먹고 오리롤도 소스 찍어 맛본 후 건수로 손과 입을 닦으며 우곤을 본다.

이헌   (충격) 기름기가 적당히 도는 바삭하고 담백한 맛! 거기서 배어 나오는 이 단맛은?!

        그래, 그냥 설당 맛은 아니다. 단맛에 뭔가를 더했구나.

우곤   (명)(충격) 이건 명나라 황실에서 먹던 오리구이가 아니다.. 이 맛은 전혀 새로운 맛!

그게다가 놀라울 정도로 오리에서 비린내와 흙내가 나질 않는다!

이헌   그리고, 마장을 찍어 먹으니 고소하고 달콤하면서도

북경 오리 특유의 담백한 맛이 어우러져 세 가지 맛이 한꺼번에 입안으로 쏟아지는구나!

우곤   (명) 껍질은 바삭하고 속살은 촉촉하니, 파채, 오이채와 섞여 한입 베어 물면 기가 막힌 조화를 이루는.!

이헌   이 음식은..

우곤   (명) 그야말로..

이헌/우곤   (동시에 마주 보며) 천하일미!

우곤   (분한 마음에 고개를 홱 돌리고)...

이헌   (감탄하며 지영 보면)...

지영   (미소로 화답하고 고개를 숙이는)...

그제야 제산대군과 신하들도 모두 먹어 보는데 환상적인 맛이다.. 모두 고개를 끄덕이고.

이헌   (지영에게) 자네들이 만든 북경 오리 껍질에 배어든 이 단맛의 정체가 무어냐?

지영   (회심의 미소) 호박입니다.

INS_ 호박 조청, 식초 등을 끓인 물을 손질된 오리에 끼얹으며 데치는 지영 컷

우곤   (명)(흠칫) 처음 보는 조리법인데, 껍질에 호박 맛까지 배어들게 하다니.. 역시 보통 숙수는 아니군.

이헌   게다가 오리고기에서 어떻게 이런 풍부한 육즙이... 실로 귀신같은 솜씨다!

긴장하는 당백룡과 아비수, 공문례의 표정. 안도의 한숨을 내쉬는 길금과 수라간 숙수들 일동.

송재   이것으로 오늘 2차 경합의 모든 시식을 마치고. 곧, 평가가 있겠습니다.

이헌의 눈짓을 받고 시식 종료를 알리는 징을 치는 징꾼. 징~

54. 희정당 / 월대 / 낮

이헌과 우곤의 앞에 화지와, 먹, 벼루, 붓이 놓인다.
심사숙고한 표정으로 각각의 음식에 채점 점수를 적는 이헌과 우곤.
둘 사이 칸막이로 몇 점을 적는지 서로 볼 수 없는 상황.
긴장된 표정으로 한민성과 신하들과 제산대군과 신하들이 이헌과 우곤을 본다.

Cut to_ 이헌과 우곤이 자리에서 일어난다.

이헌   2차 경합의 점수를 발표하겠다. (하고 눈짓을 하면)

양쪽에 선 내관들이 거의 동시에 점수판 족자를 내린다.
긴장된 표정으로 점수판을 바라보는 명나라 숙수들, 당백룡, 아비수, 공문례의 표정!
마찬가지로 긴장된 표정의 지영과 길금, 수라간 숙수 일동의 모습에서!
엔딩.

<8부 끝>

Bon Appétit, Your Majesty

제 9 부

1. 희정당 / 월대 / 낮

(8부 엔딩에 이어서)

모두의 시선이 집중된 가운데, 내관들이 점수 족자를 내린다. 이헌의 점수는 '8', 우곤의 점수는 '1'이다.

희비가 교차하는 지영과 당백룡의 표정. 조선측 수라간 숙수들 일동과 명측 숙수들의 표정!

씨익- 비열하게 웃는 우곤과 제산대군과 대신들, '아니.. 저것은' 분노한 한민성과 대신들.

이헌   (예상한 듯한 미소) 당백룡, 앞으로 나오거라.

당백룡을 선두로 자랑스럽게 앞으로 나오는 아비수와 공문례.

이헌   최고의 맛을 찾아 조선 팔도의 사찰을 돌면서 배운 그대의 요리 솜씨는 실로 감탄할 만하다. 사찰 요리라는 허를 찌르는 발상과, 먹는 이로 하여금 깊은 깨달음과 고요한 울림을 주는 '통찰의 맛'을 선보였다.

당백룡 포권하면, 뒤를 이어 포권하는 아비수와 공문례.

이헌   허나, 2차 경합의 점수는 무효다.
당백룡   (충격으로 보는) …!!

놀라 이헌을 보는 지영과 길금, 엄숙수, 맹숙수, 심숙수, 민숙수.

우곤   (명)(벌떡 일어나) 전하, 대체 그게 무슨 말씀이십니까? 백룡의 점수가!
        (하는데)
이헌   (O/L)(우곤을 분노로 보며) 말귀를 못 알아듣는군.

이헌, 휙 걸어 내려가 우곤의 점수 족자를 들고 있는 내관에게 손을 까
딱인다.
내관이 고개를 조아리며 우곤의 점수 족자를 이헌에게 주면, 받아서 족
자를 높이 치켜드는 이헌.

이헌   보거라! 명나라 사신 정사가 조선 요리를 먹고 매긴 점수지다.
        오로지 명나라가 이기겠다는 마음으로 조선 요리에 점수를 턱없이 낮
        게 줬다.
우곤   (!!)

지영과 길금, 수라간 숙수들은 고개를 끄덕이며 인정하는 표정.
당백룡, 아비수, 공문례 허탈한 표정.
한민성과 대신들, 모두 끄덕이며 분노로 보며 웅성웅성,
제산대군파 대신들, 긴장한 얼굴로 침을 삼키고.

우곤   (명) 하오나 전하, 상대국 요리에 점수를 매기는 것이 경합의 규칙입

니다. 무엇이 잘못되었단 말입니까?

이헌 허허.. 태감, 정녕 모르시겠소?

경합의 심판인 우리가 요리의 맛을 정직하게 평가하지 못한다면, 경합이 무슨 소용이 있소이까?

태감의 그런 얕은 술수가, 훌륭한 요리를 선보인 명나라 화부들까지 부끄럽게 만드는 일임을 왜 모르십니까!

우곤 (명) 하오나, (하는데)

이헌 (O/L) 1차 경합에서 떳떳지 못한 재료로 이기는 것을 부끄러워했던 것이 바로, 명나라 숙수 당백룡이오!

헌데 태감께서 이런 떳떳지 못한 점수를 매기시다니요?

이것은, 명나라 숙수들뿐만 아니라 조선 숙수들의 명예 또한 훼손하는 것이오.

우곤 (명)(씹어먹을 듯한 분노를 감추며) 허면, 승패를 어떻게 가리자는 겁니까?

이헌 (양측 숙수들 본다) ...이런 문제점이 없는.. 다른 방식으로 평가하겠소.

우곤 참으로 궁금하구려.

침묵이 흐르는 경합장. 긴장하며 이헌을 보는 모두!

이헌 (회심의 미소) 들거라, 양국의 숙수들은 자신이 만든 요리를 먹고 점수를 매겨라.

원래 인간은 스스로의 단점을 잘 모르는 법. 그것까지 생각해 점수를 매긴다면, 그 점수로 2차 경합의 승자가 결정될 것이다.

지영 (E) 자기 스스로 점수를? 하.. 대체 어쩌자는 거야...

당백룡, 예를 갖추며 포권하고 고개를 숙이면 따르는 아비수와 공문례.
지영과 길금, 수라간 숙수들 일동.

타이틀. **"폭군"** 뜨면,

식칼이 슝! 하고 날아와 꽂히고 칼자국 사이로 흘러내린 글자가 문장을 완성한다.
"폭군의 셰프"

- Course N˚9 압력솥 오계탕 -

2. 희정당 / 월대 앞 심사대 / 낮

중앙의 심사대 앞에, '북경 오리'와 '연잎쌈 사찰 요리'가 놓여 있다. 양 갈래로 선 양국 숙수들.
길금과 수라간 숙수들 일동, 북경 오리를 맛본다. '음~' 각자 저마다의 표정을 짓고.
지영, 잠시 생각에 잠겼다가 조금 맛보며 음미하는 '음~'
명측 숙수들도 '연잎쌈 사찰 요리'를 맛본다.
당백룡은 먹고 나서 눈을 감고, 생각에 잠기는.
공문례가 보면, 아비수가 사찰 요리를 맛본다. '흐음' 표정 짓고.

Cut to_ 양국의 숙수들이 머리를 조아린 채 조선측과 명측으로 나뉘어 일자로 도열해 서 있다.
이헌과 우곤이 일어선다.

이헌   먼저, 조선의 대령숙수, 연지영!
지영   (앞으로 나서며)...
이헌   그대는 분명 '지역'이라는 주제에 부합하면서, 맛의 조화가 일품인 새로운 북경 오리를 선보였다.
       그 요리에 몇 점을 매기겠느냐?
지영   (긴 한숨을 내쉬며) 전하, 죄송하지만 점수를 매기는 것이 불가능합니다.
이헌   (!!) 뭐라?

이헌	점수를 매길 수 없다니, 어째서냐?
지영	저희 팀이 만든 북경 오리가 분명 완벽한 요리라 말하긴 힘들겠죠.. 하지만 엄숙수님, 맹숙수님, 민숙수님, 심숙수님, 그리고 길금씨... 우리 모두의 땀과 노력, 그리고 정성과 마음이 깃들어 있습니다. 이렇게 온 마음을 다 바쳐서 만든 요리인데.. 이걸 만든 저희가 어떻게 점수를 정할 수 있겠습니까..? 전하, 저희는 직접 이 요리의 맛을 평가할 수 없습니다... 죄송합니다.
이헌	(속을 알 수 없는 미소) ...그렇군.
지영	(고개를 숙이고)...

땅! 놀라는 이헌과 우곤, 조선의 대신들과 수라간 숙수들, 당백룡과 명측 숙수들.

눈시울이 붉어지며 훌쩍이는 수라간 숙수들.
한층 비장해지는 당백룡, 아비수, 공문례의 표정.

이헌	다음, 명나라의 대령숙수, 당백룡!

당백룡, 앞으로 나가 포권하며 예를 갖춘다.

이헌	그대는 깊은 깨달음을 연잎쌈에 담아, 조선의 '사찰 요리'를 선보였다. 이는, 명나라 화부의 품격이 담긴.. 정갈한 요리였다. 너는 그 요리에 몇 점을 주겠느냐?
당백룡	(명)(포권하며) 송구하오나 전하, 저 또한 점수를 매길 수 없사옵니다. 조선의 수많은 스님들에게 전수받은 이 사찰 요리를 스스로 평가할 수는 없사옵니다.
이헌	(!!)

지영, 덤덤하게 그런 당백룡을 본다. 공문례, 아비수가 긴장한 표정으

로 당백룡과 이헌을 본다.

이헌   (미소) 사실, 양국의 요리는 맛과 격조, 외관, 모든 면에서 막상막하라
       할 수 있다.
       조선의 '북경 오리'와 명나라의 '사찰 요리'는,
       최상의 경지에 다다른 명인들의 손끝에서 빚어진 요리가 분명하며,
       이 두 요리를 맛으로만 평가하는 것은 거의 불가능하다.
       해서, 나는 두 숙수의 마음 자세를 확인하고자 직접 평가하게 한 것이다.
       헌데, 그조차도 두 숙수는 우열을 가릴 수 없을 만큼 대등하구나..
       (잠시 생각하고) 음.. 과인의 판단으로는,
       이번 2차 경합 역시 서로 대등하여.. 이번 경합도 무승부다.

       지영, 길금과 수라간 숙수들이 '후..' 하고 안도와 걱정이 섞인.. 복잡한
       심경의 한숨을 내쉬고.

이헌   (우곤을 보며) 더 하실 말씀이 있습니까?
우곤   (E)(명)(잠시 생각하고) 마지막까지 무승부면.. 우리가 이긴다. 흐흐..
       유리한 판세!
       (시크하게) 전하께서 내리신 결정이 마땅하옵니다. 덧붙일 말이 없사
       옵니다.

       당백룡과 공문례, 아비수는 한층 더 비장함이 솟구치는 표정으로 지영
       과 숙수들을 본다.

이헌   그럼 3차 경합 역시 내일 이곳에서 같은 시간에 거행하겠다.

       이헌과 우곤이 자리에서 일어나 가면, 고개 숙이는 조선의 대신들. 천천
       히 뒤를 따라 나가고.

3. 희정당 앞 / 측문 계단 / 해 질 녘

당백룡과 마주 선 지영, 그 뒤로 염탐하듯 엿듣는 공문례, 아비수, 길금, 엄숙수, 맹숙수, 심숙수, 민숙수.

당백룡 졌소. 하지만, 나 이겼소. (씨익)

지영 제가 이겼죠~ 하지만 뭔가 좀.. 진 것 같은 느낌이 드네요~ (으쓱)

당백룡 요리, 내일 하루 뒤에 평가했다면 그 결과는 많이많이 달랐을 것이오.

지영 아마도 명나라 쪽이 이겼을 거라는 거죠?
사찰 요리의 여운이.. 내일까지 이어질 테니까.

당백룡 요리에 깊이를 담고자 사람들 혀를 한 방에 잡지 못했소. 그 또한 나의 부족함이오.

지영 한 방에 혀를 사로잡느라 저는 깊이를 담진 못했는데~ 그것도 제 부족함이죠~

당백룡 (피식) 한마디를 안지는군.

지영 (미소) 한마디씩 하시니까.

당백룡 기대하겠소. 마지막까지. (가는)

뒤에 있던 아비수와 공문례도 따라가고. 지영, 양손을 쭉 뻗어 스트레칭하며 숙수들에게 가고.

지영 (웃으며) 자~ 가시죠~~

엄숙수 (궁금) 근데 방금.. 졌는데 이겼다니?

지영 아~ 그게.. (으쓱) 사실 이번 2차 경합에서 당백룡 요리는 마음을 울리는 요리고, 우리는 혀를 홀리는 요리라서, 오늘 판정이 제대로 났다면 우리가 이겼겠지만~
오랫동안 기억에 남을 요리는 당백룡의 요리일 거다~ 뭐~ 그런 얘기 한 거예요.

길금과 수라간 숙수들, '오~' 하고 지영을 보면.

맹숙수 (질투 폭발) 그럼, 서로 마주 보고 자화자찬을 한 것이요?

지영 (으쓱) 서로 인정도 좀 하고, 셀프 칭찬도 하고요.

민숙수 어쨌든 명의 최고 화부가 대령숙수를 인정한 게 아닙니까?

심숙수 그지~ 그것만으로도 아주 대단한겨~

지영 (미소) 왜 저예요? 우리지~ 우리를 인정한 거죠.

길금/숙수들 (뭉클하게 보고)

이때, 일각에서 창선이 급히 걸어와 숙수들 앞에 선다.

길금/숙수들 (꾸벅 인사하며) 상선 어르신~ 오셨습니까.

창선 (숙수들 보며) 고생들 많았네. (지영 보며) 연숙수, 전하께서 찾으시네.

지영 지금요?

창선이 앞장서면, 뒤를 따르는 지영. 길금과 숙수들 일동도 서둘러 수라간으로 걸음을 옮기고.

4. 봉덕궁 / 운영정 / 밤

둥근달이 휘영청 멋지게 떠 있는 밤. 벚꽃이 그림처럼 아름드리 날리는 운영정.
이헌, 뒷짐을 지고 서서 고요한 연못가에 비친 달을 내려다보며 생각에 잠겨 있다.

창선 (E) 전하, 연숙수 들었사옵니다.

Cut to_

이헌, 중앙에 놓인 주안상 앞에 앉으면, 못마땅한 표정의 지영이 고개를 툭 돌리며 맞은편에 앉는다.

지영   (못마땅) 찾으셨습니까.
이헌   허허.. 왜 이렇게 뿔따구가 난 것이냐? 경합을 그리 잘해 놓고.
지영   용.건.만. 간단히요. (꿍얼꿍얼) 내일 경합 때문에 시간 없단 말이에요~
이헌   (미소) 그래서 너를 특별히 보자고 한 것이다.
       (소매를 걷고 찻주전자를 든다) ...받거라.
지영   (호기심을 느끼고 찻잔을 내밀며) 이거, 어사주예요?
이헌   (피식 웃으며 따라주고) 이건 술이 아니고 차다.
       (미소) 잠시.. 쉬게 하려고 불렀다. 마셔 보거라.

지영, 찻잔을 들고 마시려는 순간 눈이 커진다! 찻잔 속에 하늘의 달이 비쳐 담긴다.

지영   와~ 달을 품은 찻잔? (찻잔의 방향을 요리조리 바꿔보며) 신기하네~
이헌   그게 바로 '월차'다. 그곳에 앉아 잔을 들면, 잔 속에 하늘의 달이 어리지.
지영   (향을 맡으며 안정된 표정) 음~ 귤잎차네요. (미소)

지영, 한입 머금고 찻잔을 내려둔다. 입안에 퍼지기 시작해서 온몸으로 퍼지는 그윽한 차의 향.

이헌   어떠냐? 이제 좀 긴장이 풀리느냐?
지영   네~ (더 마시며) 왠지 따뜻한 위로를 받는 기분이 드네요.. (미소)
이헌   닭 잡을 힘도 없어 보여 걱정했다...
       그렇게 손목도 성치 않아 남은 경합을 어찌 치르겠느냐.
지영   (붕대 감은 오른손을 휙 감추며) 정교한 칼질이 힘든 거지, 요리는 괜찮아요.
이헌   괜찮다니? 아까도 서나인이 칼을 잡지 않았느냐? 겁도 없구나, 참.

지영   겁이야.. 왜 안 났겠어요.. 하지만 숙수들이 흘린 땀과 노력의 시간을 믿었어요...

이헌   (보는) ...그래서 결국 무승부가 아니냐.

지영   그 무승부요~? 하.. 말이 나왔으니까 하는 말인데,
중간에 경합의 규칙을 바꾼다는 건, 공정하게 이기길 바란 거 아니에요?
근데 스스로 점수를 매겨라~ 이래 버리면 그걸로 승부를 어떻게 내냐구요..

이헌   (피식) 그것 때문에 뿔따구가 났던 게구나.

지영   (그제야 혼잣말처럼 쏟아내는) 하.. 점수만 공정하게 나왔어도.. 우리가 이겼을 텐데..

이헌   (묵묵히 바라보다가 애정 어린 눈빛) ...네 말이 맞다. 너는 오늘 참으로 잘했다..

지영   (보는!)...

이헌   (풀 죽은 얼굴로) 실은 말이다.. 이렇게 힘든 경합이 될 줄 몰랐다..
사신 우곤처럼 나도 너에게 만점을 주고, 상대국에게 1점을 주고 싶었지.

지영   (놀라) 전하...!

이헌   내 실수다. 요리 대결에 국가의 중대사를 건 것은..

지영   (눈시울이 붉어지고)...

이헌   지금도 늦지 않으니 3차 경합은 무르자. 명의 사신 정사에게 고개 한 번 숙이면 된다.

지영   (O/L)(뭉클) 아니요. 할래요. 3차 경합. 그러니까 명나라에 고개 숙이지 마요.

이헌   (!!) ..그.. 무슨..

지영   (망설이다가) 처음엔 화만 났어요. 조선을 우습게 보는 것 같아서..
...근데, 길금씨.. 엄숙수님.. 맹숙수님.. 숙수들이 고생하고 애쓰는 모습을 보면서..
명나라 숙수들이 최선을 다해 경합에 임하는 모습을 보면서..
진심으로 이기고 싶어졌어요. 아니, 어떻게든 이길게요.

F.C_ 8부, 요리하는 명나라 숙수들의 진지한 모습 컷컷 / 경합 회의를 하
는 숙수들과 지영의 모습 컷컷

이헌   진심이구나.

지영   네.

이헌   ...압력솥은 도착했느냐?

지영   아직요. 근데 춘생님은 올 거예요. 전 믿고 있어요.

이헌   (잠시 생각하고) 누구도 너를 욕할 수 없다.

   지금까지 애쓴 것만으로 충분하니.. 혹여나 잘못되더라도..

지영   (반짝이는 눈빛) 걱정 마세요 전하.

이헌   (놀라고 멍한 얼굴로 지영을 본다)...

지영   (찻잔 들다 손힘이 없어 치마에 쏟으며) 앗 뜨거!!

이헌   (놀라 지영의 옷을 털어내며 지영 손을 살피고) 괜찮느냐? 다치지 않았
   느냐?

지영   (고개를 돌리고) 흠흠.. 괜찮아요.

이헌   안 되겠다. 상선!

창선   (쪼르르 달려와 고개를 숙이고) 예. 전하.

이헌   내의원에 연숙수의 손을 속히 치료하라 일러라.

창선   예, 전하. (가고)

이헌, 창선이 떠나자 지영을 휙 당겨서 품 안에 가둔다.
지영, 두근두근하며 놀라 이헌을 보면..!

이헌   (촉촉한 눈빛) 약조해라. 다시는 다치지 않겠다고.. 네가 아프면.. 내가
   더 아프니까..

지영   (!!) 전하....

그렇게 서로, 심장이 두근거린 채로 바라보며 앉아 있는 모습에서.

5. 그날 밤 몽타주 / 밤

1. **내의원 / 밤_** 다친 오른손을 치료받고 있는 지영.

2. **자홍원 / 밤_** 추월이 고개를 조아리며 맞은편에 앉아 있고,
   '또 무승부라니..!' 서탁을 탁! 내려치며 분기탱천한 목주.

3. **대왕대비전 / 밤_** 한민성이 맞은편에 앉아, '대왕대비마마의 짐작이
   맞았습니다' 하면,
   인주대왕대비, 명나라 황실의 서신을 읽고, '일개 사신 정사가 어찌
   이런 고얀 짓을..' 분노하고.

4. **제산대군 저 / 마당 + 창고 앞 / 밤_** 제산대군이 지켜보는 가운데.
   가노들이 횃불을 들고 있고,
   도포 차림의 송재가 수라간 일꾼 4명과 함께 창고에서 고춧가루 포
   대를 수레로 옮기고 있다.
   송재 '대군, 생각보다 양이 많습니다.' 제산대군 '너무 많으면 한 개 남
   겨두든가~ 으흐흐' 웃고.

5. **태평관 / 회의실 / 밤_** 당백룡, 공문례, 아비수가 우곤에게 혼나는 분
   위기다.
   결국 우곤, 큰소리치고 탁자를 탁! 내려치며 회의실을 나가고.
   당백룡, 공문례, 아비수, 심각한 표정.
   우곤 '(명) 대명의 화부로서 무슨 체통이냐! 두 번 연속 무승부라니!'

6. **수라간 / 밤_** 엄숙수가 오골계 6마리를 식재료 가마에 옮기면, 심숙
   수가 약재를 들고 온다. 맹숙수, 튀김솥에서 누룽지를 튀기고 있고,
   길금, 번철에서 누룽지를 익히고 있다.
   지영, 비단에서 이끼와 산삼을 꺼내 흙을 털어 식재료 가마에 넣는

데, 놀라는 엄숙과 심숙, 민숙.

민숙, '설마, 이것은...' 하면, 심숙수가 '산삼..!' 외친다. 엄숙수가 '산삼?' 하고 눈을 번쩍 뜨고, '어디 어디?' 하고 달려가면, 모두가 모여들어 산삼을 보며 눈이 휘둥그레진다. (식재료 가마에는 3차전에 쓰일 식재료가 가득 담겨 있다)

6. 희정당 / 월대 / 낮

월대엔 이헌과 우곤, 대신들이 앉아 있고, 양국 숙수들 뒤편엔 수라간 최고상궁과 나인들이 서 있다.

송재 명과 조선의 세 번째이자 마지막 경합을 시작하겠사옵니다.
오늘 요리의 주제는 '탕'과 '삼'! 즉, 인삼이 들어간 탕입니다.
이헌 이제 요리를 시작하라.

징꾼이 '징~!'을 울리면, 내관이 향시계에 불을 붙인다.

7. 희정당 / 양측 조리대 앞 / 낮

명측 조리대 앞, 공문례, 우드득 우드득 주먹을 푼다. 수라나인이 물을 가져오면 숙수들이 손을 씻고.
조선측 조리대 앞, 엄숙수, 긴장한 표정으로 있다가, 수라나인이 물을 가져오면 숙수들이 손을 씻는다.

8. 희정당 / 조선측 조리대 앞 / 낮

지영, 길금과 숙수들을 모아놓고,
(명측_ 당백룡, 숙수들을 모아놓고 '불도장, 시작한다' 말한 후에 '상탕'
을 지시한다)

지영 (심호흡하고) 이제 마지막 요리, '오골계 삼계탕' 시작하겠습니다~
민숙수님은 오골계를 도마 위로 좀 올려 주시구요. (6마리)
민숙수 예~ 대령숙수!
지영 엄숙수님, 3마리는 껍질을 분리해서 육수 좀 내주세요.
심숙수님이 서포트 좀 해주시구요.
엄숙수 서포를 하라구?
지영 (피식) 서포트. 도와달란 뜻이에요~
엄숙수 아~ 그, 솥이 시간 안에 오지 않으면 어떡하나?
심숙수 오지 않음 워쩐대유?

길금과 맹숙수도 걱정스레 지영을 본다.

지영 (회심의 미소) 플랜비로 가야죠.
맹숙수 풀란비?
지영 차선책이요. 무쇠 가마솥. 좀 어렵긴 하겠지만.
엄숙/심숙 (엄) 차선책이 있다니.. 듣던 중 다행일세! / (심) 다행이유.
지영 그럼, 맹숙수님이 육수에 쓸 대파랑 마늘 좀 준비해 주시구요.
길금씨가 서포트 좀 해줘.
맹숙/길금 (맹) 알겠소 / (길) 야~

지영(도마1), 엄나무를 행주로 잡고 작은 작두로 큼직하게 자르고, 한약
재료(황기, 황칠, 잔대, 녹각 등)를/ 준비한다. 면포에 담고 노끈으로 묶
는다.
민숙수, 재료 탁자에서 준비된 오계 6마리를 도마2로 옮기는데, 검은빛
이 도는 오계다!

엄숙수(도마2), 오계 3마리의 껍질을 분리하는 동안 심숙수, 큰솥에 물을 붓는다.

길금(도마3), 재료 탁자에서 대파, 마늘을 가져와 손질하고, 맹숙수, 옆에서 지도한다.

지영, '(엄숙에게) 엄숙수님, 껍질은 최대한 넓게 잘라주세요'

/명측_ 상탕 준비.

당백룡, 도마1에서 닭을 손질한다.

아비수, 도마2에서 대파, 생강을 손질한다.

공문례, 두 솥에 물을 붓고, 재료 탁자에서 소 뼈, 돼지 뼈, 한약 재료, 녹각을 챙겨 큰솥에 넣는다. 당백룡의 닭 뼈와 아비수의 대파, 생강 절반을 받아 추가로 큰솥에 넣고 뚜껑을 닫는다.

9. 희정당 / 명측 조리대 앞 / 낮

공문례(작은 솥), '녹근!!' 외치면, 명-수라나인1, 2가 가져온 뚜껑 덮인 놋그릇에서 콩기름에 불린 녹근(사슴 힘줄)을 꺼내주면, 끓는 물이 든 작은 솥에 넣고 상탕에 넣고 남은 대파, 생강을 넣고, 청주를 한 국자 넣어 데친다.

자막 | 녹근(鹿筋) : 보양식에 많이 쓰이는 사슴 힘줄

당백룡(도마1), '후두고!' 외치고, 나인들, 화려한 상자에서 빛나는 후두고(노루궁뎅이버섯) 20송이를 꺼내주면 당백룡이 밑둥을 도려내고 균일한 간격으로 찢는다.

자막 | 후두고(猴頭菇) : 노루궁뎅이버섯의 옛 이름

아비수(도마2), '해삼!' 외치고, 나인들이 물에 불린 해삼 10마리를 가져오면, 해삼을 한 번 더 헹구고 물기를 제거한다.

자막 | 해삼(海蔘) : 바다의 산삼이라 불리는 고급 식재료

이후 줄줄이 등장하는 진귀한 재료들, 전복, 죽순, 건관자, 송이버섯, 표고버섯, 대추, 은행, 밤, 연자육 등등.. 끝으로 100년 묵은 산삼을 건조한 백삼까지..

/조선측_

지영, 엄나무와 한약 재료를 큰솥에 넣는다.

길금이 손질한 대파, 마늘을 맹숙수가 큰솥에 넣는다.

엄숙수, 껍질을 벗긴 오계 속살과 뼈를 큼직하게 썰면, 심숙수가 가지고 가서 큰솥에 넣고 뚜껑을 닫는다.

엄숙수, 껍질을 그릇에 담고 면포를 덮어 보관한다.

10. 희정당 / 월대 / 낮

이헌을 비롯한 송재, 한민성과 대신들이 충격받은 표정으로 명측의 조리대를 보고 있다.

우곤과 제산대군과 대신들, 의기양양한 표정으로 그런 이헌과 한민성파 대신들을 보고.

이헌   보아하니 조선 숙수들은 오골계로 탕을 준비한 듯한데... 명나라 숙수들이 올린 재료들은 모두 진귀해서, 어떤 탕이 될지 도무지 감이 잡히지 않소.

우곤   (명) 처음, 공문례가 꺼낸 것은 며칠간 기름에 먹인 녹근입니다.
가장 진귀한 재료 팔진 중 하나이지요. 당백룡이 손질하는 것은 '후두고'이고요.
자막 | 팔진(八珍) : 중국의 연회상에 올리는 8가지 진귀한 음식

이헌   (놀라) 사슴 힘줄에 후두고라?! 원숭이 머리를 닮았다는 진미 버섯이 아닌가..

우곤   (명) 전하, 역시 미식가답게 잘 아시는군요.

그뿐 아니라, 해삼, 전복, 죽순, 건관자.. (명측 조리대 가리키며)
조상의 은덕이 있어야 구할 수 있다는 '백삼'까지...

자막 | 백삼(白蔘) : 햇볕에 자연 건조한 삼

이헌　　(충격!) 오늘 명나라 숙수들이 올리는 탕이 설마...?

우곤　　(명) 예, 귀한 재료들을 한데 모아 오랜 시간 정성껏 끓여 내는 요리...
　　　　그 깊은 향기에 고승조차 수행을 잊고 담을 넘었다고 하여 이름 붙여진..
　　　　(회심의 미소) '불도장'입니다.

자막 | 불도장(佛跳牆) : 각종 산해진미를 넣고 푹 끓인 중국 고급 보양식

이헌　　(신음을 내뱉듯) 불도장...!

한민성파 대신들 '불도장?' 하며 긴장한 표정 짓고,
제산대군파 대신들 비장한 표정.

/조선측_
지영(도마1), 닭의 속을 채울 재료 준비를 지시한다.
엄숙수(도마2), 오골계 3마리의 내장을 제거한다.
맹숙수(도마3), 민숙이 가져온 대추, 밤, 은행, 호두, 잣을 손질하고,
길금이 옆에서 돕는다.
심숙수(물독 앞), 물독에서 푼 물로 찹쌀과 흑미를 씻고, 두레박에 씻은
물을 버린다.

/명측_
공문례(도마2), 물에 불린 백삼을 찢어서 나눈다. ***백삼 시야컷**
당백룡(도마1), 죽순을 씻어 칼로 자른다.
아비수(도마3), 불린 전복에 세로로 성글게 칼집을 넣는다.

11. 희정당 / 조선측 조리대 앞 / 낮

(오계 속 재료: 찹쌀, 대추, 밤, 은행, 호두, 잣, 산삼)

지영, 아궁이 앞에서 국자로 탕의 육수 맛을 본 후에, 도마1에서 오계1의 속을 채운다. 길금이 돕는다.

엄숙수(도마2), 오계2의 속을 채운다. 심숙이 돕는다. (재료를 종류별로 가져온다.)

맹숙수(도마3), 오계3의 속을 채운다. 민숙이 돕는다. (재료를 종류별로 가져온다.)

엄숙수와 맹숙수, 속을 채운 닭들의 다리를 엑스자로 묶어 도마1로 가져오면,

지영, 오계1의 다리를 엑스자로 묶으며 '다리는 더 꽉 묶어주세요' 지시한다.

/명측_

당백룡(도마1), 큰솥에서 상탕 국물을 유기 냄비에 퍼내 도마1로 옮긴다.
공문례(도마2), 손질한 재료들을 한데 모아 세팅한다.
아비수(재료 탁자), 불도장을 담을 그릇을 재료 탁자 위에 올려놓는다.
나인들이 돕는다.

12. 희정당 / 명측 조리대 앞 / 낮

땡그랑. 향시계의 첫 번째 방울이 떨어진다. (30분 경과)
어느새 익히고 다듬어 완성된 10여 가지의 진귀한 재료가 명측 탁자에 주르륵 놓인다.

공문례(도마2), 재료들을 그릇에 넣는데, 하나하나 무게를 손으로 가늠하고 넣는다!

아비수, 그릇을 하나씩 공문례에게 전달한다. (3개의 큰 그릇, 16개의 작은 그릇)

당백룡(도마1), 끓는 상탕 국물을 한 국자씩 퍼서 그릇에 붓자 재료들

에 촉촉한 생기가 도는데.. 마치 살아있는 느낌이다.

13. 희정당 / 조선측 조리대 앞 / 낮

지영, 향시계를 본 후, 속을 채운 오계 3마리를 압력솥에 넣는다.

지영   (E) 조금만 더 기다려보자.

장춘생을 좀 더 기다리겠다는 심정으로 숙수들에게 일단 가니쉬를 지시한다.

지영   엄숙수님, 육수 좀 계속 봐주세요.
엄숙수 알겠네.
지영   맹숙수님, 대추단자 좀 만들어 주시구요.
맹숙수 맡겨 주시게.
지영   길금씨, 곰보버섯 좀 갖다줘.
길금   야, 알겠어라.

지영(도마1), 길금이 챙겨온 곰보버섯을 물에 헹군다.
엄숙수(아궁이), 육수를 확인한다.
맹숙수(도마2), 민숙이 돌려깎은 대추 2개를 겹쳐 밀대로 민다.

14. 희정당 / 명측 조리대 앞 / 낮

쿵! 나인1, 2, 3이 두 아궁이에 거대한 대나무 찜기를 놓는다.
당백룡, 아비수가 불도장 그릇의 뚜껑을 덮고, 공문례가 대나무 찜기에 그릇을 넣으면,

아비수가 화로용 부채를 든다...!

15. 희정당 / 조선측 조리대 앞 / 낮

지영, 곰보버섯을 헹구다 문 쪽을 본다.

지영   (E) 춘생님, 이제 진짜 오셔야 돼요.

땡그랑. 향시계의 두 번째 방울이 떨어진다. (1시간 경과)

엄숙수   (향시계 보고 지영에게) 거 춘삼인지, 춘생인지 그만 기다리고, 플란비
         가자고~~

맹숙수   (도마2에서) 그럽시다. 이러다가 요리는 만들지도 못하고 지겠소. 플
         란비!

지영   (어깨 축 처지며) 아쉽지만 어쩔 수 없죠.. 플랜비로 가시죠. (한숨)
         엄숙수님, 가마솥으로 할게요!

엄숙수   알았네~ (하며 국물을 가마솥으로 옮기기 시작하는데) 민숙아, 뚜껑!

민숙수   예, 엄숙 형님! (하며 뚜껑을 한쪽에서 꺼내 드는데)

그 순간, 쿵! 하는 굉음이 희정당 앞마당에 들린다. 숙수들 고개 돌리면.

16. 희정당 / 마당 앞 / 낮

우림위1   (E) 하늘에 해괴한 새가 있사옵니다!

우림위2   (E) 이쪽으로 빠르게 다가오고 있사옵니다!

수혁   (E) 모두 경계하라!

커다란 날틀(대나무 행글라이더)을 타고 마당 앞에 착륙한 장춘생.
찢어진 천 속에서 힘겹게 몸을 일으킨다. 수혁과 우림위들이 빠르게 장
춘생의 주변을 빙 둘러싼다!

장춘생 아이, 안 비키냐?! 내가 지금 늬들이랑 이러고 있을 시간이 없어.

수혁 (춘생을 알아보고) 장춘생!

장춘생 이야, 이거 나랏밥이 좋긴 좋네~ 얼굴 혈색이 달라졌네.

수혁 (춘생 보고) 갖고 오셨소?

장춘생 (씩 웃으며) 아무럼~ 내가 빈손으로 왔을까?

수혁 (환해지며) 고맙소. 대령숙수가 기다리고 있소. 어서 안으로 드십시다.

우림위들이 길을 내준다. 장춘생, 날틀에 붙들어 맨 나무상자를 풀며.

수혁 (안으로 들어가며) 이쪽으로.

장춘생 (따라가는)...

17. 희정당 / 조선측 조리대 앞 / 낮

모두의 시선이 집중된 가운데 수혁의 안내를 받으며, 나무 상자를 들고
저벅저벅 들어오는 장춘생!

18. 희정당 / 조선측 조리대 / 낮

지영 (손 흔들며) 장춘생님~!

숙수들 일동(!!)...

장춘생 오~ (손 들고) 대령숙수~! (다가오며)

지영 오셨군요~!

장춘생, 내려놓은 나무상자를 열면, 짚으로 감싼 무언가가 들어 있다.
지영, 허겁지겁 꺼내 보면 압력솥의 뚜껑이다!
숙수들 일동 '와~!' 감탄.

19. 희정당 / 월대 / 낮

이헌 오~ 장춘생!

우곤 (명)(긴장하며) 저자는 누굽니까?

이헌 (환한 얼굴로) 새로 들어온 궁인이오. 내가 주문한 요리 도구를 가져
왔소.

우곤 (명)(황당) 하...!

제산대군과 성인재과 대신들 흠칫 놀라면,
한민성과 대신들 이헌의 말을 들으며 결연한 표정.

20. 희정당 / 조선측 조리대 / 낮

장춘생 거보쇼, 내가 갖다준다고 했지 않소?

지영 (미소) 안 그래도 기다리고 있었어요~ 진짜 고생 많으셨어요!

장춘생 내가 딱 맞게 왔지?

지영 아주 딱~ 맞게 오셨어요. (압력솥 뚜껑을 들고)

장춘생 (작게) 근데 압력솥 뚜껑이 좀 약해져서.. 불을 최대한 약하게 해야 안
전하지 싶소.

지영 예? 저는 불을 최대로 써야 되는데요?

장춘생 쩝, 그럼 최대로 넣지, 뭐, 별수 있나.

지영 많이 위험할까요?

장춘생 어차피 경합에 져도 위험한 거 아니오?

지영	(피식) 그럼 춘생님의 실력을 믿어볼게요.
장춘생	(웃음) 그럼 꼭 이기시오~ 난 가오~
지영	고마워요~ (숙수들에게 달려가며) 왔어요~

/명측_
공문례, 재료 탁자로 가서 카빙 재료(무)를 챙긴다.

21. 희정당 / 명측 조리대 / 낮

대나무 찜기 앞에 서 있던 당백룡, 아비수, 지영 쪽 압력솥 보며 긴장한다.

아비수	(명)(부채질하는 속도 빨라지며) 여봐라, 장작을 더 가져와!
공문례	(명)(재료 탁자에서 아비수를 제지하며) 아니야, 불도장은 약불에 은근하게 찌는 요리다.
당백룡	(명) 아비수, 침착해라.

은근한 불의 명측 아궁이. 차분한 공문례, 당백룡과 달리 불안한 아비수의 표정!
/조선측_ 지영, 압력솥에 압력솥 뚜껑을 장착한다.

22. 희정당 / 조선측 조리대 / 낮

탕! 하고 조선측 아궁이1 위에 놓인 휘황찬란한 압력솥의 뚜껑을 지영과 길금이 힘을 모아 꽉 닫는다.
엄숙, 맹숙, 심숙, 민숙도 빠른 속도로 아궁이 안으로 장작을 던지고!
지영, 어마어마한 화력으로 압력솥을 달구고 있는 장작불을 바라보며 만족스러운 표정 짓고.

길금   워매~ (땀 닦으며) 아가씨 장작을 얼마나 더 넣어야 쓰겠어라?
　　　　 시방도 불이 허벌나분디.

지영   1.5기압에서 끓는 점은 110도.. 그 정도만 돼도 훌륭한 맛이 나거든?
　　　　 근데, 마지막 완벽한 맛을 위해서 2기압으로 내부 온도를 120도까지
　　　　 올릴 거야!

엄숙수   그니까 장작을 더 넣으라는 거지?

지영   예~ 그냥 있는 대로 다 때려 넣어요!

심숙수   (장작 옮기며) 아유~ 장작 나르다 사람 잡겠어유.

맹숙수   완벽한 맛을 내게 하기 위함이라고 하지 않나? 어서 장작들 더 가져오게!

민숙수   (놀라) 네, 형님~ 근데, 형님 요 며칠 뭔가 많이 변하신 것 같습니다.

맹숙수   (정색) 잔말 말고 장작이나 더 가져와.

민숙수   (미소) 예~ 심숙 형님, 같이 가요. (뛰어가고)

지영   (E)(압력솥 보며) 부디.. 잘 버텨줘.

/명측_

공문례, 도마에서 용머리 카빙을 시작한다.
아비수, 조선측 조리대를 보며 찜기 앞에서 안절부절못하고,
당백룡, 묵묵히 불을 살핀다.

23. 봉덕궁 / 경합장 / 외경

(E)   쉭쉭... 점점 커지는 압력솥 소리.

24. 희정당 / 조선측 조리대 / 해 질 무렵

땡그랑, 향시계의 세 번째 방울이 떨어진다. (1시간 30분 경과)
아궁이 위에서 증기의 힘으로 들썩이는 압력솥.. 뚜껑 이음매에서 쉭쉭
소리가 점점 커지고..
압력솥 무게 추가 조금씩 흔들린다. 지영, 만족감이 깃드는 표정.
누룽지를 꺼내는 엄숙수, 심숙수.

/명측_
공문례, 차분히 용머리 카빙을 마무리하고 있고,
당백룡, 상차림을 준비하고 있다.
아비수만 찜기 앞에서 안절부절이다.

25. 희정당 / 월대 / 해 질 무렵

이헌이 덤덤하게 보고 있으면, 불안한 표정으로 조선측 조리대를 보는
우곤.

우곤   (명)(불안) 저러다 폭발하면... 어찌합니까.

이헌   (믿음의 눈으로 지영을 보며) 걱정 마시오. 대령숙수가 알아서 할 것
이니.

우곤   (다시 고개를 돌려 압력솥을 보는) ...

제산대군파와 한민성파도 모두 불안한 얼굴로 지영을 지켜보고 있다.

/조선측_
엄숙수(재료 탁자), 심숙수와 함께 보자기에 쌓인 누룽지를 늘어놓는다.
맹숙수(도마2), 플레이팅에 필요한 재료들을 올려놓는다. 산삼, 대추단
자, 곰보버섯, 한지 짤주머니, 목이버섯, 데친 미나리, 장식용 꽃 등

26. 희정당 / 조선측 조리대 / 해 질 무렵

마침내 압력솥의 무게 추가 거세게 흔들리고, 흰 김을 내뿜으며 삐이이익- 피리 소리가 난다.

지영   (환호) 됐다! 2기압을 버텼어! 역시 춘생님~!

기뻐하는 지영을 보고 '후...' 가슴을 쓸어내리며 그제야 안도하는 숙수들 일동.

Cut to_ 지영이 압력솥을 열자 푹 고아진 오계의 환상적인 모습이 드러난다. '오~' 길금과 숙수들 감탄.

아비수   (명)(찜기 근처에서) 조선은 벌써 요리가 끝난 것 같네요.
당백룡   (명)(조리대에서 불도장 스푼을 면포로 닦으며) 수상하군. 어떻게 벌써..
공문례   (마지막 용머리를 카빙하며)...

엄숙수   (쳐다보며 들으라는 듯) 명은 아직 멀은 모양이네.
지영   (으쓱) 이런 게 과학의 힘이라구요. 확실히 빠르죠. 맛도 훨씬 좋고.
맹숙수   (신통하다는 듯) 음.. 고생한 보람이 있네.
지영   (비장) 자, 이제 마지막 과정이에요.

27. 희정당 / 해 질 무렵

/조선측 조리대 앞,
[1단계]
지영(도마1), 삶은 오계 3마리에서 내용물만 꺼내 껍질 위에 얹은 후에 미나리로 만두 모양으로 묶는다.

엄숙수(아궁이1), 압력솥에서 지영이 만든 오계 만두를 데친다.

[2단계]
맹숙수(도마2), 지영이 내용물 꺼낸 오계를 갈라서 손으로 살을 발라
낸다.
길금(도마2), 맹숙이 발라낸 삶은 오계의 살을 절반은 큼직하게 썰고,
절반은 잘게 다진다.

[3단계]
맹숙수(도마2), 길금이 큼직하게 썬 오계는 대추, 다진 쪽파, 참기름, 조
청을 넣고 섞는다. (오계1)
길금이 잘게 다진 오계를 한지 짤주머니에 넣는다. (오계2)

[4단계]
지영, 플레이팅 그릇 위에 둥근 대나무 틀을 놓고, 오계1을 넣고 꾹꾹
누른다.
맹숙수, 곰보버섯의 구멍에 다진 오계2를 넣은 짤주머니로 속을 채운
다. 지영, '더 스탬핑해요.'

[5단계_플레이팅]
지영, 납작하게 깔린 오계1 위에 데친 오계 만두를 올리고, 곰보버섯,
목이버섯, 대추단자, 꽃, 산삼을 올린 후에, 압력솥 국물을 붓고, 누룽
지를 올려 마무리한다.

/명측 조리대 앞,
당백룡, 상차림을 지시한다.
아비수, 부채로 불 조절을 한다.
공문례, 용머리 카빙 3개를 마무리하고, '됐다' 하는 표정으로 찜기 뚜껑
을 연다.

당백룡과 아비수, 미리 준비한 상차림에 불도장 그릇을 하나씩 옮긴다.

지영   (E) 영양 넘치는 오골계를 껍질부터 속살까지 즐길 수 있는 새로운 삼
계탕.
오골계 껍질로 만든 찹쌀 만두를 육수에 가볍게 데쳐내고,
잘게 다진 속살로 곰보버섯의 속을 채운다.
양념한 속살로 만든 지지대에 만두와 버섯, 삼을 올리고,
산삼이 우러난 육수를 부으면 끝. 바삭하고 구수한 누룽지는 덤!

공문례   (명)(E) 은은하게 익힌 불도장, 마지막 손길이 최고의 맛을 만든다.
소금을 깐 그릇에 술을 붓고, 힘을 상징하는 용 조각을 얹는다.
불을 붙여 그릇을 따뜻하게 데우면 완성.

향시계의 마지막 방울이 떨어지고, 경합의 끝을 알리는 징- 소리가 울
리면. (2시간 경과)

송재   (E) 이제 양측의 요리가 다 끝이 났습니다! 양국의 숙수들은 모두 손을
떼시오.

Cut to_
착착 심사대 위에 놓이는 조선측 오골계 삼계탕과 명측의 불도장! 그 앞
으로 서는 최고상궁.

이헌   오늘은 조선 숙수들의 솜씨를 먼저 보겠다.

최고상궁, 지영의 오골계 삼계탕을 신기하게 쳐다보면,

지영   (미소) 이건 숟가락으로 톡! 누룽지를 깨뜨려서 안에 있는 오골계 살과
만두, 그리고 국물을 함께 드시면 됩니다.

최고상궁, 신기해하며 국물을 기미한다. 지영의 삼계탕을 신기하게 보는 이헌과 우곤.

이헌과 우곤, 누룽지를 깨뜨리고 삼계탕을 신기하게 본다.

이헌 이 요리의 이름은 무엇이냐?

지영 이 요리의 이름은 '산삼 먹은 오골계 삼계탕'입니다.

100년 묵은 천종삼을 넣은 오골계와 한약재 육수를 압력솥에 넣고 끓여서, 쫄깃한 식감과 탕의 깊은 맛을 담아냈습니다.

그리고, 오골계를 다져 넣은 곰보버섯과 누룽지로 색다른 맛을 더했습니다.

우곤 (명)(냄새를 맡고) 향은 분명 약계탕인데.. 만두처럼 말다니.

허허.. 모양이 영~ 격이 떨어집니다.

이헌 허허. 이것은 요즘 서역의 왕실에서 보양식으로 먹는 그 '오또카지' 아니오. 서역의 요리는 잘 모르시나 봅니다.

우곤 (명)(통역 듣고 눈 동그래지며) 오또카지?.. 아, 나 오또카지.

차례대로 지영의 삼계탕을 먹는 이헌과 우곤.

그리고 제산대군을 비롯한 성인재파와 한민성파 대신들 일동, 모두 감탄하며 맛을 보는데.

진지하게 맛을 음미하는 이헌과 우곤, 제산대군.

INS_ 봉황 한 마리가 사라락 날아와 이헌의 어깨 위에 내려앉아 날개를 펼치면.

INS_ 봉황의 날갯짓에 머리가 날리는 우곤!

이헌 (떵떵떵!)(E) 오골계는 부드럽기 그지없고.. **뼈를 발라먹을 필요가 없**이 단정하고 정갈한 모습!

게다가 국물을 먹을 때마다 천종산삼과 파의 향기가 은근하게 퍼지면서.. 마음마저 따뜻하게 위로받는 느낌이다!

우곤   (명)(떵떵떵!)(E) 이것이 진정 오골계를 넣어 만든 삼계탕의 맛이란 말
       인가?!
       입에서 녹아내리듯 사라지는 오골계의 속살과 탕의 깊은 국물맛,
       열이 끓어오르면서, 기운이 보완되는 이 느낌은 분명 삼인데...!
       이렇게 전혀 새로운 맛을 느끼게 하다니.. 음.. 이것이야말로 진정한
       용미!

       이헌과 우곤 좀처럼 젓가락을 내려두지 못하고 맛있게 먹는다.
       긴장한 표정의 지영과 수라간 숙수들, 덤덤한 얼굴로 기다리고 있는 당
       백룡, 공문례, 아비수.

이헌   (마지못해 젓가락을 내리고) 이제 명측 숙수들의 솜씨를 보겠다.

       이헌과 우곤이 당백룡과 공문례, 아비수를 보면, 공문례가 앞으로 나와
       포권을 한다.

이헌   이 요리의 이름은 무엇이냐?
공문례 (명) 이 요리의 이름은 '불도장'이라 합니다.
       녹근을 비롯해, 후두고, 백삼, 해삼, 송이버섯 등 온갖 산해진미를 넣어
       서 만들었으니, 한 입 드실 때마다 서로 다른 재료들이 입안을 맴돌며,
       각기 다른 존재감을 드러낼 것이옵니다.
우곤   (명)(흡족한 미소) 하하. 이제야 대명의 요리답다!

       이헌, 눈짓하면 최고상궁, 기미하고,
       차례대로 진지하게 맛을 음미하는 이헌과 우곤, 제산대군, 대신들.
       긴장한 표정으로 그들을 보는 지영과 수라간 숙수들.
       마찬가지로 전에 없이 긴장한 당백룡과 공문례, 아비수.

이헌   (떵!)(E) 음... 가히 신선의 탕이라 불리는 불도장!

우곤   (명)(떵!)(E) 말이 필요 없다. 그야말로 천상천하의 맛미!

이헌과 우곤을 비롯한 조선의 대신들 모두, 무언가에 홀린듯 오계탕과
불도장을 정신없이 먹는다.
초조한 얼굴로 그들을 기다리는 지영과 길금 수라간 숙수들 일동. 그리
고 명측의 당백룡, 공문례, 아비수.

Cut to_ 어느새 깨끗이 비워진 불도장과 오골계 삼계탕의 접시. 양쪽이
깨끗하게 비워져 있다.
이헌, 우곤과 뭔가 상의한 후에 서로 끄덕이고, 송재에게 눈짓하면 경합
의 끝을 알리는 징이 울리고.

송재   이것으로 마지막 삼차 경합의 모든 시식을 마치겠습니다.

28. 희정당 / 심사대 / 해 질 무렵

이헌과 우곤, 일어서며.

이헌   오늘의 3차 경합은, 공정을 기하기 위해..
숙수들이 서로 상대국의 요리를 먹고, 점수를 매기는 방식이다.
숙수 한 명씩 10점 만점을 기준으로 총 30점을 낼 수 있다.

지영과 엄숙수, 맹숙수 놀라 눈을 맞추면! 당백룡과 공문례, 아비수도
똑같이 당황하고!

우곤   (명)(의미심장하게 보며) 어제의 불미스러운 평가를 사죄하는 마음으
로 전하의 채점 방식을 받아들였으니, 각국의 숙수들은 양심껏! 채점에
임하길 바란다.

우곤, 당백룡과 공문례, 아비수와 눈을 맞춘다. 이헌도 비장한 표정으로 지영과 눈을 맞추고.

Cut to_
심사 테이블을 사이에 두고 양국 숙수들이 마주 보고 서 있다.
각 숙수 앞에 상대국의 요리가 한 접시씩 놓여 있다. (작은 접시, 대신용)

이헌　　자, 그럼 서로의 요리를 시식하라.

양국의 숙수들, 시식을 시작하는데..

지영　　하아~ 불도장 장난 아니네... 압력솥 없었으면 어쩔 뻔했어요?

엄숙수　(긴장하며) 그러게 말이네~ 말로만 듣던 불도장을 먹으니, 체력이 솟구치는구만..

맹숙수　보양으론 우리 오골계 삼계탕도 뒤지지 않습니다..
　　　　　실로 놀라운 재료긴 합니다만.. 맛은 그닥.. (덤덤히 먹는)

지영　　(걱정스런 표정으로 불도장을 보다가 당백룡 측 보면)...

당백룡과 아비수, 모두 눈을 크게 뜨며 맛을 음미하고, 감탄하며 시시각각 표정이 변해가는데..
공문례만이 미동도 없이 앉아 있다. 우두커니 앉아서 오계탕의 모양만 뚫어지게 보는데..

지영　　(엄숙수, 맹숙수에게 작게) 근데, 저분은 왜 안 드시는 거죠?
　　　　　드셔야지 평가를 내릴 텐데.

맹숙수　(작게) 내가 지난번부터 쭈욱~ 봤는데.. 저 사람 음식을 아예 안 먹는 것 같소.

엄숙수　(더 작게) 나인들 말이, 간도 안 보고 요리를 한다는 말이 있네.

지영　　(목소리 커지며) 간을 안 본다구요? 설마.. 거식중인가?

엄숙수	(작게) 그게 뭔가..?
지영	(!) 음식을 못 먹는 병인데..
맹숙수	그게 말이 되오? 어찌 숙수가 그런 병에 걸린단 말이오?
지영	본 적 있어요. 요리 수준이 일정 경지에 오르자, 음식을 못 먹는 경우...
	... 거식증 걸린 요리사... (불안하게 공문례 보고)
엄숙수	아니, 먹지를 못하면..
맹숙수	채점을 어찌한단 말이오?

29. 희정당 / 월대 / 해 질 무렵

이헌	(공문례 보며) 헌데, 저 숙수는 왜 먹질 않소?
우곤	(명)(의미심장하게) 공문례는 최고의 요리 실력을 가진 뒤로, 음식을 먹지 못합니다. 간을 보지 않고도 최고의 맛을 내는 게 바로 공문례지요..
이헌	(놀라) 뭐라? 허면 점수를 어찌 매긴단 말이오.
우곤	(명) 먹지 못하니 점수를 매길 수 없겠지요.
	이제 조선의 점수와 명나라의 점수 차이는 어찌 될까요.. 흐흐.
	어제 공정치 못한 저를 그리 욕보이셨으니, 오늘은 전하께서 공~정하게 점수만으로 승패를 가리시지요. (사악한 미소)
이헌	(분노로 보는)...!!

30. 희정당 / 심사대 / 해 질 무렵

공문례, 오골계 삼계탕을 보며 떨리는 손으로 수저를 올렸다가 내리고, 패배한 표정을 짓는다.
그런 공문례를 보다가 뭔가 번뜩 느낀 지영!

지영	(E) 음식을 먹는데 죄책감을 느끼는 표정.. 완성된 음식이 아니면...

먹을지도 몰라!

압력솥으로 달려가 오골계 탕의 남은 재료를 가지고 살점을 마구 발라
낸 후, 살점만 약간 남은 닭다리 뼈를 통통~ 빈 그릇에 넣자..
엄숙수와 맹숙수가 달려와 그런 지영을 막으며.

엄숙수   (말리며) 자네, 대체 왜 이러나~
맹숙수   (잡으며) 지금 이게 무슨 짓이오!
지영   (뿌리치며) 먹어야 점수를 매길 거 아니에요!
엄숙수/맹숙수   !!

31. 희정당 / 월대 / 해 질 무렵

이헌과 우곤, 한민성파 대신들, 제산대군파 대신들 놀란 눈으로 모두
지영을 보고.

우곤   (명)(비웃듯) 대령숙수가 불도장 맛을 보고 많이 놀랐나 봅니다~ 핫핫핫!
이헌   ...

32. 희정당 / 심사대 명나라측 / 해 질 무렵

지영이 엄숙수를 데리고, 어느새 오골계의 뼈다귀들이 담긴 음식 그릇
을 공문례 앞에 들이민다.

지영   만들 때는 만드는 사람이 행복하고~ 먹을 때는 먹는 사람이 행복하고~
그게 요리하는 기쁨 아니겠어요?
솔직히 이렇게 다 때려 넣고~ 만들어 먹는 게 진짜 맛있긴 하거든요~

승패를 떠나서 숙수로서, 당신도 행복하길 바라는 마음을 여기에 담았습니다.

명숙수 통역 (명) 승패를 떠나 숙수로서 행복했으면 좋겠는 마음을 담았다고 하오.

공문례 (통역 듣고 흠칫)...!!

33. 과거 / 공문례의 회상 / 공씨집안 부엌 / 낮

(16세) 공문례의 요리 연구로 너저분한 주방. 공문례, 탕에 양념을 넣으며 맛을 본다. 인상이 찌푸려진다.
푸성귀를 넣는다. 다시 맛을 보는데 인상이 찌푸려진다. 이것저것 넣어 보는데.. 맛이 나질 않는다.
수저를 내팽개치고 분한 듯 씩씩대는 공문례..
공문례의 할머니가 주방에 들어온다. 너저분하게 널린 온갖 남은 식재료들을 끓고 있는 탕 안으로 밀어 넣는다. 그리곤 뒤돌아서, 공문례를 다정하게 본다..

할머니 (명) 무슨 맛이 어쩌고~ 복잡하게 굴지 마라~ 요리 좀 못하면 어떠냐? 음식은 자고로 이렇게 다 쓸어 넣고 끓이는 게 천하제일 진미다~
(수저로 탕을 떠서 호호 불어 공문례의 입에 가져다 대는)
먹어 보거라. 어서.

몇 번이고 고개를 돌리다.. 마지못해 먹는데.. 너무 맛있다..! 와구와구 먹는 공문례.
공문례, 벌떡 일어나 탕 안을 보면 온갖 뼈다귀만 남은.. 잡탕이다.
실체를 알 수 없는 고기와 야채들을 바라보며 기막히다. 옆에서 환하게 미소 짓는 할머니..

34. 현재 / 희정당 / 조선측 조리대 / 해 질 무렵

기막힌 표정의 공문례, 물끄러미 지영과 뼈다귀만 있는 앙상한 오골계 삼계탕을 본다.

공문례   (앙상한 닭고기를 든다)...

/월대 위의 우곤과 이헌, 대신들, 조선의 숙수들, 당백룡 아비수.. 지켜 보던 사람들 모두가 놀란 표정.

공문례, 마침내 고기를 씹어 먹는다.
삼키고는 뜨거운 눈물을 쏟아내는 공문례..
그러더니 미친 사람처럼 광기 어린 큭큭.. 웃음을 터트리는데..!!

공문례   (명)(하늘을 보며 탄식) 이 맛은.. 오랜 시간 잊고 지낸.. 그리웠던 맛이 다...
언젠가.. 나는 할머니의 잡탕을 먹고 그 엄청난 맛에 충격을 받았다.
그 맛을 넘어서려 노력했지만, 내가 만든 어떤 요리에도 그 맛은 나지 않았어..
그 뒤로.. 간을 보지 않고 최고의 맛을 내는 경지에 이르렀지만,
그럴수록 나는 음식을 먹지 못했다.. 헌데, 그 맛을.. 그 맛을 당신이 내 다니..!!
엄숙수   연숙수가 할머니의 손맛을 냈다고 하네.
공문례   할머니의 손맛조차 넘어설 수 없는 내가... 어떻게 최고의 요리사라 할 수 있겠는가.!
엄숙수   할머니의 손맛을 넘어설 수 없으니 자신은 최고의 숙수가 아니라고 하네.

통역을 들은 지영과 길금을 비롯한 숙수들.. 당백룡 아비수, 모두가 그

런 공문례를 보며 뭉클한데...!!

지영   군자의 덕목 중 가장 중요한 게 '인(仁)'이죠. 타인을 배려하고 아끼는
       마음..
       이건, 공문례님을 배려해서 만든 요리예요.
       할머니께서 만드셨던 그 음식에도.. 그게 들어 있던 게 아닐까요?

공문례   (명) 그렇군, 나와 남을 행복하게 하는 요리사가 곧 진정한 군자...
       (크게 깨닫고) 크하하.. 대령숙수.. 오늘 나는 그대에게 졌소이다. (포
       권하는)

       지영과 길금, 수라간 숙수들 모두가 통역을 듣고 공문례에게 화답하듯
       예를 갖춰 고개를 숙이고.
       당백룡과 아비수, 그런 지영과 공문례의 모습을 의미심장하게 보고 눈
       을 맞추는.

35. 희정당 / 월대 / 해 질 무렵

       숙연해진 이헌과 대신들. 우곤, 긴장감과 당혹감이 깃든 표정으로 보고.

36. 희정당 / 심사대 앞 / 해 질 무렵

       이헌과 우곤, 한민성파와 제산대군파가 심사대 앞에 선다.

이헌   각국의 숙수들이 서로의 요리에 점수를 매긴..
       오늘 3차 경합의 결과를 발표하겠다. (하고 눈짓을 하면)

       양쪽에 선 궁인들이 거의 동시에 화지를 내린다. 조선측 점수는 '27'.

| 송재 | 먼저, 조선의 숙수들이 평가한 명측의 점수입니다. 27점. |

명측 점수는 '28'.

| 송재 | 다음은 명의 숙수들이 평가한 조선측 점수입니다. 28점. |

우곤의 사색이 된 표정! 제산대군의 숨길 수 없는 분노의 표정! 유문정, 성인재, 김양손은 당황한 표정이고!
경합장 중앙, '우아아~' 큰 경사가 난 듯 얼싸안고 소리소리 지르는 지영과 길금, 엄숙수와 맹숙수, 심숙수, 민숙수!
그들의 승리를 기쁜 표정으로 바라보는 당백룡과 아비수, 공문례.

지영	(당백룡에게 다가가 포권하며) 훌륭한 숙수분들과 함께 겨룰 수 있어서 정말 좋았습니다. 좋은 점수 주셔서 감사해요~ '셰셰'.
당백룡	(조선말) 언제, 다시 한번 제대로 승부 치릅시다~ 그냥 화부 대 화부로.
지영	(씨익) 얼마든지요~

지영, 현대식으로 손을 내밀어 당백룡에게 악수를 청한다.

당백룡	이게 뭡니까?
지영	제가 있던 곳에서는 이렇게 인사를 해요~ '악수'라고 하죠.
당백룡	(머뭇거리다 지영의 손을 잡고) 악수...
지영	(잡고 흔들며) 정말 좋은 승부였어요. 많이 배웠습니다.
당백룡	(맞잡은 손을 보며 왠지 뭉클하고) ..나도 아직 배울 것이 더 많이많이 남았다는 걸 알았소.

바라보던 길금과 숙수들, 서로서로 악수를 따라 하며 인사를 나눠본다.

37. 희정당 / 월대 / 해 질 무렵

안도하는 이헌과 한민성파 대신들,
충격과 배신감, 분한 표정을 짓는 우곤과 제산대군파 대신들.

이헌 (미소) 이제 승부가 난 것 같소.

우곤 (명) 예.. (배신감에 표정 관리가 안 되고) ...좋습니다 전하.. (비열한 미소)
약조한 대로 저희는 인삼채굴권을 포기하겠습니다.. 그리고 이처럼 저희와 경합을 오랜 시간 정성껏 치러주신 하해와 같은 전하의 은덕에 보답하고자, 돌아가는 길에는 딱 하나의 진상물만 받고 돌아가고자 합니다.

이헌 (왠지 꺼림칙) 그게 무엇이오?

우곤 (명)(음흉한 미소) 저 대령숙수를.. 공녀로 데려가 황제께 바치겠소이다.. <u>으흐흐</u>..

이헌 (충격) 뭐라? 대령숙수를 공녀로 달라?!!

이헌의 커진 목소리를 듣고 삽시간에 얼어붙는 경합장, 제산대군만이 묘한 미소를 입가에 띠우고,
그 순간, 창선, 최고상궁에게 다가가 귓속말을 하면, 고개를 끄덕이며 어딘가로 황급히 뛰어가고..

38. 희정당 / 조선측 조리대 / 해 질 무렵

지영을 보며 모두 사색이 된 수라간 식구들, 당백룡, 공문례, 아비수.

지영 마, 말도 안 돼.. 나를 공녀로 달라 그러는 거야? 지금?

숙수들 일동(얼어붙은)....

39. 희정당 / 월대 / 해 질 무렵

누가 말릴 새도 없이 이헌이 달려들어 우곤의 안면을 이마로 들이받는다! 콰직!!
순간, 우당탕탕 소리를 내며 슬로우 모션으로 허우적대다가 우스꽝스럽게 뒤로 나동그라지는 우곤!
대신들 모두 너나 할 것 없이 놀라 자리에서 일어나는데 조선측, 명나라측 모든 숙수들도 놀라 보고!

성인재　(사색) 대국의 칙사를...
유문정　(멍하니) 들이받으셨어요..!!
김양손　(놀라) 어찌 이런 일이...!!
제산대군　크흐흐흐... (실성한 사람처럼 웃음을 숨기지 못하고)

그 순간, 문이 열리며 사신단을 호위하던 명나라 군관들이 요란한 쇳소리를 내며 칼을 빼어들고!
마찬가지로 우림위장 수혁과 우림위들이 들이닥치며 칼을 빼어들며 맞서는데...!!

우곤　(명)(코피를 확인하고) 피? 내 피?
　　　감히 조선의 국왕이 명 황제 폐하의 사신에게...!
이헌　(싸늘하게 입꼬리 한쪽이 올라가며) 어이쿠~
　　　거 태감께 조선식 인사법을 보여 드린다는 것이 그만... 괜찮소?
우곤　(명)(머리 부여잡고 분기탱천!) 어찌 됐든! 저 대령숙수는 내가 데려가겠소. (손짓하면)

명나라 군졸 2명이 연지영을 잡으러 다가가면, 우림위들과 숙수들이 그 앞을 막아선다.
당백룡, 아비수, 공문례는 꿈쩍하지 않고, 고개를 돌린다. 우곤, 화부들을 보며 이를 악물고.

이헌   (피식)... 헌데, 태감께서 이 나라의 대령숙수를 공녀로 데리고 가시기에는, 수행원을 너무 적게 데리고 오셨소이다..

우곤   (명)(!!) 뭐요?

이헌   최소한 10만 대군은 데리고 오셨어야 해볼 만하지 않겠습니까?! 하하하.

우곤   (명)(!!) 감히, 황제 폐하의 사신인 나와 대적이라도 할 셈인가!

이헌   (한쪽 입꼬리가 올라가며) 얼마든지요~

이헌의 곁에 우림위장이 재빠르게 다가와 검을 들고 우곤의 앞을 막아서면.
우곤의 곁에도 수행원이 나서며 수혁의 검을 마주하고 대치하는데...
순간!!

창선   (E) 대왕대비마마 납시오!

40. 희정당 / 입구 / 해 질 무렵

그 소리에 홍해가 갈라지듯 쫙 갈라서며 길이 난다. 엄숙한 표정의 인주대왕대비가 최고상궁, 김상궁과 함께 당당히 들어선다. 모두, 예를 갖춘다.

대왕대비   (싸늘한) 지금 이곳에서 대체 무슨 일들이 벌어지고 있는 겝니까..

이헌   (내려와 예를 갖추고) 할마마마...
대국의 사신을 송별함에 있어 작은 오해가 생겼사옵니다.

대왕대비   오해요? 내 그 오해가 무엇인지 모르겠으나,
주상, 주상은 일국의 군왕으로서 결코 행실을 가벼이 해서는 아니 될 것입니다.

이헌	예, 할마마마.
대왕대비	사신 우곤에게 묻겠소. 대국의 칙사 자격으로 오셨음에도 불구하고, 공무는 수행하지 않고, 이런 무모한 경합을 제안하신 연유가 무엇이오?

수행원들의 도움을 받으며 코피를 닦던 우곤, 계단을 내려온다..

우곤	(명) 황제 폐하의 명을 받아 인삼채굴권과 공녀들을 데려가기 위해서, (하는데)
대왕대비	우곤 네 이놈!!
우곤	(조선말)(충격) 우곤 네 이놈??
대왕대비	보자 보자 하니 네놈의 방자함이 도를 넘어도 한참 넘었구나!
우곤	(명)(비열하게 웃고) 조선은 왕이나 할머나나 모두 미쳤구나.. 나를 모욕하는 것은 황제를 모욕하는 것이다! 모두 이 자리에서 물고가 나고 싶은 것이냐?
대왕대비	(피식) 우곤, (황실의 서신을 꺼내며) 이것이 무엇인 줄 아느냐?
우곤	(....!)
대왕대비	이것은 우리 고모이시자, 선황제의 두 번째 비이신 연비마마의 서신이니라.. 이래도 황제께서 공녀에다가 인삼채굴권을 달라 하셨다고 우길 셈이냐?!

통역이 다가와 우곤에게 뭔가 귓속말을 한다.. 점점 하얗게 얼굴이 질리는 우곤..

우곤	(명) 조선 대왕대비의 고모가.. 선황제의 두 번째 비이신 연비..?!! (낭패한 표정으로 부들부들 떨다가 무릎을 꿇고 앉는다) 황제를 기만하고, 명의 황실을 욕보인 죄.. 부디 하해와 같은 은총으로 한 번만.. 용서하여 주시옵소서!
이헌	(기가 차서 보는)...

쯧쯧.. 혀를 차는 한민성파 대신들, 차마 볼 수 없어 고개를 돌리는 제산대군파 대신들.

/경합장, 안도의 한숨을 쉬며 놀란 가슴을 쓸어내리는 지영과 길금 수라간 숙수들.

이헌	허면, 본래 얘기로 돌아와서, 약조를 지켜야겠지?
우곤	(명) 물론이옵니다 전하..
	요구하신 물품들은 언제든지 조달해 보내 드리겠사옵니다.
이헌	내 그 말은.. 믿어도 되겠소?
우곤	(명)(침통한 표정으로 일어선다) 심려 마십시오. 전하. 하늘에 걸고 맹세코 약조를 지키겠사옵니다. (대왕대비마마의 눈치를 보며) 허면, 조선의 극진한 대접을 받았으니, 사신단은 그만 갈 길을 서두르겠습니다..
이헌	너무 서두르진 마시고... 진상품 잘 챙겨 가져가시오~
우곤	(명) 예, 전하. (허둥대며 나가는)

수행원들 칼을 거두고, 우곤의 뒤를 따르면 명나라 사신단 전체가 퇴장한다.

우곤, 퇴장하며 지영에게 조선말로 한마디 건넨다. '엄청 맛있었어'

이헌	(인주대왕대비 보며) 어찌 예까지 발걸음 하셨사옵니까.
대왕대비	주상, 어찌 이리 경거망동 하셨습니까. 내가 명나라 황실의 서신을 준비하지 않았다면, 일이 걷잡을 수 없이 커질 수도 있었습니다.
이헌	송구하옵니다.. 할마마마.
대왕대비	이 나라가 어디 주상 하나만의 것입니까?! 말해 보세요!
이헌	(표정 구겨지고).. 자중하겠습니다.
한민성	(다가와 말리며) 대비마마, 오늘은 이만하심이 좋을 듯싶습니다.
대왕대비	(조금 풀어지고) 주상.. 내가 청이 하나 있어요.
이헌	말씀하시지요.
대왕대비	진명대군이 대령숙수의 음식을 무척 궁금해합니다.

대군에게도 연숙수의 음식을 맛볼 기회를 좀 주시겠소?

이헌   (살짝 놀라며) 그렇습니까..?

지영   (E) 진명대군..?

이헌   (잠시 생각하고) 허면, 내일 따로 자리를 마련하도록 하겠습니다. (고개 돌려 송재 보면)

송재   (알아들은 듯 미소로 화답하며 끄덕) …

대왕대비   고맙소, 주상. (기쁜 얼굴로) 자, 어서 경합을 끝내세요.

이헌   예, 할마마마.

인주대왕대비, 흐뭇한 표정으로 돌아서 나간다. 이헌, 그 뒷모습 보다가 다시 중앙에 선다.
밝은 표정의 한민성과 대신들, 편치 않은 제산대군과 대신들.

41. 제산대군 저 / 사랑채 앞 / 밤

덕출과 추월이 호위 무사처럼 방 앞을 지키고 서 있다.

42. 제산대군 저 / 사랑채 / 밤

제산대군과 마주 앉은 목주, 탁자 위 올려진 한지에 싼 독을 바라보고 있다.

제산대군   대체 이것을 어떻게 쓰자는 것이냐?

목주   어차피 거사는 시작된 것이 아닙니까..
내일 전하와 진명대군이 낮수라를 드시는데..

INS_ 3차 경합이 끝난 후, 송재에게 진명대군의 낮수라에 '버터 바른 오골계 인삼 통닭구이'를 준비하겠다고 말하는 지영 컷. 뒤에서 이를 지켜보는 추월 컷.

목주	인삼이 들어간 닭구이라 하옵니다.
제산대군	진명대군?
목주	진명대군은 훗날 우리에게 중히 쓰일 왕재라 걱정되십니까.
제산대군	(흠칫) .. 진명대군을 잃어도 좋단 말이냐.
목주	(차갑게) 그로 인해 대령숙수를 제거하여 전하의 분노를 폭발시킬 수만 있다면요.
제산대군	…(고민하면)
	(!) 허나, 독살은 꼬리가 잡힌다.
목주	독이 독이면 그렇겠지요. 허나 이것은 본디 독이 아닙니다.
제산대군	(낮게 신음) 독이 아닌 독약이라…

제산, 목주가 내놓은 종이를 보다가 목주를 뚫어지게 응시하고.

목주	왜 그러시옵니까.
제산대군	난 솔직히 어느 시점엔 네가 나를 배신할 거라 생각했다.
	젊은 임금의 후궁 자리는.. 꽤나 탐나는 자리니까.
목주	대군 덕에 사람답게 살았지요. 그것으로 족합니다.
제산대군	(미소) 때가 되면 내 너를 정실로 삼아 자유롭게 살게 해주마..
목주	(의미심장한 미소)…

43. 봉덕궁 / 침전 마루 / 밤

이헌, 호롱불을 보며 골똘히 생각에 잠겨 있다. 그 앞, 고개를 숙이고 앉아 있는 수혁.

이헌	지금부터 조선 팔도의 병영을 자세히 조사하거라.
	그간 군을 이탈한 자들과 이동한 자들에 대해 샅샅이 알아보거라.
수혁	(!) 전하를 습격했던 자들의 정체를 알아내란 말씀이십니까.
이헌	아니다. (잠시 침묵하고) 역심! 그것을 누가 품고 있는지, 내 찾아내야
	겠다.
수혁	예, 전하. 명 받들겠사옵니다. (나가고)

44. 봉덕궁 / 지영의 처소 / 밤

대자로 뻗으며 이불 위에 눕는 지영. 그 옆으로 뻗는 길금.

지영	아~ 편하다~ 평생 누워만 살 순 없을까? 안 그래, 길금씨?
길금	그라게요~ 피곤하긴 한디, 지는 이번 경합이 참말로 좋았어라~
	평생 잊어불라야 잊어불지를 못할 거 같당께요~
지영	절대 못 잊지. 죽을 뻔했는데~ 흐흐~ 게다가 나 명나라에 끌려갈 뻔했
	잖아~
길금	아유, 시상에, 시상에, 으찌 됐을는지..

지영, 참으로 오랜만에 편안하고 행복한 표정으로 눈을 감고 독백하듯
말한다.

지영	근데, 그러고 보니 오늘 우리가 나라를 구한 건가? 인삼 다 뺏길 뻔했
	잖아.
	어머, 이런 걱정도 하고~ 나도 조선 사람 다 됐네, 다 됐어~ 후후..

옆을 보니 이미 곯아떨어진 길금. 하나도 듣지 못했다.

지영	이 방도 그렇고, 길금씨, 엄숙수님, 맹숙수님.. 전하.. 다 정들었나 봐.

#45. 봉덕궁 / 이헌의 침전 / 방 안 / 밤

이헌, 편안한 표정으로 들어와 앉는다. 멍하니 지영을 떠올리고.

F.C_ 8부, 경합의 시작부터 이기는 순간까지 지영의 모습 컷컷

이헌　(E) 수고했다. 연숙수.

이헌, 미소 짓는다. 서랍에서 망운록을 꺼내고.

#46. 봉덕궁 / 운영정 / 이른 아침

이헌이 기다리고 서 있고, 창선을 따라와서 정자 위로 올라가는 지영.

이헌　몸은 좀 어떠냐?

지영　신경 써주신 덕분에~ 내의원에 다녀왔는데요~ 살날이 얼마 남지 않았 다고..

이헌　(충격!!) 뭐라?

지영　(장난 미소) 할 줄 알았는데~~ 피곤해서 그렇지 별다른 특별한 이상은 없대요~

이헌　(가슴을 쓸어내리며) 후~ (짐짓 엄하게) 어째서 그런 걸로 장난을 치는 것이냐.

지영　놀라셨어요? 죄송해요.. 후후..

이헌　허면, 손은?

지영　(손 번쩍 들어 보여주며) 아, 침을 맞았더니~ 손 컨디션이 많이 좋아졌 어요~

이헌　콘디션?

지영　아, 상태가 좋아졌다구요~

이헌	(큼큼.. 금세 배워서) 그럼 수라를 만들 콘디션은 됐느냐?
지영	그럼요~ 문제 없어요~ 제가 진짜 잘 만들어 드릴게요.
	(휘 둘러보며) 여기서 진명대군님하고 수라를 드신다는 거죠?
이헌	(미소) 그래.. 오늘 별식이 밧따 통구이라지?
지영	네, '버터 바른 인삼 오골계 통닭구이'.
이헌	아직 어리니, 지난번의 그.. 말칼롱? 그것도 만들어 올리거라.
지영	네~ (둘러보며) 어린 동생하고 같이 낮수라를 들기엔.. 아주 적당한 장소네요~
이헌	(속마음 툭) 너와 둘이서 수라를 먹기에도 좋은 곳이지.
지영	(!) 둘이요?
이헌	(진지) 싫은 것이냐?
지영	(픽 웃고 농담) 전하께서 만들어 주시는 요리라면~ 제가 기꺼이 맛을 보겠사옵니다~
이헌	(!) 뭐라? 과인이 요리를? 감히 나에게 찬방에 들어가란 말이냐?! (하는데)
지영	(O/L) 농담이에요, 전하~
	경합도 이겼는데 하해와 같은 넓은 마음으로 농담 좀 받아 주시옵소서~
이헌	(큼큼..) 알겠다.
지영	그럼 전 이만 가보겠습니다~ (하고 가려는데)
이헌	잠깐. (홱 손을 잡아채 세우고 미소) 아직 얘기가 안 끝났다.
지영	(두근) 왜.. 그러세요?

이헌, 창선에게 눈짓하면, 창선, 지영 앞에 보자기 하나를 내려놓는다.

이헌	열어 보거라.
지영	(자줏빛 숙수복을 보고) 이건..
이헌	새로운 숙수복이다.
지영	우와, 너무 예쁘다. 색깔 좀 봐. (옷을 대보며) 어때요? 퍼스널 컬러가 좀 맞나요?

이헌	포수날 콜라?
지영	색깔이요, 색깔. 호호호. (하다가 머뭇) 근데..
이헌	(?)
지영	..전 이제 망운록 찾으면 떠나야 하는데 이건..
이헌	음.. (내심 서운) 누구 맘대로 떠난다는 것이냐?
	게다가 떠난다고 해도.. 숙수복은 필요할 것 아니냐.
지영	(이헌의 생각이 귀여워서) 하하, 숙수복. 그렇죠. 감사히 잘 입을게요.
이헌	(미소) 그리고, 진명대군과 낮수라가 끝나고 나면 잠시 장원서에서 좀
	보자.
지영	(보며) 아.. 저.. (난감하고).. 선약이 있는데...
이헌	(못마땅) 선약? 누구와 말이냐?
지영	(눈치) 명나라 숙수들이 좀 만나자고 해서요.
이헌	죽을 뻔하고도 그런 소리가 나오느냐?
지영	선물도 줄 겸.. 작별인사는 하고 싶어서요.
이헌	불허한다!
지영	하.. 전하...
이헌	...(한숨) 그럼 인사만 나누고 장원서로 오거라.
지영	(미소) 네, 알겠습니다..
이헌	늦지 말거라!
지영	예예~~ 알겠사옵니다~ (서둘러 가는)

지영이 가는 뒷모습을 흐뭇하게 바라보는 이헌.

47. 봉덕궁 / 수라간 / 낮

거대한 북경 오리용 항아리 화덕이 놓여있고, 길금을 비롯한 수라간 숙수 일동이 놀라 서 있다.

지영	오늘의 낮것상은 '오골계 통닭구이'입니다. 북경 오리 때랑 똑같이 하시면 돼요.
엄숙수	아이~~ 닭을 또??
맹숙수	아니, 전하께 올릴 수라에 또가 어딨습니까. 형님두 참.
길금	다들 싸게싸게 움직이쇼잉~
맹숙수	그나저나, 이런 빛깔의 숙수복은 난생처음이오.
엄숙수	아이고, 그걸 말이라고 하나. 주상 전하께서 하사하신 건데.
지영	잘 어울리나요?
엄숙수	어울리다마다!
길금	굿~
맹숙수	그럼 나는 오계 속을 채울 재료를 챙기러 가겠소.
엄숙수	그럼 나도 오골계 두 마리 가져오겠네.
지영	민숙수님은 수유 좀 퍼다 주세요. 심숙수님은 장작 좀 갖다주시구요.
민숙수/심숙수	예~ (나가고)
지영	(일각에서 보자기 펼치며) 인삼을 손질해 볼까~

#48. 봉덕궁 / 운영정 / 낮

이헌	진명아, 이처럼 같이 수라를 드는 것은 처음이 아니냐?
진명대군	(무섭고) 예, 전하. 황공하옵니다.
이헌	(귀엽다) 허허. 둘이 있을 때는 형님이라 부르도록 해라.
진명대군	예, 전하.. 아니, 형님.
이헌	(가만히 보며) 내가 어려운가 보구나. 앞으로는 이런 자리를 종종 갖도록 하자꾸나.
진명대군	(기뻐하며) 정말요? 참말이세요?
이헌	참말이지. (웃으며) 그리 좋으냐?
진명대군	예~ 지금 궁 안에 대령숙수에 대한 칭송이 자자합니다.
	명나라 숙수들과의 대결에 나온 음식들은 다 먹어보고 싶었습니다.

(기쁨의 미소)

이헌   (미소) 네가 좋아하는 것을 보니 나도 기쁘구나. 종종 시간을 내어 다 먹
        어보자.

진명대군 (완전 기쁨) 예!

최상궁   (E) 전하, 낮것상 들었사옵니다.

지영이 준비한 음식을 수라가자에 싣고 도착한다. 사옹원 일꾼과 수라
나인들이 음식을 옮기면.
이헌과 진명대군, 고소하고 담백한 냄새에 황홀한 표정을 짓고.
지영, 착착, 노릇노릇하게 익은 통닭과 곁들여 먹는 절임무 등을 놓는다.

이헌   오~ 담백하면서도 고소한 향내가 나는구나.

진명대군 (우렁차게) 보기만 해도 침이 고입니다! 전하!

지영   (미소) 오골계의 뱃속에 찹쌀, 대추, 밤, 황기 등의 재료를 넣고,
        북경 오리 때 사용했던 항아리에 구운 '오골계 통닭'입니다.

이헌   (신기한듯 보며) 허면, 이번엔 오골계를 구워서 만든 통닭이냐? (호기
        심 가득한 눈빛)

지영   네~ 대신 구운 오골계의 겉에 버터를 바, 아.. 수유를 바르고, 속엔 인삼
        을 넣었습니다.

진명대군 (인삼을 젓가락으로 집어 올리며 이헌에게) 와, 이것도 먹습니까?

이헌   입엔 쓰지만 몸에 좋은 뿌리채소니 꼭꼭 씹어 먹거라.

지영, 비장의 양념장을 착착 이헌과 진명대군의 앞에 놓으며.

지영   그리구 이건 겨자씨를 갈아서 소금, 식초, 꿀을 넣어서 만든 조선식 머
        스터드 소스입니다.

이헌   먼수터두 소수?

지영   통닭을 여기에 푹 찍어서 드시면 됩니다.

이헌   아~ 그 찍먹?

지영   그렇죠.

       이헌, 눈짓하면, 기미하다 눈이 커지는 최상궁. 이어서 이헌과 진명대
       군이 통닭을 먹기 시작하는데..

이헌   (E) 껍질은 바삭하고~ 살코기는 부드럽고~
진명대군 (E)(와구와구) 태어나 처음 먹어 보는 맛이옵니다!

이헌   씹는 맛은 고소하며 담백하구나. 경합에 내놨어도 손색이 없을 맛이다!
진명대군 소문대로 대령숙수 솜씨가 좋구나!

       진명대군의 말에 이헌과 지영 빵- 하고 웃음이 터지고.

지영   감사합니다 대군마마.
이헌   진명아, 한번 이렇게 찍먹, 응? 찍먹 한번 해 보거라.
진명대군 (찍어 먹어보는)
이헌   맛있느냐?
진명대군 예, 너무 맛있습니다.

       와구와구 통닭을 먹는 이헌과 진명대군, 먹는 행복감에 서로를 보며 활
       짝 미소 짓는다.
       지영, 조용히 물러나며.. 두 사람을 보는데.

지영   (E) 그래, 괜한 걱정을 했어. 내가 아는 전하라면.. 사화는 일어나지 않
       을지도 몰라.
       설마, 역사를 바꾼 건가..? 내가?

49. 봉덕궁 입구 일각 / 늦은 오후

당백룡, 공문례, 아비수가 조선의 숙수들과 온갖 식재료 선물을 교환한다.
지영과 엄숙수, 맹숙수, 심숙수, 민숙수, 길금이 배웅 중이다. 당백룡이 통역한다.

당백룡 (조선말로) 언제 이런 걸 또 준비했소?

지영 아비수라면 또 새로운 요리를 만드는 데 요긴하게 쓰실 수 있을 거 같아서요.

아비수 (명) 고맙소.

엄숙수 (받은 식재료 들어보이며) 우리도 감사히 쓰겠소.

맹숙수 근데, 우곤? 그분하곤 같이 안 가시는 게요?

당백룡 (조선말로) 태감께 윤허받고, 우리 셋, 요리 공부를 위해 각자 다른 길을 떠나기로 했소.

지영 우와~ 멋있다~ 요리 공부라니, 부럽네요!

당백룡 (조선말로) 다음에 한 번 더 붙어 봅시다. 제대로.

지영 (다음이 없다는 생각에 망설이다) …좋아요. 기회가 있다면요.
저도 많이 배웠습니다~ (꾸벅) 행복하세요.

엄숙수 조심히들 가시오..

맹숙수 편히들 가십시오.

당백룡, 잠시 망설이다가 지영을 본다.

당백룡 (조선말로) 대령숙수, 남의 나라 정치에는 관심은 없지만, 전하께 전해주시오.

지영/숙수들/길금 (흠칫)..

당백룡 (조선말로) '사물의 가장자리는 잘 보이지 않는 법이고,
잠을 잘 때는 빗장을 잘 걸어 잠가야 한다'고..

지영 (의미심장하게 보고) …예, 그렇게만 전하면 될까요?

당백룡 (끄덕)..

지영 예. (표정 어둡고)

당백룡 그럼 여기서 이만.

당백룡, 아비수, 공문례가 포권을 하며 인사를 한다.
지영과 길금, 엄숙수, 맹숙수, 심숙수, 민숙수가 허리를 굽혀 조선식으로 예를 표한다.

50. 봉덕궁 / 궐 일각 / 밤

대비전 상궁을 따라 다급하게 달리는 의관과 의녀!

51. 봉덕궁 / 수라간 가는 길 / 밤

명나라 식재료를 바리바리 싸 들고, 수라간으로 향하는 지영과 길금, 엄숙수, 맹숙수, 민숙수, 심숙수.

지영 사물의 가장자리는 잘 보이지 않는 법이고, 잠을 잘 때는 빗장을 잘 걸어 잠그라고..?

길금 고것이 무슨 말인지, 아까 더 자세히 물어보시지 그랬어라~?

엄숙수 그러게 말이야. 괜히 찜찜하네.

이때, 자현대비가 상궁 나인들과 함께 빠르게 다가온다. 지영과 길금, 숙수들 모두 고개를 숙이는데.

지영 대비마마..

자현대비 (가만히 지영을 노려본다)...

지영, 뭔가 이상해 슬쩍 고개를 드는데...!

순간, 지영의 뺨을 쫙! 하고 갈겨버리는 분노의 자현대비!

그 바람에 지영이 들고 있던 보따리가 떨어지며 음식 재료들이 바닥에 나뒹굴고..

놀라 얼굴이 하얘지는 길금! 엄숙수, 맹숙수! 심숙수, 민숙수!

자현대비 다시는 네년이 주상의 수라를 챙길 일은 없을 것이다.

지영 (올려다보며) 지, 지금 그게 무슨 말씀이신지..

자현대비 (울분 터지고) 네년이 해준 닭을 먹고, 내 아들 진명이 지금! 사경을 헤매고 있단 말이다!!!

지영 (충격!)....

　

INS_ 자현대비전, 신음을 흘리며 누워 있는 진명대군. 의관과 의녀가 침을 놓고 있다.

　

지영 대비마마, 지금 진명대군께서 쓰러지셨다는 건가요? 제가 만든 음식이 왜...?

자현대비 (분노!) 그것은 네년이 더 잘 알 것이 아니냐! 당장 이년을 끌고 가라! 내 직접 고신할 것이다!

　

'예, 대비마마' 나인들 전부가 지영에게 달려들어 끌고 간다. 길금 놀라서 '아가씨' 하며 쫓아가는데.

　

지영 (끌려가며) 대비마마, 그럴 리가 없습니다! 이건 뭔가 잘못된 거라구요!

　

숙수들 일동, 너무 놀라 '대령숙수!' 외치고.. 그 뒤를 따라가는 자현대비의 살벌한 표정!

52. 봉덕궁 / 자홍원 / 행운당 / 밤

목주가 추월과 마주 앉아 대화 중이다.

목주   아마 지금쯤이면 난리가 났겠군.. 후후..

추월   예, 대비마마께서 대노하시어 직접 고신하신다 하옵니다.

목주   (흐뭇한 미소) 그래, 그 의녀는 어찌했느냐?

추월   은밀히 빼내어 그곳으로 보냈사옵니다.

목주   잘했다. 고신당하는 대령숙수의 얼굴을 내 직접 보아야 속이 후련할 텐데.. (미소)

53. 봉덕궁 / 궐내 옥사 + 마당 / 밤

횃불로 훤한 궐내 옥사 마당. 팔과 손과 다리가 묶인 채 주리 의자에 처연하게 앉아 있는 지영.
자현대비가 걸어와 마주 앉는다. 피가 낭자한 마당을 보고 공포감을 느끼는 지영.

지영   대비마마, 억울합니다. 이건 뭔가 잘못됐다구요.!

자현대비   (싸늘) 닥쳐라! 저년의 입에서 바른말이 나올 때까지 주리를 틀어라!

'예!' 하며 두 개의 나무를 지영의 정강이에 끼우는 군졸들.
지영, 공포에 질려 몸을 버둥대며 '대비마마!' 외치는데.

54. 봉덕궁 / 장원서 / 밤

이헌, 설레는 표정으로 고추밭 일각에 놓인 고춧가루 포대 자루들을 보고 있다.

포대 자루를 열어 고춧가루를 확인하고, 뒷짐을 지고 이리저리 왔다갔다.. 지영을 기다리는 이헌. 엔딩.

<9부 끝>

Bon Appétit, Your Majesty

제 10 부

1. 봉덕궁 / 장원서 / 밤

(9부 엔딩에 이어서)

이헌, 설레는 얼굴로 고춧가루 포대 근처를 뱅뱅 맴돌고 있다. 뒷짐 지고 심호흡하는 이헌.

이헌   (문 쪽을 보며) 왜 이리 안 오는 것이야.. (귀엽게 자루를 발로 툭툭 차며)

2. 봉덕궁 / 궐내 옥사 / 밤

옥졸, 지영을 옥사에 던지듯 밀어넣고 문을 잠근다.
'으...' 쓰러지는 지영. 고신을 받은 흔적이 역력하고.

길금   (E)(울고불고) 모다딜 가 갖고 전하께 말씀드려요. 아가씨 저러다 죽는당께요~~!!

#3. 봉덕궁 / 수라간 / 밤

길금, 울고불고 난리법석이고, 엄숙수, 맹숙수, 심숙수, 민숙수가 어두운 얼굴로 앉아 있다.

엄숙수 대군께서 쓰러지셨다니까! 이건, 감당이 안 되는 일이야.. (참담한 표정)

심숙수 섣부르게 나서서 워찌해? 전임 대령숙수도 저러다 갔어.

맹숙수 (한숨) 없는 죄도 만들 겁니다.

민숙수 (눈치 보며) 그럼 이대로 대령숙수를 모른 척해야 되는 겁니까?

길금 (숨을 삼키고) 모다덜 너무하당께요!

(답답) 모다덜 궁뎅짝 딸싹두 안 하구 요로코롬 계실 거믄,

지 혼자라도 전하 찾아가 볼라요! (나가려는데)

맹숙수 (손목 홱 낚아채고) 어허, 너는 있거라. (상남자 포스) 내가 가겠다.

길금 (감동) 맹숙수님... (훌쩍훌쩍)...

엄/심/민 (엄/결심) 그래, 까짓것! 나도 가겠네! 아니, 앞장서겠네!

/ (심) 후.. 일단 가봐유. / (민) 예, 저두요.

길금이 고마움에 모두를 쳐다보는데, 이때, 윤내관이 들어온다.

길금과 수라간 숙수들. 마치 구세주를 본 듯 외치는! '설리 어르신!'(길금) / '왜.. 왜 이러나?'(윤) 어리둥절.

#4. 봉덕궁 / 장원서 / 밤

이헌 이걸 보면 얼마나 좋아할까? (미소) 그 표정이 궁금해지는구나.

지난번처럼 막 안기면? (안아서 돌리는 자세를 취해 보며)

음.. 이 자세렷다. 후후. 이번에는 넘어지지 않으리라.

이때, 다급하게 들어오는 창선. 휘청하며 넘어질 뻔하다 바로 서는 이헌.

이헌	그래, 왔느냐?
창선	지금 대령숙수가 고신을 당하여 옥사에 쓰러져 있다 하옵니다!
이헌	(!!) 대령숙수가? 고신을?!! 대체 그게 무슨 소리냐?!
창선	진명대군께서 지금 사경을 헤매고 계시옵니다.
이헌	진명이?!

5. 봉덕궁 / 궐내 옥사 가는 길 / 밤

엄숙하고 빠른 걸음으로 궐내 옥사를 향해 걷고 있는 이헌. 창선, 수혁, 우림위들.

창선	(E) 대령숙수가 올린 닭 요리를 드신 이후의 일이라.. 대비마마께서 진노하시어 대령숙수를 직접 고신하시고 옥에 가두셨다 하옵니다.

살벌한 표정의 이헌. 여차하면 칼을 빼어들 기세다.

6. 봉덕궁 / 궐내 옥사 / 밤

이헌, 궐내 옥사로 들어오자, 옥사장과 나졸들이 모두 일어나 '저, 전하' 예를 갖춘다.

이헌	(쓰러져 있는 지영을 보자 삥 돌고) 연숙수.. 당장 옥문을 열어라.
옥사장	(안절부절) 전하, 그, 그것이..
수혁	(추상같은 기세로) 지금 뭐 하고 있는 것이냐! 당장 옥문을 열지 않고!
옥사장	(식겁하며) 그것이 아니오라 열쇠를 대비마마께서 가져가셨사옵니다..

(넙죽)

이헌   (!!) 뭐라?!!! (주먹을 꼭 쥐고) 우림위장, 당장 옥문을 부숴라! (하는데)

자현대비   (E) 주상.

이헌, 돌아보면 자현대비가 표독스런 얼굴로 들어온다. 이헌을 제외한 모두가 예를 갖춘다.

이헌   (살기/돌아보면) ...

자현대비   (독기) ...주상도 귀가 있으니 들으셨겠지요?!
저년이 해준 음식을 먹고, (부들부들 떨며) 내 아들 진명이.. 지금 사경을 헤매고 있소!!

이헌   (차가운 눈빛) 대체 무슨 말씀이십니까?! 대령숙수가 만든 닭 요리는 저도 먹었습니다.

자현대비   (네가 시킨 일이니까.. 눈빛을 담아 노려보는) ...그래서 더 의심스럽습니다..

이헌   (분노) 뭐라구요..? 허면, 제가 사주라도 했단 말입니까..?

자현대비   (열폭) 주상께서!! 그리 잘해주실 때, 한 번쯤 이 어미가 의심을 했더라면! (눈물) 말렸더라면!!
우리 진명이 이리되지 않았을지도 모르지요!!!

이헌   (부들부들) 제가 무엇이 두려워서요!

자현대비   만에 하나, 주상께 불의의 화가 닥치게 되면,
우리 진명이 대신 보위에 오를까 봐 그것이 두려워 일을 꾸미신 게 아닙니까!

이헌   (대노하여 수혁의 검을 홱 뽑고) 다시 말씀해 보십시오.

'꺄악' 비명을 지르며 자현대비의 곁으로 숨어드는 대비전 나인들.

자현대비   (충격, 수치심에 치맛자락을 꼭 쥐는) ....이제야 본색을 드러내시는군요..

이헌	(목에 칼을 겨누고) 어서, 열쇠를 내놓으시지요. 어명입니다.
자현대비	(눈을 감으며 버티는) 이 사람이 살아있는 한 어림없습니다. 죽이십시오.
이헌	(칼을 위로 높이 드는 순간!) 어명이라 했습니다!!
지영	(E) 전하, 전하, 전하!!!
이헌/자현대비	(흠칫)...!
지영	(간신히 일어나 옥문 잡고) 전하, 진정하세요.. 이러시면 안 됩니다... (눈물)
이헌	(고개 돌려 지영을 보자, 칼을 든 손이 부들부들 떨리고)..
자현대비	뭣들 하는 게냐! 당장 가려라!

대비전 나인들, 일렬로 주르륵 옥문을 가리고 선다.

지영	칼을 내려놓으세요. 이건 결코 저를 위한 게 아닙니다. 제가 그런 짓을 저지르지 않았다는 건 누구보다 잘 아는 사람이잖아요. 그러니... 그러니 칼을 내려놓으시고, 제 결백을 밝혀 주세요..

지영, 간절한 눈빛으로 이헌을 바라보고, 이헌은 그런 지영의 말에 멈춰버린 모습.

지영	(E) 당신은 절대로 폭군이 되어서는 안 돼...!

타이틀. "폭군" 뜨면,
식칼이 슝! 하고 날아와 꽂히고 칼자국 사이로 흘러내린 글자가 문장을 완성한다.
"폭군의 셰프"

- Course N°10 조선식 레스토랑 -

#7. 봉덕궁 / 궐내 옥사 / 밤

6씬 이어지며. 지영, 설득하는 눈빛으로 이헌을 본다.

이헌 (마음 무너지지만 차갑게) 피를 나누었단 이유만으로 형제와 정적이 돼
 야 한다면, 여기서 모든 것을 끝내는 게 맞다.
지영 (간절하게 보며) 전하.. 전 이곳에서 일어날 일을 알아요. 미래를 안다
 구요. 지금 칼을 드시면 사태가 걷잡을 수 없이 커집니다.
이헌 이미 사태는 돌이킬 수 없이 커졌다.
지영 아니요. 아직 아무 일도 일어나지 않았어요. 칼을 내려놓으세요.
 그리고 앞으로 어떤 일이 생겨도 참으셔야 됩니다. 굳게 버티셔야 돼요.
 제발 가세요. 어서요..
이헌 (비장하게) 내가 이대로 가면 네가 죽는다.
지영 (눈물) 전하께서 이러시면 모두 죽는다구요!
 내가 지금 목이라도 맬까요? 네? 그러시면 믿겠어요?
 (E) 내 말 믿어..
이헌 (그제야 분을 삭이며 마지못해 칼을 바닥에 툭 던지는)...
지영 (그 소리 듣고 안도하는) 후...
이헌 (대비를 보며) 늘 내 편인 척, 자애로운 얼굴로 품어 주시던 대비께서..
 이리도 다른 속내를 감추고 계셨다니..
 그 너그러운 얼굴 속에 숨겨진 마음을 이제야 깨달았습니다.
자현대비 (노려보고)....
이헌 이 일의 진상은 내 직접 밝힐 것입니다.
 진위를 밝히기 전에 또다시 대령숙수를 고신한다면, 경을 칠 터이니 그
 리 아십시오.
자현대비 (표독하게) 좋소. 허나, 그사이 진명에게 무슨 일이 생긴다면...
 내 결단코 저년을 가만두지 않을 것입니다..!
이헌 (살벌한 미소) 저 여인을 벌하시려거든 나부터 밀어내셔야 할 겁니다.

자현대비, 이헌과 날카로운 눈빛을 주고받다가 휙 나가면 상궁, 나인들이 뒤를 따르고.
이헌, 지영의 옥사 앞으로 간다.

지영	전하..
이헌	(몸을 낮춰 지영의 머리를 쓰다듬는다) ...많이 놀랐겠다.. 힘들었겠어.
지영	(눈물을 삼키며 고개를 가로젓는)...
이헌	(애틋함에 눈시울이 붉어져) ...조금만 기다리거라.
지영	(애써 씩씩한 눈빛) 네.. 제 말, 꼭 기억해 주세요.
이헌	(고개 끄덕이며) 그래. 내 잊지 않으마.

8. 봉덕궁 / 대왕대비전 / 외경 / 밤

9. 봉덕궁 / 대왕대비전 / 밤

촛불이 아른거리는 방 안. 인주대왕대비와 한민성이 찻상을 두고 독대 중이다. 무거운 분위기의 두 사람.

한민성	(은밀히) 대왕대비마마.. 아무래도 전하께서 손을 쓰신 듯합니다.
대왕대비	(놀라) 오라버니! 어찌 그런 불충한 말을 입에 담으십니까!
한민성	(의미심장) 걱정하실까 봐 미리 말씀을 안 드렸사온데, 홍문관 이교리가 폐비의 사사 기록이 담긴 사초를 찾고 있다 하옵니다.
	자막 | 사초(史草) : 사관이 기록한 실록의 초고
대왕대비	(놀라) 폐비의 사사 기록이 담긴 사초를요?
한민성	폐비의 사사에 우리가 가담한 사실을 알고 사초를 찾는 것이 분명하다면, 주상을 보위에 올린 우리 한씨 일파를 축출하려는 게 아니겠사옵니까.

대왕대비 (놀라서 부들부들 떨다가 손을 꽉 쥐고 차 한 모금 마시는)...

한민성 해서, 진명대군의 일도 이와 무관치 않다고 사료됩니다.

대왕대비 아닙니다. 오라버니, 무인사화를 떠올려 보세요.

주상은 명분을 만들어서 사람을 내치지, 음모를 꾸미지는 않습니다.

더군다나 독살이라니요. 이건, 절대 주상이 꾸민 짓이 아닙니다.

게다가, 대령숙수가 온 이후로 주상은 변했습니다. 사람이 달라졌다

이 말입니다.

자막ㅣ무인사화(戊寅士禍) : 연희군 4년, 무인년에 벌어진 사림파 선비들의 탄압 사건

한민성 (한숨) 하.. 다른 군들까지 쓰러지고 나서야 제 말을 믿으시겠습니까?!

대왕대비 (흔들리는 눈빛) ...!

한민성 결국 이 환난에서 살아남는 것은 바보 천치인 제산대군뿐일 겝니다.

(탄식)

대왕대비 (!)(뭔가 감지하고) 제산.. 제산대군...?!

10. 제산대군 저 / 사랑채 / 밤

제산대군과 성인재, 유문정, 김양손이 앉아 있다.

제산대군 이번에 우리 숙원마마께서 아주 큰일을 하셨소~ 흐흐~

성인재 진명대군께는 송구한 일이나, 이로써 대왕대비마마와 한씨 세력은..

주상과의 정면대립을 피할 수 없을 것입니다.

유문정 그리고, 주상께서 자신을 받들어 온 한씨 일파를 친히 척결하시면!

그때야말로... 우리가 폭군을 축출한다는 명분 아래, 주상께 칼을 겨눌

수 있을 것입니다!

성인재 헌데, 대군, 이장균 그 원수 같은 자를 살려 두시는 연유가 무엇입니까...?

사화 때 숨어있던 우리의 스승과 벗을 찾아 척결에 앞장섰던 잡니다.

제산대군 허나, 아직 그자의 역할이 끝나지 않았소... 아직은 그자를 살려 둬야

하오.

유문정 혹, 진명대군께서 다시 눈을 뜨시는 일은 없겠지요?

제산대군 상관없소. 결국 주상과 대령숙수는 이 숙명의 화살을 비켜갈 수 없을 것이외다.

11. 봉덕궁 / 침전 온돌방 / 밤

이헌, 무명옷을 풀어 헤치고 광기 어린 눈빛으로 송재와 마주 앉아 술 잔을 기울이고 있다.

송재 대비께서 격노하시어 그 난리를 치신 것은 이해가 가오나, 대군을 처음 보는 연숙수가 그랬을 리가 있겠사옵니까.

이헌 너는 진명대군이 낮수라를 먹은 후에 또 먹은 것이 없는지, 누구를 만났으며, 어디를 다녔는지, 낱낱이 조사해 보고하도록 해라.

송재 예, 전하. (나가고)

이헌, 분이 가시지 않은 표정으로 술을 마시고. 분한 듯 술잔을 '탕!' 내려놓는 모습에서.

12. 몽타주 / 낮 + 밤

1. **궐내 옥사 / 밤_** 지영이 멍하니 창밖에 뜬 달을 보고 있다. 여기저기 성치 못한 손으로 눈물을 훔치고.

2. **침전 마루 / 밤_** 침전복 차림으로 송재의 보고를 받으면서 진명대군의 수라 일기, 약방 일지 등을 살펴보고 있는 이헌. 필사적이다.

3. **수라간 / 낮_** 엄숙수, 맹숙수, 심숙수, 민숙수가 넋 놓고 대령숙수가 늘 쓰던 빈 조리대(도마)를 바라본다. 길금이 힘없이 도마를 닦는다.

4. **자현대비전 / 밤_** 의식이 없는 진명대군의 머리를 쓰다듬으며 눈물

을 훔치는 자현대비의 모습.

5. 대왕대비전 / 밤_ 어두운 방에 앉아 홀로 깊게 고민하는 인주대왕대
비의 모습.

13. 봉덕궁 / 외경 / 낮

햇살이 비추는 봉덕궁 외경.

14. 봉덕궁 / 수라간 / 낮

송재, 어의와 의녀 1, 2를 대동하고, 길금과 수라간 숙수들을 모아놓고
이야기를 듣고 있다.

엄숙수 전하와 대군께서 드신 구운 닭은 저희도 먹었습죠. 헌데 탈 난 사람은
없었습니다.

길금 지는 몰래 닭다리 하나 더 먹었는디 멀쩡하당께요~

심숙수 꼬소해서 몰래 뺏겨 먹었는디, 암시롱 안 혀유.

민숙수 저는 힘이 넘쳐서 난리입니다!

맹숙수 (준비한 재료들 좍 펼쳐 보여주며) 재료는 결백하니, 의심할 여지가 없
사옵니다.

오골계, 찹쌀, 대추, 밤, 황기, 인삼, 수유(버터), 소금과 항아리 오븐을
살피며.

송재 (진지하게 그들을 보고) 남은 재료들은 어의께서 꼼꼼히 살필 것이니,
더 생각나는 것이 있거든 지체 없이 알리도록 하거라. (가고)

어의와 내의녀1, 2가 재료들을 가지고 가고, 그제야 풀어지는 길금과 수
라간 숙수들 일동.

15. 봉덕궁 / 침전 마루 / 낮

이헌, 송재의 보고를 받고 있다.

송재　전하, 수라간 숙수들의 얘기도 듣고,
　　　내의원에서 오골계 구이에 들어간 식재료들을 다 살펴보았사온데,
　　　아무런 문제도 발견하지 못했사옵니다.

이헌　내 그럴 줄 알았다. 당장 나부터도 무탈하지 않으냐...?

송재　(생각하다가) 혹시 대군께서 다른 탈이 나신 것이 아닐까요?

이헌　어찌 그리 생각하느냐?

송재　어의의 말로는, 이러한 증상은 오직 독을 먹어야 나오는 것이라 하였
　　　는데.. 막상 독이 든 음식은 먹은 적이 없으니, 참..

이헌　(깊은 한숨)

송재　전하께서 대비전에 행차하시어 대군을 한번 살펴보시는 것이 어떻겠
　　　사옵니까?

이헌　....

16. 봉덕궁 / 대비전 / 낮

어의가 진명대군의 맥을 짚어보고 있으면, 무명 손수건을 물에 적셔 진
명대군의 이마에 얹는 의녀.
자현대비, 성귀인, 양귀인이 앉아서 이를 지켜보고.

자현대비　어떠한가?

어의	예, 대비마마. 송구하옵니다.
성귀인	하, 대체 이게 무슨 날벼락입니까.
양귀인	하늘도 무심하시지.. 아휴..
창선	(E) 주상전하 납시오!

문이 열리고 이헌이 들어온다. 자현대비를 제외한 모두가 일어서서 예를 갖추고.
앉은 채로 그런 이헌을 쏘아보는 자현대비. 그런 자현대비에게 예를 갖추는 이헌.

이헌	(어의에게) 차도가 좀 있느냐?
어의	방도를 찾고 있사오나.. 송구하옵니다, 전하.
이헌	…
자현대비	(뾰족) 주상께서 웬일로 평소에 눈길도 주지 않던 대비전에 직접 발걸음을 하시었소?
이헌	말씀이 지나치십니다. 대비마마.
자현대비	(분을 참으며 고개 돌리고)….
양귀인	(눈치껏 껴들며) 전하, 어인 일로 예까지 오셨습니까?
이헌	어의가 진명대군이 그날 먹었던 음식들을 모두 살펴보았으나, 특별한 이상은 없었다고 합니다.
자현대비	(어의 보며) 지금 주상께서 하신 말씀이 사실이냐?
어의	예, 대비마마. 사실이옵니다.
이헌	해서 지난 보름간 진명대군을 따로 만난 이들을 찾았으나, 진명은 늘 대비전에서 대비마마의 보살핌을 받았다고 하여 찾아뵈러 왔사옵니다.
자현대비	(기가 차고) 하..! 그러니 그날 먹은 음식이 문제라는 거 아닙니까.
이헌	(무시하고 / 방 구석구석을 살펴보다가 한쪽 구석에 쌓인 약재 첩을 본다) (어의에게) 저 약재들은 다 무엇이냐?
어의	예, 진명대군께서 평소 허약하신 탓에 꾸준히 장복하시던 보약이옵니다.

이헌 보약이라니? 그게 왜 여기 있단 말이냐?

어의 사옹원 제조이신 제산대군께서 보름마다 약첩을 친히 대시면,
이곳에서 제가 약재를 살핀 후, 탕약방으로 보내 탕약을 올리옵니다.

이헌 저 약첩들을 가져가야겠다. 내 친히 살필 터이니.

어의 예, 전하.

이헌 창선!

창선 예, 전하. (약첩을 챙기고)

어의 하오나 전하, 문제 될 소지는 없을 것이옵니다.

자현대비 (경멸하듯) 제산대군께서 약을 잘못 썼을 리가 있겠소?
주상! 진명대군이 저리 사경을 헤매심은 그 요망한 대령숙수 탓이오!

이헌 (싸늘히) 대비마마, 말씀을 삼가십시오.
이런 말들이 궁 밖으로 퍼지면 왕실의 위상이 어찌 되겠습니까? (홱 나
가고)

서둘러 예를 갖추는 양귀인, 성귀인. '아...!' 휘청이는 자현대비.

성귀인 (자현대비를 잡아주며 안타깝게) 대비마마, 괜찮으십니까?

양귀인 (문밖을 보며) 주상이 참으로 두렵습니다.

자현대비 나는 더 이상 주상이 두렵지 않습니다.
내 아들이 숨을 거두는 날, (비장하게) 대령숙수도, 주상도 가만두지 않
을 것이오.

양/성귀인 대비마마...!!

김상궁 (E) 마마, 김상궁이옵니다.

문이 열리고 들어오는 김상궁. 예를 갖춘다.

자현대비 무슨 일이냐?

김상궁 (지엄하게) 대왕대비마마께서 대령숙수가 갇힌 옥사의 열쇠를 가져오
라 하셨사옵니다.

자현대비 (충격!) ....대왕대비마마께서?!

김상궁 (고개를 숙이며) 예, 대비마마.

성귀인, 양귀인 모두가 충격받은 표정으로 김상궁을 보고!

17. 봉덕궁 / 궐 일각 / 낮

이헌이 근심 가득한 표정으로 생각에 잠긴 채 걷고 있다.. 문득 멈추고,
뒤를 돌아보는 이헌.
창선의 손에 들린 진명대군의 약첩을 본다.

창선 어찌 그러시옵니까, 전하.

이헌 (뒷짐 지고 서서 하늘 본다) 하아.. 약첩에도 문제가 없다면, 이제 어찌
해야 된단 말이냐.
연숙수가 성치 않은 몸으로 차디찬 옥사에서 얼마나 힘겨워할지 생각
하면.. 내 가슴이 답답하여 견딜 수가 없구나...

창선 윤내관을 보내 아침저녁으로 살피었는데,
연숙수가 처음 궁에 올 때 머물던 곳이라며, 씩씩하게 잘 있다 하옵니다.
너무 염려 마시옵소서.

이헌 머물던 곳이라니..?

창선 (난감) 연숙수가 궁에 처음 올 때, 전하께서 특별히 거처로 머물게 하셨
던 옥사 말이옵니다.

이헌 (!) 큼큼... 그런 것까지 기억하고 있다니, 상선답지 않구나.

창선 (미소, 고개 숙이는) ...

이헌 (한숨) 허나, 그때와는 다르다. 연숙수를 이대로 두면 살아도 산목숨이
아닐 것이다..

다시 터벅터벅 걷는 이헌.

| 이헌 | (E) 내가 어찌해야 되느냐.. 어찌해야 너를 구할 수 있단 말이냐... |

창선, 이헌의 뒤를 따른다. 창선의 손에서 덜렁거리는 진명대군의 약첩.

18. 봉덕궁 / 궐내 옥사 / 낮

꼬질꼬질하지만 몸이 호전된 지영. 나뭇가지 잔가지로 바닥에 '망운록은 어디..?'란 글을 쓰고 있다.

| 지영 | (E) 망운록은 대체 어딨는 거야..
어쩌다 조선시대에 와서 이 모진 꼴을 당하는지.. 진짜 집에 가고 싶다. |

이때, 저벅저벅 소리가 들리며 옥사 입구로 누군가 들어서는 소리가 들리고.

| 김상궁 | (E) 대왕대비마마 납시오! |

인주대왕대비와 김상궁이 들어온다.

지영	저, 여깁니다! 여기..!!
대왕대비	(피식 다가가며) 힘들어할 줄 알았는데, 어디서든 적응하는 건 타고났구나.
지영	이 옥사, 길금씨랑 잠깐 살던 곳이라 그렇게 낯설진 않거든요~
대왕대비	(날카로운 눈빛) 내 한마디만 묻겠다. 정녕 네가 대군을 시해하려 했느냐?
지영	(간절히) 아니요. 설마, 대왕대비마마께서도 그 말을 믿으시는 거예요?
대왕대비	허면, 주상이 시켰느냐?
지영	무슨 말씀이세요~ 전하 성격 잘 아시잖아요. 죽이면 그냥 죽였지..

대왕대비	(어이없어 무시하며) 정신 똑바로 붙잡거라. 너 때문에 주상이 의심을 받고 있다. 이대로 가다가는 필시 주상이 위험해질 것이야.
지영	(놀라) 전하께서요?
대왕대비	(진지) 지금 궐 안은 온갖 흉흉한 소문이 난무하고 있다.

진명대군의 생사가 오고 가는 것은 대령숙수인 네가 독을 탔기 때문이고, 전하의 눈과 귀가 어두워진 것은 귀녀숙수를 옆에 두셨기 때문이라고 말이다.

이대로 무죄를 입증하지 못하면, 넌 대군을 시해한 죄로 금부에서 고신을 당하다가 고통 속에서 죽어가게 될 것이다. 스스로 자결하고 싶을 정도로.

지금 너를 여기서 꺼내 주면은, 무죄를 입증할 증좌를 찾아올 수 있겠느냐.

지영	(입술을 깨물고) 그럼 제가.. 꼭 증거를 찾아오겠습니다.
대왕대비	만에 하나 증명하지 못한다면.. (은장도를 쥐여준다) 네 스스로 정리해야 한다.
지영	(은장도를 보며 믿어지지 않는 듯 뽑아보며) 아.. 진짜 은장도네.
대왕대비	삼 일을 주겠다. 꼭 찾아와야 한다.
지영	예.. 알겠습니다.

19. 봉덕궁 / 수라간 / 낮

낮것상을 준비하고 있는 길금과 숙수들 일동. 음식은 끝났고, 상차림 중이다. 다들 힘이 없다.

지영	(E) 저, 그거 낮것상인가요?

'응?' 돌연 들리는 지영의 음성에 놀라 돌아보는 길금과 숙수들 일동!
지영이 서 있다.

엄숙수, 맹숙수, 심숙수, 민숙수, 믿을 수 없다는 표정을 짓고, 길금, 퍼뜩 달려가 지영을 안는다. '아가씨!!' 그제서야 현실감을 느끼고 지영의 곁으로 모여든 숙수들 일동. 질문을 퍼붓기 시작한다.

숙수들 (엄) 이보게, 세상에! / (맹) 어떻게 된 거요?
지영 잠깐만요!!

모두, 지영을 보며 눈물 글썽이다가 잠시 멈추고 집중하며 지영을 본다.

지영 자세한 얘기는 나중에 하고, 제가 저 낮것상 좀 올리고 올게요.
엄숙수 그리하게~ 맹숙아, 어서 전 다 올리고, 심숙, 민숙은 나머지 찬 어서 올리고!
맹/민/심 예~
엄숙수 서둘러라, 이놈들아!

다른 반찬을 상에 올리며 서두르는 길금과 숙수들 일동.

20. 봉덕궁 / 침전 방 / 낮

진명대군의 약재 종이가 펼쳐진 채 여기저기 널려 있는 침전 방 안. 이헌, 약재들을 조사 중이다. 하나씩 혀에 대보며 쓴맛에 인상을 찌푸리는 이헌.

최상궁 (E) 전하, 낮것상 들었사옵니다.
이헌 (약재를 보며) 생각 없다. 당장 물리거라. (하는데)
지영 (E) 전하, 제가 여러 번 말씀드렸잖아요. 수라는 거르시면 안 된다구요.
이헌 대령숙수..? (혼잣말처럼) 설마, 환청..?

이헌, 잠시 망설이다, 침전 방문을 확 연다.
수라상이 차려진 마루를 배경으로 환하게 서 있는 지영.

지영 저, 전하...!
이헌 연숙수..!

이헌, 방 앞에 서서 지영을 한 번에 훅 끌어당긴다. 헉.. 하며 이헌의 품에 안긴 지영.. 눈이 커지고!
다음 순간, 이헌이 방문을 확 닫아 버린다. 최상궁과 수라간 나인들은 놀라 멀찌감치 비켜선다.

이헌 (그렇해서) 너무 보고 싶었다. 대체 어찌 나온 것이냐.

대왕대비 (E) 지금 궐 안은 온갖 흉흉한 소문이 난무하고 있다.
전하의 눈과 귀가 어두워진 것은 귀녀숙수를 옆에 두셨기 때문이라고 말이다.

지영 (이헌에게 확 떨어지며, 이러고 싶지 않지만)
전하, 아직 모르시는 것 같아서 확실히 말씀드릴게요.
전하께서 좋아하지도 않는 여자한테 이렇게 안고, 키스하고 막 그러니까, 굳이 안 사도 될 오해를 사고, 궁 안에 소문이 흉흉한 거예요! (그렇하며) 아시겠어요?
이헌 (혹 지영을 당기고) ...
지영 (두근두근) ...수..라..를.. 드시면서.. 차근차근 제가 설명을... (하다가)
이헌 (키스하고) ...
지영 (확 밀어내는 지영, 그렇해서 노려보며) ...뭐 하시는 거예요?!!
이헌 (그렁그렁하며) 내가 가장 좋아하는 여인에게 한.. 키수다.

어느 순간 콩닥거리는 가슴으로 이헌을 바라보는 지영.

이제 놓치지 않겠다는 듯 더욱 세게 지영을 끌어안고 있는 이헌.

21. 봉덕궁 / 침전 온돌방 / 낮

지영과 이헌, 둘만 있는 침전 온돌방. 정통 궁중 낮것상을 앞에 두고 환한 얼굴로 젓가락을 들고 있는 이헌.
지영, 음식들의 기미를 하며, '드셔 보세요~' 다른 것 열고 '이것두요' 하면,

이헌　(내려다보며) 연숙수, 오늘은 같이 먹자.

지영　(힘없지만 피식) 예? 전하~ 그건 아니죠~

이헌　(짐짓 엄하게) 어허, 지금 내 말에 토를 다는 것이냐?

지영　(당황) 아, 그건 아니지만..

이헌　그럼 먹거라. 어서. (그릇을 지영 앞에 두는)

지영　(그런 이헌을 물끄러미 보다가) ..예.. (수저와 젓가락을 들어 먹고)
　　　　(얼굴 살피며) 그사이에 얼굴이 많이 핼쑥해지셨어요. 수라 잘 드세요.

이헌　(피식) 누가 할 소리를..
　　　　(젓가락을 내려두고) 헌데, 어찌 나온 것이냐..

지영　(덤덤히) 대왕대비마마께서 풀어주셨어요.
　　　　이거 많이 드시고 저랑 같이 이 사건의 진상을 밝히셔야죠.

이헌　진상을? 너와 같이?

지영　네. 대왕대비마마께서 삼 일 안에 진상을 밝혀내는 조건으로 풀어주신 거거든요.

이헌　(애써 웃음 누르며 고개 숙이고) 뭐냐, 그 어설픈 약조는?

지영　(새초롬) 생각보다 심각한 약조입니다.. (은장도를 보이며)

이헌　(은장도를 빼앗으며) 할마마마와의 약조는 필요 없다. 내가 널 죽게 두겠느냐?

지영　(띵!) ...전하, (심각하게) 진짜 저 좋아하세요?

이헌	(또 뭔 소릴 하려고? / 못 들은 척 밥을 먹으며) 큼큼..
지영	진짜 저 좋아하시냐구요...
이헌	(자기도 모르게 얼굴 붉어지지만 못 들은 척 먹고) ....어서 먹거라.
지영	대왕대비마마께서 궐 안에 전하와 저에 대한 흉흉한 소문이 돈다고..
	걱정하셨어요.
	앞으로는 아까처럼 저한테 그러시면 안 됩니다.
이헌	그럼 뭐가 되고 뭐가 안 되는지 상세히 말해 보거라.
지영	몰라서 물어요? 제 허락 없이는 다 안 된다구요. 아셨죠?
이헌	좀 구체적으로.. 말해 보거라.
지영	아니, 아무 데서나 막 안는다거나, 밤늦게 불러낸다거나, 술 먹고 키스
	한다거나.. 아까처럼.. 아, 아무튼 다 안 된다구요!
이헌	(그런 지영을 사랑스럽게 보며 웃는다) 하하하하. 참으로 하찮구나.
지영	하찮? 사람 이렇게 대놓고 심각한데 하찮다구요?
이헌	(미소 지으며 보다가) 뭐, 식혜라도 좀 먹겠느냐?
지영	(잠시 고민/시니컬한 톤 유지하며) 됐어요. 하찮은 저는 됐다구요.
이헌	그러지 말고, 어서.

이헌, 무심한 표정으로 식혜를 손에 쥐여준다.

지영, 시니컬한 표정 유지하며 식혜를 마신다.

지영	음~ 다들 솜씨가 많이 늘었네~ (마음이 좀 풀리고)

이헌, 그런 지영을 물끄러미 보며 행복한 미소 짓는다.

22. 봉덕궁 / 자홍원 / 행운당 / 낮

추월과 마주 앉은 목주. 기가 찬 표정이다.

목주	대왕대비 할망구가 대령숙수를 풀어줘..? 하! 노망이라도 난 모양이군.
추월	기껏해야 삼 일 남은 목숨이옵니다.
목주	(코웃음 치며) 삼 일이라..

대령숙수가 증좌를 찾는 게 빠를지, 진명대군이 숨넘어가는 게 빠를지, 지켜보는 것도 나쁘지 않겠구나. 호호호호.

23. 봉덕궁 / 대왕대비전 / 낮

인주대왕대비는 우아하게 차를 마시고, 한민성은 못마땅한 표정으로 앉아 있다.

대왕대비	할 말 있으면 하세요.
한민성	(그제서야 터지고) 고신을 해도 모자랄 판에 어찌하여 대령숙수를 놓아주신 겁니까.
대왕대비	(시치미) 놓아주다니요?
한민성	아직도 어심을 모르시겠습니까. 우리 한씨 일파를 찍어내려 하시는 것 아닙니까.
대왕대비	(여유) 그건 모를 일이지요.

어찌 되었건 주상의 어좌를 지키는 일은 우리 가문에 아주 중요한 일입니다.

두고 보세요. 삼 일 뒤까지 증좌를 찾지 못한다면, 그때 대령숙수가 어찌 나올지.

| 한민성 | (못마땅하고) 흠... |

24. 봉덕궁 / 침전, 내의원 / 낮 + 밤 몽타주

1. 침전 방 / 낮 (조사 1일차)

진명대군이 그동안 먹었던 수라 일기를 보는 지영, 이헌.

이헌 이걸 보거라. (손으로 짚어서 읽어주며) 은행, 밤, 대추...
닭 구이에 들어간 것들은 진명대군이 다 먹어왔던 것들이다.

지영 (생각에 잠겨) 그럼(!) 혹시, 버터, 아니 수유 때문은 아닐까요?

이헌 수유?

지영 혹시 드시면서 어지러워 하시거나, 몸에 반점이 생기거나, 그러진 않으셨어요?

이헌 (기억을 더듬어 보고) 반점은 잘 모르겠고..

2. 내의원 약방 / 밤

이헌과 창선이 뒤에 서 있고, 지영이 어의에게 약첩에 관해 듣고 있다.

지영 혹시, 인삼을 많이 먹으면 탈이 나나요? 제가 음식에 인삼을 좀 썼는데.

어의 과하게 먹으면 두통이나 잠을 잘 못 자는 경우는 있으나, 의식을 잃는 일은 없습니다.

이헌 (껴들며) 내 진명의 약재들을 맛보았는데, 좀 묘한 맛이 나는 건 어떤 약재냐?

어의 사향이 아닐는지요?

이헌 사향은 아니다. 작고 검은 콩알만 한 약재인데, 역한 맛이 났다.

창선 (껴들며) 전하, 보통 보약은 쓰고 역하옵니다..

이헌 헌데, 보통의 다른 약재들의 쓴맛과는 달랐다.

3. 침전 서재 옆방 / 낮 (조사 2일차)

온갖 식재료와 약재들을 늘어놓고 지쳐서 잠이 든 지영과 이헌. 이때, 들어오는 창선.
지영, 이헌의 팔을 베고 잠들었다. 창선의 소리에 깬 이헌, 지영이 깰까 봐 누운 자세로.

창선	전하..
이헌	쉿. 진명대군 매화틀을 청소하던 그 복이나인들은 뭐라 하더냐?

자막 | 매화틀 : 왕족들의 이동식 변기

자막 | 복이나인(僕伊內人) : 왕족들의 용변을 처리하는 복이처 나인

창선	(고개를 절레절레) 평상시 보시던 변에는 이상이 없었다고 하옵니다. 송구하옵니다.
지영	(쿨쿨)...

25. 봉덕궁 / 지영의 처소 / 밤

약첩과 메모한 종이들을 한 보따리 들고 터덜터덜 들어서는 지영.
길금, 이부자리를 깔다가 반기면.

길금	아따, 아가씨~ 인자 오셨소잉~
지영	(한숨) 길금씨, 어떡하지..? 아무리 조사해 봐도 답이 없다..
길금	(한숨) 벌써 이틀짼디요..
지영	(약첩과 자료들을 한쪽에 두고 털썩 앉는)...
길금	(킁킁..) 근디 요것이 뭐대요?
지영	진명대군이 평소에 드신다는 보약이랑 음식 기록들이야.
길금	(약첩을 펼쳐보고) 와, 허벌나게 귀한 약재들이네요~ (킁킁) 근디 요것이 뭔 냄실까? 윽!
지영	왜? 이상해?
길금	아우, 아가씨, 요거 쥐가 쏠았는지, 쥐 냄새가 나는디요?
지영	(피식) 에이~ 말도 안 돼. 대군이 드시는 약을 쥐가 쏠게 됐겠어?
길금	(눈을 빛내며) 요건 분명 쥐똥 냄시여요~
지영	그래? (킁킁) 좀 역하긴 하네..

지영과 길금, 다시 킁킁거리며 냄새를 맡아보고.

26. 봉덕궁 / 자현대비전 일각 / 낮

지영과 길금, 대비전 상궁(현상궁)과 얘기 중이다. (조사 3일차)

지영   (서첩에 적으며) 그럼, 진명대군께서는 평소엔 아무거나 다 잘 드셨다
        는 거네요?

현상궁   그렇다네~ 전하처럼 입맛이 까다롭지도 않았고, 이렇게 고열에 시달리
        신 적도 없지.

길금   닭 요리를 드셔갖고 쓰러진 것이 아닐 수도 있지 않겠어라?

지영   닭 요리 외엔 늘 드시던 보약밖에 드신 게 없대..

길금   (한숨)

이때, 창선이 급히 지영을 향해 달려온다. 예를 갖추며 물러나는 현상궁.

창선   대령숙수, 빨리 대전으로 가보셔야겠네. 전하께서 갑자기 쓰러지셨네.

지영   전하께서요?!!!

27. 봉덕궁 / 침전 방 안 / 낮

힘이 없어 보이는 이헌을 어의가 진맥 중이다.

내관   (E) 전하, 대령숙수 들었나이다.

문이 열리고 급히 들어서는 지영.

지영   전하..!!! (이헌을 이리저리 흔들어 보며) 전하!!! 괜찮으세요?!!!

이헌   (작게 목소리 내며) 왔느냐? 호들갑 떨지 말거라..

지영   (헉..., 어의에게) 괜찮으신 건가요?

어의	(놀라) 요 근래 전하께서 부쩍 신경을 쓰시는 통에 기가 많이 허해지신 듯합니다.
지영	(설마!) 혹시, 전하께서 열이 나시나요?
어의	어찌 아셨습니까?
지영	(조심히) 이거, 진명대군마마와 비슷한 증상 아닌가요?
이헌	그리고 보니 이상하구나.. 어찌 내가 진명과 같은 증세를..
지영	전하께서는 조사하시면서 약재를 조금씩 드셨잖아요. 근데 대군마마처럼 열이 난다고 하시니.. 대군마마의 병은 그 약첩에 든 어떤 약재와 관련이 있는 거 아닐까요?
어의	어떤.. 약재요?
지영	네, 전하께서는 약재에서 역한 맛이 난다고 하셨고, 길금씨는 쥐똥 냄새가 난다고 했거든요. 근데, 사향이나 황기는 역한 맛이 아니고, 다른 한약재도 퀴퀴하지.. 쥐똥 냄새가 나진 않거든요.
어의	(생각에 골몰) 쥐똥 냄새와 역한 맛이라.. 그렇다면.. (뭔가 떠올리고!) 오령지(五靈脂)?!!! **자막	오령지(五靈脂) : 날다람쥐의 분변을 말린 약재**
지영	오령지요?
이헌	그게 무엇이냐?
어의	대륙에는 비막으로 날아다니는 날다람쥐가 있사온데, 날다람쥐의 분변을 법제한 것을 오령지라 부르옵니다.
지영	(헐..) 분변이라면..?
이헌	쥐똥이 아니냐! 어쩐지 역한 맛이 나더라니.. (구겨진 표정)
지영	그럼, 그 약재에 오령지가 들어있다는 건가요?
어의	확인을 해봐야 알겠지만, 대군마마의 약재에는 오령지가 없사옵니다. 게다가 오령지는 본디 독이 아니라 귀한 약재입니다.
지영	하.. 그것도 아닌 건가.. (혹시나) 전하, 오늘 수라간에서 올린 인삼죽 말고 또 다른 거 드신 게 있나요?
이헌	특별히 다른 걸 먹었을 리가 있겠느냐..

어의 (!) 인삼?! 오령지는 인삼과 만나면 얘기가 달라집니다.

이헌 어찌 달라지느냐.

어의 상반약(相反藥), 즉, 독이 되옵니다.

　　　자막 | 상반약(相反藥) : 함께 사용할 때 부작용이 나타나는 약

지영 독이요? 그럼 죽을 수도 있다는 건가요?

어의 예. 오령지와 인삼을 함께 먹으면 오한과 열이 나고,

　　　과하게 먹으면 목숨이 위태로울 수 있습니다.

이헌/지영 (!!!)...

지영 그럼 전하께서도 위험하신 거 아니에요?

어의 (가슴을 쓸어내리며) 설사 오령지가 약첩에 들어갔다 해도, 맛만 보신

　　　것이니.. 시간이 지나면 증세가 사라질 것이옵니다.

지영 하.. 다행이네요..

이헌 만약 진명이, 인삼이 든 닭 요리와 오령지가 든 보약을 먹고, 사경을 헤

　　　매는 것이라면.. 해약은 있는 것이냐?

어의 예, 전하. 해독약을 만들 수 있사옵니다. 헌데, 시간이 좀 걸리옵니다.

이헌 허면, 어서 확인해 보고 서둘러 진명에게 먹일 해약을 만들거라.

어의 예, 전하. (나가고)

이헌 (의미심장하게 주고) 누군가 교묘하게 독을 쓴 것이다.

지영 (의미심장하게 받는) 인삼과 오령지가 만나면 독이 된다는 사실을 아는

　　　사람이.. 범인이겠네요.

이헌 그렇지. (생각하다가) 창선!

쪼르르 창선이 들어온다. '예, 전하' 고개를 조아리면.

이헌 도승지에게 내의원으로 가서 진명대군 약재에 손댄 자를 당장 찾으라

　　　일러라!

창선 예, 전하. (나가는)

이헌 숙부님께서 관리하는 약재에 대체 누가 손을 댔단 말인가..

지영 범인은 가까운 데 있을 겁니다. 잘 생각해 보세요, 전하.

하.. 그나저나 진명대군께서는 곧 깨어나시겠죠?

이헌 (미소) 네 덕분이다.

지영 다행입니다..

이헌 (하는데 이헌도 비틀)

지영 (놀라) 전하, 어서 누우세요. 어서요.

이헌, 지영의 도움을 받고 누우며, 그런 지영을 확 잡아서 옆에 딱 누이
는 이헌.

지영 (헉..) 전하, 제 허락 없이는 이러지 않기로 하셨잖아요.. (버둥버둥)

이헌 이것만 되는 것으로 하자.. (꼭 끌어안는)

지영 (떨리는 표정) 이러다 누가 들어오기라도 하면..

이헌 (더 꼭 끌어안고) 내 너무 머리가 아파서 그런다. 잠시만.. 잠시만이다.
(눈 감는)

지영 ...

이헌 (잠든 것처럼 말이 없고) ...

28. 임송재의 조사 몽타주 / 낮

1. 내의원 탕약방 / 낮
송재가 승정원 관원 2명과 함께 의원, 의녀들을 심문하고, 탕약 기록을
찾는 다급한 모습.
'진명대군의 약재에 손댄 자들을 낱낱이 고하시오.'(송재)

2. 내의원 약방 / 낮
승정원 관원 2명과 함께 약재를 다룬 의녀들의 이름이 적힌 명부를
확인하던 송재,
이름 하나(어여분)에서 손가락이 멈추고.

'어여분이라는 내의녀가 대군의 약재를 담당했사온데.. 며칠 전부터 자취를 감췄사옵니다.'(어의)

3. 어느 민가 / 낮
송재가 승정원 관원과 의금부 군졸을 데리고 초가에 들어서는데, 여기저기 방문을 열어보면 아무도 없다.

이헌　(E) 뭐라? 약재에 손을 댄 자가 그 내의녀란 말이냐?

29. 봉덕궁 / 침전 온돌방 / 낮

지영과 이헌, 송재가 모여 앉아 있다. 이부자리가 펼쳐져 있다.

송재　예, 약재에 오령지를 섞어 대비전으로 전달했다 하옵니다.
하온데 전하, 그 의녀가 사라졌다기에 찾아가 보았더니..
이미 야반도주를 한 후였사옵니다.

이헌　(!) 금군을 풀어 그 의녀를 찾아라! 당장!

송재　예, 전하. (나가고)

지영　내일까지 찾을 수 있을까요..? 대왕대비마마와 약속한 시간이 다 됐는데..

이헌　걱정 말거라. 범인을 찾지 않았느냐?
네 잘못이 아니라는 것은 이제 증명된 셈이다. 할마마마께는 내가 잘 말씀드리마.

지영　후~ 근데 내의녀가 왜 그랬을까요?

이헌　이런 일은 사주한 자가 있는 법이다. 일단 그 의녀를 찾아야 진범을 잡겠지.

지영　작정하고 숨은 사람을 무슨 수로 찾죠?..

이헌　(!) 숨은 사람을 찾는다? (회심의 미소) 그건 공길이가 추노꾼 저리 가라지.

30. 저잣거리 / 뒷골목 / 밤

공길을 중심으로 모여 있는 놀이패들. 사라진 의녀의 용모파기를 들고
설명 중이다.

공길   이 의녀를 찾아라! 반드시 오늘 밤 안에 찾아야 한다.

놀이패들, 고개를 끄덕이며 사방으로 뛰어가고, 탐문을 시작한다. 공길
도 모습을 감추고.

31. 봉덕궁 / 자홍원 / 밤

목주가 심각한 표정으로 앉아 추월의 보고를 듣고 있다.

추월   마마, 대군 댁에서 연통이 왔는데 임송재가 사라진 의녀를 찾는다며,
사옹원 제조이신 대군을 만나러 왔다 하옵니다.

목주   뭐라?!

추월   그뿐이 아닙니다. 그 핑계로 임송재가 대군 댁을 온통 헤집고 다녔다고
하옵니다.

목주   설마, 눈치챈 것은 아니겠지?

추월   의심받고 있는 것 같사옵니다.

목주   (손가락을 톡톡) 추월아.. 아무래도 그 의녀의 입을 막아야겠다. 다녀
오거라.

추월   (비장) 예, 마마. (나가고)

32. 어느 산 / 시체골 / 밤

스산한 분위기의 산속. 장옷을 입은 여인(의녀)이 두리번거리며 누군
가를 찾고 있다..
이곳저곳엔 가마니로 덮인 시체들이 보이는.. 의녀, 쭉 걸어가다 보면
기다리던 추월을 만나고.

의녀   (!!) 마마님.

추월   왔느냐? 오느라 애썼다.

의녀   이제.. 다 끝난 것입니까? 내의원으로 돌아가도 되는 것입니까, 마마님?

추월   그래, 그 전에 들를 곳이 있다. (의녀의 뒤쪽을 보면)

의녀   (갸웃) 어딜...? (고개 돌리는데)

추월   (빠르게 목 뒤를 눌러 기절시키며) 저승이다.

순간, 힘을 잃고 픽 쓰러지는 의녀! 추월, 재빠르게 비녀칼을 뽑아 의녀
의 목, 경협혈을 찌르려는데!
순간, 어디선가 날아오는 돌멩이! 추월의 비녀칼을 날려버린다!

추월   (휙 돌아보며)...

공길, 어둠 속에서 모습을 드러낸다.

추월   (!!) 이.. 광대놈이.. 감히.

공길   옥단 누님을 죽인 게.. 네년이로구나..

추월   (시치미) 그게 무슨 소리냐.

공길   (품에서 추월의 비녀칼을 꺼내며) 누이가 죽어가면서.. 손에 쥐고 있던
비녀다. 네년의 칼이지. (하며 비녀에서 칼을 뽑아드는데)

추월   (피식) 어두워서 잘 보이질 않는구나.

추월, 비녀를 보러 오는 듯하더니 갑자기 왼손으로 공길의 팔목을 탁!
쳐서 공길이 비녀칼을 놓치게 만든다. 이어, 머리의 두 번째 비녀를 뽑
는 추월. 머리가 풀어지면서 긴 머리가 달빛 아래 나부끼고!

공길   이년 손버릇 좀 보게. 야밤에 머리나 풀어 헤치고.
       옘병, 환장을 해라, 이년아~

추월   (피식) 천한 놈이라 입버릇 한번 고약하구나. 다시는 그 입을 못 놀리게
       해주마.

공길   하늘이 두렵지도 않느냐? 크하하하~! 오냐, 오늘 한번 죽어봐라.

작은 비녀칼을 들고 엄청난 살기를 뿜어내는 추월. 무서운 기세로 공길
에게 달려든다.
장검을 뽑은 공길, 추월의 엄청난 내공에 놀라며 탁! 탁! 서로 주고받고
몇 합이 오가는데..!

공길   (검을 추월의 목에 들이대고) 누이를 왜 죽였느냐..? 채홍시킨 주상의
       명이었나?

추월   (공길의 손을 잡고 밀어내며) 전하께서? 크크크.. 바보 같은 놈.

공길   (!) 바른 대로 말해라!

추월   왜, 복수라도 하려고? 크크크... 그동안 전하를 죽이려던 놈이 네놈이
       로구나.

F.C_ 1부, 살곶이 숲에서 자객 복장을 한 채 화살을 날리던 공길의 모습
컷컷

공길   (움찔)...!! 말해! 누가 죽이라고 시켰는지!! 강목주냐! 주상이냐!

추월   (검을 밀어내고) 네놈의 주둥이가 화를 부르는구나.
       여기가 오늘 네놈의 무덤이 될 것이다. (칼을 바꿔 쥐는 추월)

공길   (!)(한번 챙, 검이 교차한 후) 숙원이 시킨 게로구나.

추월	(기묘하게 웃고) 본디 자홍원의 궁녀는 그 쓰임이 다하면 죽는 법이다.
공길	(검을 겨누고 돌며) 대체 그걸 왜.. 누가 정하는데!!! 왜, 왜!! 왜!! (검을 휘두르며) 왜 죽었어!!
추월	(번개같이 뒤돌아 공길의 뒷목에 칼을 대고) 마지막이니 진실을 알려주랴...?
공길	(검을 내리면)...
추월	네놈의 누이는, 주상의 눈에 들기 위해 애쓰다가 숙원마마의 눈 밖에 난 것이다. (눈빛 돌아서) 배고픈 동생을 위해서..였겠지.
공길	(절규) 고작 그런 이유로 사람을 죽인다고?
추월	...네놈 때문에 죽은 것이다.
공길	니들이 정녕 사람인 것이야!!
추월	죽어랏! (칼을 꽂으면)

공길, 빠르게 피하면서 검집으로 명치를 가격한다. 기절하며 쓰러진 추월.

Cut to_ 정신을 잃은 추월이 입에 재갈이 물린 채 일각의 나무에 묶여 있고,
그 일각, 다른 나무에 묶은 의녀를 추궁하고 있는 공길.

공길	이보시오. 정신 좀 차려보시오.
의녀	(겁에 질려) 사, 살려주시어요. (흐느끼며) 잘못했습니다.
공길	내 사실대로 말하면 살려드리리다. 진명대군의 약재에 손을 댄 게 맞소?
의녀	(겁에 질린 표정으로 눈 깔고) 예.. 숙원마마가 무서워 어쩔 수 없었습니다..
공길	(칼을 꽂으며) 이 모든 일의 원흉은 주상이 아니라.. 숙원, 그 요망한 년이구나.
의녀	사실 숙원마마의 뒷배를 봐주시는 분은.. 컥!
공길	!!

어디선가 날아와 의녀의 가슴에 박히는 비수! 슉슉! 공길을 향해 날아
와 꽂히는 비수!
의녀는 '컥..' 피를 토하며 그대로 쓰러지고, 공길은 아슬아슬하게 비수
를 피한다.
공길, 몸을 낮추며 비수가 날아온 숲속을 향해 다가간다.
바스락 소리와 함께 의문의 습격자가 날랜 동작으로 사라지고! 재주를
넘으며 습격자를 쫓는 공길!

33. 제산대군 저 / 사랑채 / 밤

제산대군과 마주 앉은 덕출.

덕출   의녀는 제거를 했사옵니다. 헌데, 공길이란 놈이 워낙 무술이 출중하여,
추월이까지는 손을 쓸 수 없었나이다.

제산대군 (덕출을 보며) 부상을 당한 것이냐?

덕출   (어깨를 감추며) 작은 부상이옵니다.

제산대군 광대 주제에... 보통 실력은 아니었구나..
추월이는 이제 숙원에게 맡기고, 너는 백정촌에 가서 서둘러 이장균을
잡아오너라.

덕출   (!!) 예, 대군나리. (가는)

34. 봉덕궁 / 궐내 옥사 / 밤

이헌과 송재가 처참한 몰골로 옥사 안에 앉아 있는 추월을 차가운 표정
으로 보고 있다.

송재   아무리 고신을 해도 진명대군마마의 일과는 상관이 없다, 저리 버티고

있사옵니다.

이헌   죄인은 고개를 들어 나를 보라.

추월   (고개를 들어 이헌을 본다)..

이헌   자홍원 감찰상궁이라 들었다. 숙원이 시킨 일이냐?

추월   (완강하게 고개를 가로젓고) 아니옵니다, 전하! 숙원마마께서는 모르시는 일이옵니다! 제 개인적인 원한으로 혼자 벌인 일이옵니다! 믿어주시옵소서! 전하! (발악)

이헌   (살벌하게 보며) 말이 안 통하는군. 내 숙원에게 직접 확인하지. (획 나가고)

추월   (흠칫!)... 전하! 전하!

35. 자홍원 / 사랑채 / 밤

호롱불 아래, 비장한 표정의 목주, 서랍을 열어 비녀를 하나 꺼내어 머리를 당기자, 틱- 소리와 함께 작은 칼이 분리돼 나온다. (추월의 비녀 칼과 같은) 의미심장하게 보다가, 다시 넣고..

목주   (비통하고) 추월아..

이때, 문이 벌컥 열리며 이헌이 들어온다. 놀라는 목주. 성큼성큼 들어와 목주를 내려다보는 이헌.

목주   전하!

이헌   (분노로 보며) ...너였느냐?

목주   (눈을 피하지 않고) 무엇이.. 말이옵니까?

이헌   너의 수족 같은 궁녀가 진명대군의 독살 사건에 중요한 증인인 의녀를 몰래 빼돌린 것도 모자라 죽이려다 발각되었거늘! 너는 계속 시치미를 뗄 작정이냐!

목주	(눈을 부릅뜨고 맞서며) 그 일은 신첩은 모르는 일이옵니다!
이헌	대체 왜 그랬느냐.. (증오로 보는)
목주	(뻔뻔) 모르는 일에 왜가 어디 있습니까. 소첩을 믿지 못하십니까!
이헌	이렇게 해서 네가 얻는 것이 무엇이냐..
목주	(눈이 벌게져서) 얻는 게 없지요. 아, 이런 오명으로 오랜만에 신첩을 찾아오시니, 얻는 게 또 아주 없지만은 않은 것 같습니다.
이헌	(극대노) 네 정녕!!!!! 죽고 싶은 것이냐!!!
목주	(싸늘하게 보며) 전하, 신첩을 벌주고 싶으시면 증좌를 가져오십시오.
이헌	(어이없어 허허) 죽을죄를 지었다, 목숨만 살려달라 해도 시원찮을 판국에.. (표정 싸늘해지며) 좋다. 내 증좌를 찾아오지. (홱 나가고)

목주, 눈에서 불꽃이 튀며 이헌의 뒷모습을 노려보고.

36. 봉덕궁 / 침전 / 외경 / 낮

37. 봉덕궁 / 침전 방 / 낮

이헌, 오령지와 인삼의 부작용으로 열이 다시 오르는 듯 퀭한 얼굴로
머리를 짚은 채 앉아 있다.
지영이 무명 수건을 대야에 넣고 짜서 이헌의 열을 내리기 위해 이헌의
이마에 수건을 대는데,

이헌	(이불 덮은 채로) 어떻게 알았느냐...? 공길이에게 광대들을 시켜 의녀를 찾는 척 소란스럽게 하고 숙원을 살 피면, 의녀의 행방을 찾을 수 있을 거라 귀띔했다면서.
지영	수라간 경합 때, 길금씨가 괴한한테 습격을 당한 적이 있는데 공길씨가 구해줬거든요.

궁녀의 복색을 하고 있었다길래.. 이 궁에서 그런 대담한 일을 벌인다면, 혹시 숙원마마가 아닐까, 생각해 봤습니다..

이헌   (충격!) 뭐라?! (일어나 앉으며) 그때도 그런 일이 있었단 말이냐!

지영   예...

최상궁   (E) 전하, 탕약 들이겠사옵니다.

문이 열리고 탕약 접시가 놓인 소반을 든 의녀와 어의가 들어온다.

어의   전하, 오령지와 인삼의 부작용을 없애줄 청열(淸熱)약이옵니다.

지영, 뒤로 물러나 서 있으면, 최상궁이 탕약을 기미하고, 이헌, 마신다.

이헌   (약을 마시고 어의를 보며) 진명대군은.

어의   전하께서 다 드셨사오니, 이제 진명대군께 올릴 것이옵니다.

이헌   (일어서며) 내 직접 가봐야겠다.

어의   하오나 전하, 옥체를 보존하시며 조금 쉬셔야 하옵니다.

이헌   되었다. (지영 보며) 너도 같이 가자. (나가면)

지영   (한숨) 예... (따라가고)

38. 봉덕궁 / 자현대비전 / 낮

인주대왕대비와 자현대비, 성귀인, 양귀인이 누워있는 진명대군의 곁에 걱정스런 표정으로 앉아 있다.
이때, 문이 열리고 이헌과 약이 든 소반을 든 지영, 그리고 어의가 들어온다.

창선   (E) 주상전하 납시오!

대왕대비   주상..!

이헌	(예를 갖춰 인사하고) 어의가 해독약을 만들었다 하옵니다. 청열약입니다.

자막 | 청열약(淸熱藥) : 몸의 열을 내리는 한약

어의	예, 비정상적으로 오른 열을 내리는 데 효과가 있는 약이옵니다.
지영	(공손히 앉아 소반을 내밀고)...
대왕대비	대비는 뭐 하는가. 어서 해독약을 먹이시게.
자현대비	(마지못해) 예, 대왕대비마마.

현상궁, 진명대군의 몸을 일으킨 후 몸을 받치면,
숟가락에 탕약을 떠서 진명대군의 입에 조금씩 흘려보내는 자현대비.
모두가 긴장된 표정으로 진명대군을 지켜보는데.. 거짓말처럼 스르륵
눈을 뜨는 진명대군.

자현대비	(눈시울이 붉어져) 진명대군! 이제 정신이 좀 드십니까?
대왕대비	참으로 다행이로구나!!
성귀인/양귀인	(성귀인) 정말 다행입니다! / (양귀인) 세상에나.. 드디어!
이헌	(됐다는 듯 끄덕이며 지영을 보고)....
지영	(뭉클해서 고개를 숙이고).....

이때, 진명대군 '우욱!' 하더니 약을 토하고 뱉어낸다. 충격과 경악의 표
정을 짓는 모두들!
'으으으..' 낮은 신음을 내뱉더니 몸을 부르르 떨며 온몸을 뒤집고 경기
를 한다.

자현대비	(진명대군을 안으며) 진명대군! 어찌 이러십니까, 진명대군!
	(실성한 사람처럼) 이게 어찌 된 일이냐! 대군이 경기를 하지 않느냐!
어의	(황급히 다가가 맥을 짚으며 난감한 표정) 맥이 약하고 빠른 세삭맥이옵니다. 몸 안의 진액과 정혈이 부족해 그런 듯싶사옵니다.

자막 | 세삭맥(細數脈) : 기가 허하고 열이 날 때 나타나는 가늘고 빠른 맥

이헌　당장 치료할 탕약을 다시 만들어 올리라! 당장!

자현대비　(울부짖는) 지금 먹는 약도 게워내는 판국에 탕약이 무슨 소용이란 말입니까!

(진명대군 안으며) 진명대군.. 대군!! 흑흑..

지영　(E)(뭔가 번뜩이고!) 설마..?

(어의에게 작은 목소리로 조곤조곤) 혹시 지금 해독약이 통하지 않는 건, 그간 뭘 드시지 못해서 그런 거죠?

어의　예, 그리 볼 수 있습니다.

지영　(공손하게) 제가 진명대군마마의 기운을 회복시킬 음식을 다시 해오겠습니다.

자현대비　(노기 띤 음성) 도망이라도 칠 속셈이냐.

나가려다 멈칫. 이러지도 저러지도 못하는 지영.

대왕대비　대비, 진명대군이 상반약을 먹고 이리되었다는 것은 어의를 통해 밝혀졌소.

그 과정에서 연루된 의녀는 죽었지만은,

그 의녀를 죽이려는 자홍원의 궁녀가 지금 잡혀 왔어요.

헌데, 아직도 대령숙수를 책망하는 겝니까?

자현대비　....

이헌　(인주대왕대비를 고맙게 보는) ...할마마마..

성귀인　지금 그 궁녀를 고신 중이라니, 배후가 밝혀지는 것은 시간문제입니다.

양귀인　예, 대령숙수가 도망칠 생각이었다면 아예 여길 오지 않았겠지요.

자현대비　....

이헌　(보다 못해) 다녀오거라.

자현대비　주상!

이헌　(지영 보며) 어명이다.

지영　(뭉클) ...예, 전하. (급히 나가고)

자현대비, 지영의 뒷모습을 표독스럽게 노려본다.

#39. 봉덕궁 / 수라간 가는 길 / 낮

다급히 수라간을 향해 달려가는 지영.

지영   (E) 내 생각이 맞다면.. 지금 진명대군이 보이는 증상은 저혈당 쇼크!! 한마디로 영양실조다. 섭취하기 쉬운 고농축 보양식을 만들어야 돼..

#40. 봉덕궁 / 수라간 / 낮

문이 벌컥 열리며 지영이 들어선다. '대령숙수!' 외치며 벌떡 일어나는 길금과 숙수들.

길금   아가씨, 안 그래도 모다덜 걱정하고 있었당께요. 어찌된 거여라? 야?

지영   길금씨, 미안. 내가 설명은 나중에 할게!
자, 지금부터 보양식을 만들 거예요.

엄숙수   (일어나 앞치마 매며) 보양식? 어떤 보양식? 잉어? 장어?

지영   (미소) 요리의 이름은 레스토랑(restaurant)입니다!

길금   레수토, 란?

엄숙수   잉? 레.. 뭐?

지영   급하니까 서둘러야 돼요. 우선 길금씨는 백미로 조랭이떡 좀 빚어주고, 맹숙수님은 밀가루로 수제비 좀 만들어 주세요.

길금   (후다닥 뛰어나가며) 야~~!!

맹숙수   알겠소. 자, 보양식 준비하게. 민숙, 진가루 어디다 뒀냐. (나가며)

민숙수   예~! (나가고)

심숙수   지는 뭘 할까유?

지영	석수라 때 쓰려고 만든 우족탕 있죠? 그것 좀 준비해 주세요.
심숙수	야. (가고)
지영	엄숙수님은 내의원 약재창에 가서 감초, 당귀, 천궁, 녹용 좀 챙겨 주시구요.
엄숙수	(큼큼) 알겠네. (나가고)

Cut to_

비장한 표정으로 아궁이 앞에 서 있는 지영.
밀가루와 버터가 섞여 끓고 있는 작은 솥에 우족탕 육수를 넣고 국자로 젓는다.

길금	(조랭이떡을 빚으며) 근디, 레수토란은 무슨 요리대요?
지영	(저으며) 프랑스어로 회복시킨다는 뜻의 '레스토레'에서 유래된 보양식이야. 지금 우리가 만드는 건, 조선식 레스토랑~
길금	아~ 푸란수식~ 레스토란~
맹숙수	(수제비 반죽을 떼서 끓는 육수에 넣으며) 역시 흔한 수제비는 아니었군.
지영	(국자로 끓는 국물을 떠 보고) 걸쭉하게 잘됐어.
길금	걸쭉한 것이 꼭 쏘쑤 같으라.
지영	(씨익) 이제 척하면 척이네. 이게 바로 벨루테 소스야.
길금/맹숙수	(외우듯 따라 하며) 아, 불라태 소수. / 아니, 별론데 소수.
지영	벨루테 소스. 길금씨, 이제 줘 봐.

지영, 길금에게 조랭이떡을 받아서 솥단지에 쓸어 넣는다.

41. 봉덕궁 / 자현대비전 / 낮

이헌과 인주대왕대비, 자현대비, 성귀인, 양귀인, 어의가 걱정스레 진명대군을 지켜보고 있다.

이때, 문이 열리고 상을 든 지영이 들어온다. 안도하는 이헌과 인주대
왕대비.

지영   좀 늦었습니다. 대군께서 드실 수 있도록 부축을 좀 해주십시오.

자현대비   네가 뭘 만든 줄 알고 그걸 내 아들에게 먹인단 말이냐!

이헌   (차분하게) 무슨 음식이냐..

지영   조랭이떡과 수제비를 곁들인 조선식 레스토랑입니다.

이헌   조선식 레수토란..

자현대비   조랭이떡이라.. 이런 게 무슨 보양식이란 말이냐?

지영   쌀로 만든 떡과 밀가루로 만든 수제비는 혈당 지수가 높아서,

        보통 사람들에겐 살이 찌는 음식이지만,

        지금 기력이 떨어진 진명대군께는 가장 적당한 음식입니다.

        그리고, 육수는 기혈을 보충해주는 우족과 녹용, 천궁을 사용했습니다.

대왕대비   (끄덕) 그래, 네 뜻은 알겠다. 대비, 어서 먹이게.

자현대비   대왕대비마마, 저는 못 믿겠습니다.

이헌   (보다 못해) 정 그리 못 미더우시면, 제가 기미하겠습니다.

내명부 일동 (!!)

지영   (!!!) 전하...

대왕대비   주상! 임금이 기미하는 법은 없습니다!

이헌   허나, 대비마마의 의심을 풀기에 이보다 확실한 방법이 어디 있단 말입
        니까.

대왕대비   주상! 아니 됩니다!!

이헌   (피식) 대령숙수가 만든 음식이 궁금하기도 합니다.

지영   (O/L) 전하, 기미는 제가 하겠습니다.

이헌   어허.

자현대비   지금 뭣들 하는 겝니까.

지영/이헌 ....

자현대비   (지영에게) 기미하거라.

지영, 고개를 숙이며 기미한다. 이헌도 동시에 맛을 본다.

이헌　　　(감탄) 짙고 걸쭉한 국물에.. 재료 본연의 맛들이 온몸에 퍼져 나간다.
　　　　　갑자기 몸에 활력이 솟구치는 듯하구나!
대왕대비　대비, 어서 먹이게.

자현대비, 그제야 수저에 지영의 음식을 담아 탕약처럼 조금씩 떠먹
인다.
진명대군, 조금씩 조금씩 경련이 어느새 가라앉는데..

어의　　　(놀라) 보십시오! 경련이 가라앉고 있사옵니다.
자현대비　진명!

진명, 가늘게 눈을 뜬다. 작은 목소리로 '어마마마..'
그제야 눈물 흘리며 진명대군을 끌어안는 자현대비. '진명대군..!'
안도하며 눈물 흘리고.
인주대왕대비, 성귀인, 양귀인도 가슴을 쓸어내린다.

어의　　　(맥을 짚고/믿을 수 없다는 듯) 맥이 안정을 찾아가고 있사옵니다. 어
　　　　　찌.. 이런!
지영　　　(울컥하고) 됐습니다... 정말 다행입니다..
이헌　　　(울컥하고) ...하늘이 도왔다.

42. 봉덕궁 / 자현대비전 앞 / 낮

이헌과 지영이 대비전을 나온다. 순간, 긴장이 풀리며 휘청이는 지영.
이헌, 지영을 잡아준다.

이헌	괜찮은 것이냐?
지영	예, 긴장이 풀려서 그런 거 같아요. 후~ 진짜 다행이에요.. 너무 걱정 많이 했는데...
이헌	그간 여러모로 고생 많았다.
지영	전하께서도 고생 많으셨어요~ 몸도 아프시고, 신경 쓰시고, 애 많이 쓰셨어요..
이헌	(피식) 알아주니 고맙구나~ 오늘 밤 술시에 운영정으로 오거라. 보여줄 것이 있다.

자막 | 술시(戌時) : 십이시 중 열한 번째로 오후 7시부터 9시

지영	(무심히) 예. (하다가) 예? 뭘 보여주시는데요?
이헌	(미소 짓고 가며) 그건 와 보면 알 것이다.
지영	(떨떠름) 예.

이헌의 멀어지는 뒷모습을 보며 수라간으로 향하는 지영.

지영	(E) (번뜩!) 설마, 망운록? 찾았나?

F.C_ 2부, 망운록을 절벽으로 던지던 이헌 컷 / 5부, 지영에게 가방을 건네주던 이헌 컷 / 6부, 경합에 이기면 망운록을 찾아 주겠다 약조하던 이헌 컷 / 10부, 지영을 옥에서 꺼내주겠다 말하던 이헌 컷

지영	(E) 근데... 왜 이러지? 이상하게... 가슴이 아파... (왠지 축 처지는 어깨)

43. 봉덕궁 / 궐 일각 / 낮

심각한 표정으로 모여 선 유문정, 성인재, 김양손. 제산대군만이 담담한 표정이다.

유문정	이렇게 되면 다 무용지물이 되는 게 아닙니까.
성인재	일이 꼬인 듯합니다. 대군.
제산대군	그렇게 생각할 일만은 아니오. 한번 패인 골은 쉽게 메워지지 않는 법! 숙원은 할 만큼 한 것이오.
김양손	그게 무슨 말씀이십니까, 대군.
제산대군	밑판을 잘 깔았다 이 말입니다. 마무리도 알아서 잘할 것이고. 저녁때들 보십시다. 보여줄 것도 있고 하니..
일동	(흩어지는)...

#44. 봉덕궁 / 궐내 옥사 / 밖 / 밤

옥사장과 옥졸들이 예를 갖추고 문을 열어주면, 장옷을 뒤집어쓴 목주가 도도하게 들어간다.

#45. 봉덕궁 / 궐내 옥사 / 밤

추월이 만신창이가 된 몸으로 옥사 안에 힘겹게 앉아 있다.

목주	추월아..

추월, '마마..?' 하며 주변을 보는데.. 어느새 옥사 앞에 물그릇을 놓고 나가는 옥사장.

추월	마마! (울부짖는)
목주	(물그릇을 건네고) 목부터 축이렴..
추월	(허겁지겁 물을 마신다)..
목주	몰골이 이게 뭐냐..

추월	(다 마시고) 마마, 걱정 마십시오. 단 한마디도 하지 않았습니다. 목에 칼이 들어와도 이년이... 단 한마디도 하지 않을 것이니.. 걱정 마십시오, 마마.
목주	걱정 말거라. 내 널 내보내 줄 것이니.
추월	지금.. 말이옵니까?
목주	(끄덕이면)

희망에 찬 눈빛으로 바라보는 추월. 따뜻한 표정으로 조용히 비녀칼을 뽑는 목주.

목주	그래.. 그동안 애 많았다.
추월	마마..

추월의 목에 비녀칼을 박아 넣는다.. 믿을 수 없다는 듯 보며 스르르 무너지는 추월. '마...마..'

목주	(더 쎄게 칼을 박아 넣으며 눈물) 이것이.. 네가 이곳을 나갈 수 있는 유일한 방법이다.. 추월아..
추월	(눈물 흘리며 눈을 감는)...

목주, 장옷을 뒤집어쓰며 밖으로 나간다.

46. 봉덕궁 / 외경 / 밤

47. 봉덕궁 / 운영정 / 밤

어디선가 부엉이가 울음소리가 들리고, 지영, 일각에 서서 이헌을 기다리며 투덜거리고 있다.

지영   오라더니 왜 이렇게 안 와? ...좀 무서운데.. 맨날 자기 멋대로야..

이때, 처용탈을 들고 처용무 복색을 갖춘 채 나타나는 이헌.
상궁 나인들과 악공들이 따라온다.

지영   전하, 그거 처용탈 아니에요?
이헌   (미소) 그래, 악귀를 물리치는 처용탈이다. 만수무강과 풍요를 뜻하지.
지영   지금 처용무 추시게요?
이헌   곧 칠순을 맞이하는 할마마마의 진찬에서 처용무를 춰볼까 한다.
          어릴 적 내가 추던 처용무를 무척이나 좋아하셨거든.
지영   근데, 왜 하필 이 밤에..
이헌   네가 내 처용무를 먼저 봐줬으면 해서다.
지영   (!) 제가요?
이헌   그래, 한번 보겠느냐?
지영   네, 뭐... 저번에 보긴 했는데...

악사들의 가락이 울려 퍼지고.. (북, 장구, 가야금, 피리, 박)
이헌, 처용탈을 쓰고 춤을 춘다.

지영   (E) 어쩌면 저 춤을 보는 것도... 이번이 마지막일지도...

달빛을 받아 더욱 처연한 이헌의 춤! 이헌은 무아지경에 빠져들고, 지
영은 복잡한 마음으로 본다.

지영   (E) 원래 이렇게 슬픈 춤이었나..

48. 제산대군 저 / 창고 / 밤

횃불이 밝혀진 창고 앞, 제산대군이 대신들을 이끌고 오면. 덕출이 창고 문을 연다.
창고 안에는 재갈이 물린 채 손발이 묶인 누군가가 모습을 드러낸다.
제산대군의 곁에 서 있던 성인재, 유문정, 김양손이 유심히 보는데...!
이장균이다!

유문정   ..이장균!
김양손   이장균 네 이놈!! (달려드는데)
이장균   (외면하며) 읍..
제산대군   (막아서며) 참으시오, 대감..
성인재   대군, 이장균 저놈을 잡아들인 건 무슨 뜻입니까.
제산대군   이제, 때가 되었다는 뜻이지요. 저쪽을 보시오.

제산대군, 덕출에게 눈짓하면, 덕출이 창고 안쪽 볏짚 가림막을 치운다. 장옷을 걸친 노파가 뒤돌아 앉아있다. '아부지?' 하다가 '히히' 웃는 정신이 온전치 못한 노파다..

성인재   저 정신 나간 노파는 누굽니까?
제산대군   화룡점정이지요.
유문정   (자세히 보고) 설마, 부부인 마님?!
         자막 | 부부인(府夫人) : 조선시대에 왕비의 어머니에게 주던 작호

김양손   예? 그럼 저분이.. 죽은 폐비 연씨의 모친이란 말이오?!
제산대군   맞소. 바로 저분이 금상의 외조모, 부부인 고흥 심씨요..
대신들   (충격적인 표정)...!
제산대군   아주 중요한 물건을 갖고 계셨소. 바로 저 인형 안에.

심씨가 제산대군의 말을 듣고 품에 안은 인형을 들고 고개를 돌린다.

모두 제산을 보면.

제산대군   폐비가 사사될 때 흘린 피 묻은 적삼 말입니다! 크크크..
대신들   (감격) (유) 대군, 드디어!! / (성) 되었군요! / (김) 아!..
제산대군   이제 곧 백일하에 모든 것이 드러나게 될 것이오..
           대왕대비의 진찬.. 바로 그날에..
           그날, 이성을 잃은 폭군의 광기가 대궐을 피로 물들일 것이오!

성인재, 유문정, 김양손, 모두가 감격에 겨운 표정이고.

49. 봉덕궁 / 운영정 / 밤

처용무를 마친 이헌은 탈을 벗고 지영에게 다가온다.
지영, 이헌의 묘한 분위기를 느끼고 두근두근 심장이 요동치는데..!

이헌   어땠느냐?
지영   전에는 이런 느낌 아니었는데.. 오늘은 멋있었어요..
이헌   (겉옷을 벗어서 훅 지영에게 입혀준다)...
지영   (당황).. 괜찮은데..
이헌   밤이라 아직 바람이 차다.
지영   (미소) ...
이헌   (지긋이 보며) 묻고 싶은 게 있다.
지영   (보면) ...
이헌   망운록을 찾아서, 돌아가고 싶은 마음은 변함이 없느냐?
지영   그럼요. 왜요?
이헌   난 네가 돌아가지 않으면 좋겠다. 그곳이 어디든 말이다.
지영   (놀라) 설마, 제가 미래에서 왔다는 걸 믿어 주시는 거예요?
이헌   네가 이 시대 사람이 아니라는 건.. 느끼고 있었지.

지영	어떻게요?
이헌	네가 고초장 비빔밥을 해주던 날, 오또카지를 차리던 날, 된장 파수타를 올리던 날..
	계속 느꼈다. 네가 이곳 사람이 아니라는 걸.
지영	아니.. 그럼, 다 알면서도 그렇게 구박하신 거예요?
이헌	(시치미) 구박이라니? 누가 누굴 말이냐?
지영	(웃음) 어이없어, 진짜. 망운록이나 찾아주세요, 빨리.
이헌	(다시 진지하게) 망운록, 정말로 찾길 바라느냐?
지영	설마 지금까지 안 찾고 계신 거예요?
이헌	곧.. 찾겠지. 허나, 찾고 싶지 않았다.
지영	(마음 복잡해져서) 전하...
이헌	나의 반려가 되어다오..
지영	(한숨) 전하~ 그건 진짜 말도 안 되는.. (하는데)
이헌	(O/L) 진심이다! (옥가락지를 꺼내 끼워주는)

지영, 놀라, 그런 이헌을 바라보며 심장이 요동치는데!!

이헌	나의 반려가 되면, 아침마다 손수 비빔밥을 만들어 주마..
지영	(뭉클) ...!!

지영	(E) 그때였다. 내 시대, 내 세계로 돌아가지 않아도..
	어쩌면 괜찮지 않을까, 하는 생각이 든 것이...

이헌, 지영을 훅 당겨서 서서히 입맞춤한다.
지영, 망설이다 이헌의 마음을 받아들인다.
더욱더 뜨겁게 입맞추는 이헌. 지영도 분위기에 더욱 고조되는데, 엔딩.

<10부 끝>

Bon Appétit, Your Majesty

제 11 부

#1. 봉덕궁 / 운영정 / 밤

(10부 엔딩에 이어서)

별이 총총 떠 있는 하늘 아래, 입맞춤을 하고 있는 지영과 이헌 위로
나풀나풀.. 벚꽃잎이 떨어지고 있다.

지영	(어느 순간 확 떨어지며) 죄송해요, 전하.
이헌	(확 잡아 돌려서 입술이 닿을 듯 끌어안고) 내가.. 그리 싫으냐?
지영	(심장이 쿵쾅쿵쾅. 당황해서 고개를 돌리며) ...싫다기보다...
이헌	(씨익) 헌데? 왜 자꾸 고개를 돌리느냐?
지영	(얼굴 붉어져서 요리조리 외면한 채)....
이헌	(근엄하게) 내 눈을 보거라.
지영	(망설이다) 저는.. 떠나야 할 사람,
이헌	(O/L) 떠나지 않으면 되는 게 아니냐!
지영	(울컥) 저는 이 시대 사람이 아니니까... 그렇게 단순한 문제가 아니에요.
이헌	(잠시 말이 없다가 한숨) 내가 싫은 게로군.

지영　(잠시 하늘을 보다가) 전하, 아니에요... 그런 거...
　　　(한숨) ....하지만 전 돌아가야 돼요.
　　　제가 살던 그곳엔 하나뿐인 아빠랑, 평생 애써 왔던 저만의 일이 있어요..
　　　(아련하고) 그걸 버리고 새로운 삶을 산다는 건.. 자신이 없어요..
　　　그렇게까지 제가 이 시대에 남는 게 옳은 건지도.. 잘 모르겠어요.

이헌　(끄덕이며) 그래.. 네 뜻을 잘 알았다.
　　　정녕 돌아가야만 한다면.. 약조하거라.
　　　어느 날 갑자기 이곳에 왔던 것처럼.. 다시 내 곁에 돌아온다고..

지영　(망설이다) 만약.. 돌아오고 싶어도 못 돌아오면요?

이헌　오고 싶은데 못 돌아오는 것이라면... 흠.. (미소) 그땐 어떻게든 내가
　　　널 찾으마.

지영　(!!) 전하... 그냥 제가 다시 돌아올게요.
　　　(미소) 대신 약속해 주세요. 그땐 폭군이 아닌 걸로.

이헌　(미소) 아직도 내가 폭군이냐?

이헌, 애써 눈물 감추며 지영을 와락 끌어안는다. 지영도 하염없이 눈
물이 흐르는데...

지영　(E) 제발... 그렇게 웃지 마요.. 내가 당신을 잊고 돌아갈 수 있도록...
　　　내 마음속에 부는 이 거센 바람이 잠잠해지도록... 제발...

이헌　(미소) 기다리마. 너라면 분명, 다시 돌아올 수 있을 것이다.

쏴아아~ 불어오는 바람. 벚꽃 비가 내리는 밤하늘 아래, 꼬옥 안고 있
는 두 사람.

2. 봉덕궁 / 침전 서재 / 밤

이헌, 무명옷 차림으로 앉아 서탁에서 망운록을 꺼내 비빔밥을 정성껏

그리고 있다.

다 그리고 나서 음식의 이름을 적기 위해 기억을 떠올려보는 이헌. (1부에서 먹었던 고추장 버터 비빔밥)

이헌　음.. 이름이 뭐였더라... (기억을 더듬으며) 고초장 바터.. 아니야. 불장난 비빈밥? (으~ 고민하다가)... 창선.

창선　(쪼르르 다가와 조아리고) 예, 전하.

이헌　(비빔밥 그림을 보여주며) 이것 좀 보게.

창선　(갸우뚱) 화조도이옵니까?

자막 | 화조도(花鳥圖) : 꽃과 새를 주제로 그린 그림

이헌　(피식) 온갖 제철 나물에 대령숙수의 고초장과 밧터를 넣고,

들에 핀 꽃들을 얹은 비빔밥이다. 연숙수가 처음 만들어 준 음식이지.

창선　참으로 먹음직스럽사옵니다.

이헌　(자랑스레 좌르륵 보여주며) 그렇지? 그간 연숙수가 만든 음식들을 다 그려 놓았다.

이 마지막 장의 비빈밥은, 내 언젠가 연숙수에게 만들어 주고 싶은 음식인데.. 그때 들은 이름이 도통 기억나질 않는구나.

창선　(그림을 유심히 보며) 특별한 느낌의 밥이옵니다.

이헌　흠.. 자네라면 뭐라고 이름을 붙여보겠는가?

창선　(잠시 생각) 대령숙수는 떠나온 고향에 대한 그리움이 워낙에 남다른 사람이니, 그 뜻이 담기면 어떨까요?

'환세반'이라 하면 어떨른지요.

이헌　환세반(還世飯)? ..(욱해서) 그럼 이걸 먹으면 돌아가기라도 한단 말이냐!!

창선　(아차 싶고) 흠흠.. 소신이 실언을 했사옵니다. 괘념치 말아주십시오.

이헌　(가만히 책의 이름을 적어야 할 공간을 보고) ....흠.

#3. 봉덕궁 / 지영의 처소 앞 / 밤

밤하늘에 뜬 달빛 위로 구름이 흐르고... 심란한 마음에 처소 앞에 서서 하늘을 보며 서 있는 지영.

이헌   (E) 기다리마. 너라면 분명, 다시 돌아올 수 있을 것이다.
지영   (심란한 한숨을 포옥 내쉬고)...

그때 인기척 소리에 놀라 돌아보는 지영. 길금이 처소 문을 열고 나온다.

길금   으따 아가씨~ 이 야심한 시각에 뭣 헌대요?
지영   (미소) 길금씨...
길금   (지영 표정 보고 철렁) 혹시, 전하랑 술 자셨소?
지영   (씩 웃고) 아니~ 그냥 막상 돌아갈 생각하니까 심란해서.
길금   돌아간다뇨..? (눈 커지며/헉!) 미래로? (놀라서) 망운록 찾은 거여라?
지영   금방 찾을 거 같애.
길금   아따, 벌써요? 그래갖고 잠도 몬자고 시방 이라고 있는 거였소잉..
지영   (불쑥) 길금씨, 진짜 나랑 같이 갈 거야?
길금   아, 미, 미래...? 음.. 가야지라~
지영   ...이제 수라간에 적응도 다 했는데.. 진짜 괜찮겠어?
길금   (한숨 배배 꼬며) 솔직허니, 지도 잘 모르겠어라..
       새로운 곳에 가는 것도 쪼까 무섭고 걱정도 되지라..
지영   (째릿) 언젠 나만 있음 된다더니.
길금   (배시시 웃고) 히히.. 아가씨 없으면.. 안 되지라. 고것도 사실이요.
       (자신감 없이)
지영   (한숨) 뭐야? 간다는 거야 안 간다는 거야?
길금   (한숨) 망운록 아직 안 찾았응께..
지영   그래.. 그건 그렇지.. 망운록 찾으면.. 그때 다시 얘기하자.. (한숨)
길금   야.. (하다가 무언가 반짝하는 하늘을 가리키며) 워매~ 아가씨 저것이 뭐대요?
지영   (하늘 보면 유성이다) 별똥별이다! 나 처음 봐.. 미세먼지가 없으니까

진짜 잘 보이네~

하늘을 보고 서 있는 둘의 뒷모습. '소원 빌어야 돼, 소원!' '아, 소원..!'
그 위로, 유성이 불길한 빛을 뿜어내며 떨어지고.

타이틀. **"폭군"** 뜨면,
식칼이 슝! 하고 날아와 꽂히고 칼자국 사이로 흘러내린 글자가 문장
을 완성한다.
"폭군의 셰프"

- Course N°11 콩고기 구절판 & 가지파이 -

4. 봉덕궁 / 외경 / 낮

⫽**자막. 대왕대비 진찬연**⫽

5. 봉덕궁 / 대왕대비전 앞마당 / 낮

활기찬 대왕대비전 풍경. 진찬 준비로 분주한 별감과 상궁, 나인들의
활발한 움직임.
차양이 펼쳐지고 대왕대비 자리 앞에는 대탁이, 대신들 자리에는 각상
과 방석이 차곡차곡 놓인다.
대왕대비전 출입구와 건물 주위에는 수혁의 지도 아래 우림위들과 별
감이 경비 대열로 늘어선다.

6. 봉덕궁 / 수라간 / 낮

전 부치고, 탕 끓이며 잔칫상을 준비하는 분주한 수라간. 숙수들과 애기 중인 지영과 길금.

지영 그러니까 지금, 대왕대비마마께서 고기를 못 드신다는 거예요?

엄숙수 (한숨) 그렇다네. 얼마 전부터 고기는 입에도 안 대신다는데.. 그렇다고 대탁찬안에 고기 요리를 안 올릴 수도 없고, 드시지 않는 걸 올릴 수도 없고.

자막 | 대탁찬안(大卓饌案) : 왕과 왕족에게 올리는 큰 규모의 잔칫상

지영 (하품하며) 그럼 고기 요리를 안 하면 되죠~

맹숙수 허.. 진찬이 뭔지나 아시오? 칠순을 넘기신 대왕대비마마의 만수무강을 비는 연회요.
헌데, 이런 잔칫상을 만들면서 고기를 빼자니?

자막 | 진찬(進饌) : 왕이나 왕실 어른의 경사를 맞아 열리는 궁중 잔치

심숙수 (맹숙에게) 하여간, 저 승질머리 하고는~

민숙수 진찬이 처음이니까 모르실 수도 있죠.

길금 그라믄, 괴기는 아닌디 괴기 같은 것이 뭐 없었어라?

엄숙수 그런 것이 있겠느냐?

지영 (생각에 잠기며 눈을 감는)....

INS_ 머릿속을 스쳐 가는 각종 콩고기 요리. 콩고기 가지파이, 콩고기 구절판, 콩고기 전 등.

지영 (E) 고기는 아닌데, 고기 같은 요리?!
(눈 번쩍 뜬다) 있다 있어!

길금/숙수들??

지영 괴기는 아닌데.. 괴기 같은 거.. 있어요!!. '콩'고기!

길금/숙수들(놀라) 코옹??!!

지영 (씨익) 네, 콩이요.

길금/숙수들(??)...

지영 (손 풀며) 자, 그럼, 시작해볼까요~? 진찬을 빛내줄 핫템! '콩고기 구절판 & 가지파이'.

7. 봉덕궁 / 대왕대비전 / 낮

인주대왕대비가 진명대군에게 절 받고 있다. 성귀인, 양귀인, 자현대비, 흐뭇한 표정으로 보고 있고.

진명대군 대왕대비마마, 만수무강하시옵소서. (넙죽)
대왕대비 (귀여워 웃고) 하하. 그래.. 내 아주 오래오래 살 것이다.
우리 진명대군 혼인할 때까지 살 것이야..
진명대군 (함박 웃고) 예, 소손이 아들을 낳을 때까지 강녕하십시오.
자현대비 (미소)...

진명대군, 절을 마치고 인주대왕대비의 품에 안긴다. 호호 웃음꽃 피는 인주/자현/성귀/양귀인.
이때, 문이 열리고 목주가 당당하게 들어선다. 목주를 만류하다가 떠밀려 들어오는 김상궁.

자현대비 예가 어느 안전이라고 감히..!
김상궁 (다급히 자세 잡고) 대왕대비마마, 숙원마마께서 납셨사옵니다.

응? 순간 분위기 싸해지는 내명부 여인 일동. 자현대비의 표정이 서늘해지고.

대왕대비 아니, 이게 도대체 무슨 짓이야.
목주 (뻔뻔/예를 갖추며) 송구하옵니다.
대왕대비마마의 진찬에 문안 인사 드리러 찾아뵈었사온데,

김상궁이 들이지 않아 결례를 범하였사옵니다. 용서하옵소서.

인주/자현 (서늘하게 보고)....

성귀인 (노엽고) 네 이년! 네가 부리던 상궁이 진명대군을 해하려던 의녀와 결탁하였다는 사실이 백일하에 드러났거늘..!

양귀인 예가 어디라고 발을 들였단 말이냐! 참으로 후안무치하구나.

자막 | 후안무치(厚顔無恥) : 얼굴이 두꺼워 부끄러움을 모름

목주 (눈물 맺히고) 소첩, 맹세코 천심을 거스른 적은 없사옵니다.
칠순을 맞이하신 대왕대비마마께 문안을 올리려는 것뿐이오니,
부디 허락해 주시길 청하옵니다.

양귀인 (노엽고) 아니, 이것이 그래도! (하는데)

대왕대비 그만..!

성귀인과 양귀인, 고개를 조아리고.

대왕대비 손바닥으로 하늘을 가릴 수는 없는 법이다.
숙원은 시시비비가 가려질 때까지 처소에서 근신해야 마땅하나,
오늘은 좋은 날이니 얌전히 있다 가거라.

목주 예, 대왕대비마마. 소첩, 비록 부끄러운 일을 한 적은 없사오나
대왕대비마마의 뜻을 따르겠사옵니다. 부디 만수무강하시옵소서.
(절하고)

대왕대비 ...

목주가, 준비한 비단 5필을 내밀고, 끝자리에 앉는다. 잔뜩 쌓인 진상
물품 옆으로 비단을 쌓는 김상궁.
자현대비, 성귀인, 양귀인은 목주를 노려보고.

8. 봉덕궁 / 궐 일각 / 낮

궐 일각에 모여선 제산대군, 성인재, 유문정, 김양손. 긴장감이 감도는 얼굴이다.

성인재 대군, 모든 준비가 끝났습니다.

제산대군 (성인재에게) 내금위는요?

성인재 (은밀하게) 장마철 유사대비 훈련을 명목으로, 내금위 병력 절반을 '반정군'으로 교체했습니다.

자막 | 반정군(反正軍) : 현 군주를 폐위하고, 새 군주를 세우려는 세력

제산대군 (유문정 보며) 이장균의 식솔들은요?

유문정 산채에 이장균의 처자식을 가두고, 무장한 병사들로 보초를 세웠습니다.

제산대군 (김양손 보며) 만약 이장균이 배신할 경우 식솔들을 흔적 없이 처리할 수 있겠소?

유문정 예, 대군. 일이 잘못 될 경우 모두 없애라 명해두었습니다.

제산대군 살곶이 숲은 어찌 되었소?

김양손 그쪽도 모든 준비가 끝났습니다. 대군.

제산대군 (흡족한 듯 씩 웃으며) 오늘부터 조선은 새로이 시작될 것이오. 갑시다! 진찬장으로.

힘차게 걸어가는 제산대군과 대신들. 자신감이 넘친다.

9. 봉덕궁 / 대왕대비전 / 낮

목주를 제외한 인주대왕대비와 자현대비, 성귀인, 양귀인, 모두가 화기애애한 분위기다.

김상궁 (E) 대왕대비마마, 제산대군께서 납셨사옵니다.

다음 순간, 문이 열리고 들어오는 제산대군. 인주대왕대비에게 예를 갖

춘다.

대왕대비 (미소) 먼 걸음 하시느라 고생하시었소.
제산대군 후후.. 이리 반겨주시니 황공무지하옵고, 감읍할 따름이옵니다.
대왕대비마마의 장수를 기원하며 십장생도를 준비하였나이다. (하고
김상궁 보면)
자막 | **십장생도(十長生圖)** : 불로장생을 상징하는 10가지 자연물을 그린 그림

김상궁, 나인들에게 눈짓한다. 나인들, 제산대군이 준비한 '십장생도'를
들고 선다.

대왕대비 (감탄) 화폭 속이 살아 숨 쉬는 듯 아주 영묘한 기운이 느껴지오.
제산대군 명나라 사신단과의 경합에서 작은 실수를 범한 저의 허물을 부디 잊어
주시고, 만수무강을 기원하는 이 십장생도 그림처럼,
오래오래~ 아주 오래~ 사셔야 하옵니다. (절하고)
대왕대비 (흡족) 저 귀한 그림은 잘 받겠습니다.
허나, 경합에서의 실수는 그냥 넘어가기에는 너무 부끄러운 일입니다.
하마터면, 우리의 인삼채굴권이 넘어갈 뻔하지 않았습니까.
책임은 지셔야지요.
이참에 사옹원 제조에서 물러나시는 게 좋겠습니다.
주상과 조정 대신들에게 자중하는 모습을 보이세요.
제산대군 (비굴한 미소) 예, 대왕대비마마. 명심하겠사옵니다. (일어나 나가고)
대왕대비 (날카로운 시선으로 보며) …

10. 봉덕궁 / 침전 마루 / 낮

처용탈이 보이고, 이헌, 침방 나인들의 도움을 받아 흑색 처용무 복식
을 갖춰 입느라 분주하다.

창선	(들어오며 심각하게) 전하, 잠시 주변을 물려주시옵소서.
이헌	(나인들을 향해 손짓하며) 모두들, 잠시 나가 있거라.

고개를 조아리며 나가는 침방나인들.

이헌	그래, 무슨 일이냐?
창선	잡혀온 자흥원 감찰상궁이 자결을 하였다 하옵니다.
이헌	(흠칫) 자결이라니?
창선	옥졸들이 발견하였을 때는, 이미 숨이 넘어간 상태였사온데,
	시신의 목에 비녀 모양의 칼이 꽂혀 있었다 하옵니다.
이헌	(잠시 일어나 뒷짐을 지고 서서 왔다 갔다 하며 생각에 골몰하고) ..
	이 일은 기무에 부쳐, 옥사장과 옥졸들에게 일러 당분간 밖으로 얘기
	가 돌지 않게 하고,
	지금 당장 도승지에게 일러, 자결한 감찰상궁의 신원과 생전에 친분이
	있던 자들을 모두 조사해 오게 하라.

자막 | 기무(機務) : 비밀을 지켜야 할 중요한 일

창선	예, 전하. (나가고)

F.C_ 증좌를 가져오라고 큰소리치던 목주의 컷컷

이헌	(E) 숙원... 대체 어디까지 가려는 것이냐.. (주먹을 불끈 쥐고)

11. 봉덕궁 / 대왕대비전 앞마당 / 낮

대왕대비의 대탁. 수라간 최고상궁(임상궁)의 매서운 지도 아래 나인
들이 상차림을 하고, 윤내관이 각종 음식 목록을 확인하고 있다.
좌우로 늘어선 귀빈석에는 각상과 찻상이 준비되고 있다.
왕의 술잔과 오색 강정, 유자, 석류, 밀감 등을 탑처럼 차곡차곡 쌓고

상화를 꽂고, 수라가자에 싣고 온 편육, 한과, 떡, 찜 접시들을 상 위에
놓는 수라 상궁, 나인들.
음식이 담긴 수라가자와 함께 지영, 길금, 숙수들이 도착하면 대탁으로
가서 음식을 놓기 시작한다.

지영   (구절판을 상 위에 놓으며) 어때요?

엄숙수   (구절판 보며) 콩고기 구절판이라니~! 보고도 못 믿겠네~ 허허 이것 참.

맹숙수   누가 콩으로 고기를 만들 생각을 하겠습니까. 이건 가지바위라고 했소?

지영   '파이'. 콩고기 가지파이. 이것도 비건이에요. 식물성.

심숙수   지는유. (가지파이 들어보며) 요번 요리는 참말루 맘에 들어유.
          시방 이거 이름이 뭐라구 했쥬? 피곤?

민숙수   형님도 참, 비곤이요~ 비곤!
          동물성 재료? 식재료? 암튼, 그거 없이 맛과 영양 모두 챙길 수 있어 좋
          다고 하지 않습니까~

지영   오~ 민숙수님~ 대단한데요? 싹 다 기억하고 계시네.
          그럼 내려갈까요? (품에서 뭔가 떨어지면)

길금   아가씨, 뭐 떨어뜨리셨어라. (초콜릿을 주워주며) 단내가 나는디?
          (큼큼 미소) 감초, 작설 향도 나는디, 이것이 뭐대요?
          자막 | 감초(甘草) : 단맛을 띠며 해독, 진정 작용이 뛰어난 약재
          자막 | 작설(雀舌) : 이파리가 참새 혓바닥을 닮은 차

지영   아냐. 아무것도. (소중히 품에 넣으며)
          (E) 전하께 주려고 만든 초콜릿인데..
          어휴~ 저 개코.. 녹차, 감초 초콜릿을 알아보네.

12. 봉덕궁 / 대왕대비전 앞마당 / 낮

인주대왕대비와 함께 진명대군, 임송재, 내명부 여인 일동이 마당으로
들어선다.

준비를 마친 지영과 수라간 숙수들, 나인과 내관들이 한쪽에 물러서서 대왕대비를 향해 예를 갖추고.

인주대왕대비가 착석하면 차례대로 앉는 진명대군과 내명부 여인 일동.

도승지 송재가 귀빈석에 앉으면 임서홍이 옆에 앉고,

한민성과 박원준, 유형민과 대신들, 제산대군과 성인재, 김양손, 유문정과 대신들이 들어온다.

대왕대비의 옆, 이헌의 자리만 비어 있다. (30여 명의 대신들)

한민성 (대왕대비에게 예를 갖춰 인사하고) 대왕대비마마, 오늘처럼 복된 날에 건강과 기쁨이 가득하시길 비오며 축수 올리옵니다.

자막 | 축수(祝壽) : 장수를 기원하고 축하하는 의례

일동 (저마다 인사하며) 대왕대비마마, 만수무강하시옵소서~

대왕대비 고맙소. 모두들 편히 앉아 자리를 빛내주시오.

대신들 (저마다 예를 갖추고 자리에 착석하는)...

대왕대비 (문득 고개를 돌려 이헌의 빈자리를 물끄러미 보는)...

이때, 일각에 서 있던 자홍원의 새로운 박상궁, 빠른 걸음으로 다가와 목주에게 귓속말을 한다.

목주 (인주를 보며) 대왕대비마마, 마마의 만수무강을 기원하며, 자홍원의 무희들이 춤을 올리겠사옵니다.

대왕대비 (마지못해 미소) 그래? 알았다.

목주 (박상궁에게 눈짓)..

박상궁, 아악 악사들(12인조)과 무희들(6인조)에게 눈짓하면, 마당 중앙으로 걸어와 예를 갖추고, 포구락(혹은 봉래의)을 시작한다.

인주대왕대비, 내명부 여인들, 대신들, 모두 지켜본다.

13. 봉덕궁 / 침전 마루 / 낮

어느새 복색을 갖춰 입고, 처용탈을 보며 생각에 잠긴 이헌, 창선이 공길과 들어와 예를 갖추고.

창선   전하, 광대 공길이 들었사옵니다.
공길   전하, 준비가 다 되었사옵니다.
이헌   (처용탈을 잡고 일어서며) 가자. (나가는)

14. 봉덕궁 / 대왕대비전 앞마당 / 낮

마당 중앙, 기품 있는 아악에 맞춰 자홍원의 무희들이 포구락(혹은 봉래의)을 추고 있고.
대신들은 각상에 놓인 콩고기 구절판과 가지파이 요리를 신기하게 바라보고.
인주대왕대비와 내명부 여인들, 대탁에 놓인 콩고기 구절판과 가지파이를 호기심 어리게 본다.

대왕대비   (구절판을 맛보고 신기해하며 지영을 보는) 연숙수는 잠시 올라오거라.
지영   (올라와 예를 갖추고)....
목주   (불편한 표정으로 보며)...
대왕대비   이건 그간 먹던 구절판과 뭔가 다른 것 같구나. 이게 대체 무슨 고기냐?
지영   '콩으로 만든 고기'입니다.
     요즘 대왕대비마마께서 육고기를 못 드신다고 해서, 고기 대신 식물성 대체육으로 구절판과 가지파이를 만들었습니다.
대왕대비   (흡족하고) 콩으로 만든 고기라..? 콩으로? 파회? 호호. 참으로 신묘하다.
성귀인   (살짝 냄새 맡아보며) 이건 분명 고기 냄샌데~?
양귀인   콩으로 만들었다니.. 정말 신기하네요. (보며)

목주	헌데, 진짜 고기를 가지고 장난치는 것은 아니겠지?
지영	(E) 아.. 또 트집이네. 나를 뭘로 보고.
	호호호. 그만큼 잘 만들었다는 칭찬으로 듣겠습니다.
자현대비	(지영과 숙수들 보며 미소) 숙수들이 애를 참 많이 썼구나..
지영	(미소) 이렇게 다들 좋아해 주시니, 더 바랄 게 없습니다.
	대왕대비마마, 늘 평안하시고 건강하세요~
대왕대비	(미소) 네 말이 내게는 보약이구나.. 너도 오래토록 무탈하거라.
지영	(인사하고 내려가고)
대왕대비	콩으로 만든 고기라.. (구절판과 가지파이를 먹고) 고기 맛이 나는데..
	(주변을 향해) 어서들 즐기세요.

인주대왕대비를 비롯한 내명부 여인 일동, 신하들 모두가 가지파이와
갖은 요리들을 한입씩 먹어본다.
'음~!' / '허~!' 여기저기서 감탄의 신음 소리가 들려오고..
지영, 계단 밑에서 길금과 수라간 숙수들에게 엄지를 척 들면, 화답하
듯 엄지를 척 드는 길금, 숙수들.

목주	(E) (한입 먹고 미소) 훗~ 네년 요리 자랑도 오늘로 끝이다.
성귀인	이런 요리를 두고 주상께서 늦으시다니, 참으로 애석합니다.
양귀인	그러게요, 필시 좋아하실 텐데...

이때, 박 소리 탁! 하면 음악이 끝나고, 처용탈을 쓴 공길과 사당패들이
몰려오고, 무희들 물러난다.

| 송재 | (일어나며) 금일, 대왕대비마마의 만수무강을 기원하는 이 경사로운 날
을 맞이하여, |
|---|---|
| | 전하께옵서 친히 광대들을 부르시어 춤을 올리라 명하셨사옵니다. |
| | (사회자처럼) 이어지는 무대는 액운을 물리치고 홍복을 드리우는, 사당
패의 '사자놀이', 그리고 '처용무'이옵니다. |

대왕대비 (흐뭇/사당패 보며) 주상께서? 그럼 어디 한번 복된 기운을 불러모아 보거라.

공길, 처용탈을 쓴 채 앞으로 나와 예를 갖추고 나면, 광대들의 공연 시작을 알리는 징 소리가 울리고-
아악과 달리 흥겹고 신명 나는 장단에 인주대왕대비와 내명부 여인들, 지영과 길금, 숙수들도 흥이 나는데...!
목주와 대신들은 못마땅한지 인상을 찌푸린다. 이윽고, 공길, 꽹과리 장단으로 가락을 정리하고.

공길 천지신명이시여~~ 갑신년 신사월 임술일, 대왕대비의 생신을 맞이하야~ 만조백관과 자손들이 모여 정성을 드리나니~ 잘 보아주십시오~

공길의 얼굴을 뚫어져라 쳐다보는 인주대왕대비.

대왕대비 (미소) 네가 주상께서 총애하신다는 그 광대, 공길이구나.
공길 예, 대왕대비마마. (꽹과리 치며) 만수무강하시옵소서~

공길의 꽹과리 소리를 신호로, 악사들이 처용무의 연주를 시작한다.
사당패가 물러나고, 공길이 꽹과리를 내려두고 중앙에서 처용무(붉은 처용복)를 시작한다.
인주대왕대비와 내명부 여인들 일동은 흥미롭게 공길의 처용무를 감상하며 즐거운 표정으로 보는데,
이때, 이헌(다른 검은 처용탈)이, 중앙의 독무를 추던 공길과 자리를 바꾼다.
한쪽으로 창선과 최상궁, 대전 상궁 나인들이 들어온다.

지영 (눈을 가늘게 뜨고 처용탈 바라보며) (E) 아..! 전하.!
목주 (뭔갈 눈치채고 흠칫)

대왕대비 (유심히 보다가) 설마, 주상?!

성귀인, 양귀인 '예?!' 하며 놀란 표정이고, 자현대비는 말없이 처용탈을 유심히 본다.

송재 예, 이는 전하께서 지극한 정성과 예를 다하여, 대왕대비마마께 올리는 춤이옵니다.

대왕대비 (감동) 주상이... 춤을.... 이 할미에게... (눈시울이 붉어지고)

자현대비 ...주상의 효심이 참으로 지극하옵니다.

제산대군 실로 주상의 춤사위가 예인의 그것과 다르지가 않소.

성인/유문 진정 전하란 말입니까? / 어찌 이런 곳에서 저런 춤을..

한/박/유형 십수 년 만에 전하의 처용무를 다 봅니다 / 정말 놀랍소이다 / 진짜 전하란 말이오?

제산대군이 미소를 지어 보이면, 인주대왕대비와 내명부 여인들, 즐겁게 이헌의 독무를 보고.
지영도 수라간 숙수들 일동과 함께 일각에서 흐뭇한 표정으로 이헌을 보고 있다.

지영 (E) 후~ 전하, 이제 오래오래 성군으로 기억되실 겁니다~
자막 | 성군(聖君) : 어질고 덕이 높은 임금

제산대군 (E) 주상, 지금 마음껏 효도하시게~ 곧 천하의 패륜아, 폭군이 될 터이니.. 으흐흐..

15. 봉덕궁 입구 일각 / 낮

비장한 표정으로 궁궐 입구를 향해 가는 이장균. 청관복을 갖춰 입고, 금등을 들었다.

그 뒤, 검은 장옷으로 얼굴을 가린 채, 여종들의 부축을 받으며 이장균을 따르는 노파 심씨.

이장균, 복잡한 심정으로 광화문 앞 잠시 서서 금등을 보는데... 멀리서 지켜보는 눈초리. 덕출이다.

16. 이장균의 회상 / 숲속 / 백정촌 서낭당 / 밤

으스스한 분위기에 인적이 없는 숲속 서낭당.

무사들, 이장균과 이장균 처의 눈가리개와 재갈을 거의 동시에 벗겨준다.

이장균 처 나으리..!! 살려주시어요.. 흑흑...

이장균 (!!)(덕출 보며) 네 이놈! 정녕 하늘이 무섭지 않느냐?!

이때, 제산대군이 어둠 속에서 손짓하면, 무사들이 이장균 처의 눈을 가리고 재갈을 물려 데려간다.

'읍읍읍(나으리!)' 소리치는 이장균의 처! 어딘가로 끌려가고! 분노로 몸부림치는 이장균!

제산대군 (이장균 앞으로 나서며) 네 안사람을 살리고 싶으냐?

이장균 (분을 삭이며 침묵)...

제산대군 (입 다문 이장균 보며) 안 되겠구나. (덕출 보면)

덕출 (덕출이 살벌한 표정으로 검을 빼어드는데)...

이장균 (피를 토하는 심정으로) 대군! 어찌 이러시오!!

　　　　나는 주상의 밀명을 받은 별견어사요! 이것은..

제산대군 (차가운 미소) 그래.. 역모다.

이장균 (충격!) 대군...!

제산대군 사사된 폐비의 복수라는 미명 아래... 무인사화를 일으키고!

파렴치한 살생을 거리낌 없이 행했던 주상과!! 그 일에 앞장섰던 네놈을!!! ...처단하려는 역모다!!! 너는, 그날의 일을 벌써 잊었느냐?

이장균 (고개를 숙이고 눈물).... 잊지 않았습니다. 아니, 잊을 수 없었지요.. 그 칼끝에 쓰러진 자들의 얼굴이.. 밤마다... 흑흑...

제산대군 허면, 네 죄가 얼마나 무거운지도 잘 알겠구나.

이장균 나는.. 더 이상 피를 부르지 않기 위해.. 밀명을 받든 것입니다. 사초와.. 피 묻은 적삼은 전하께 전해져서는 아니 되는 물건이오! 그것이 전하를 위하고 이 나라와, 백성들을 위하는 일이 아니겠습니까!

제산대군 참으로 가엾구나... 그리하면 주상의 광기를 막을 수 있을 거라 생각했나? 진정으로 태평성대가 올 거라 믿었냔 말이다!!!

이장균 (복잡한 심경으로 제산대군을 보고).....

제산대군 지금이라도 내 말을 따르면, 네 처와 자식의 목숨만큼은 살려주마. 어찌하겠느냐?

이장균 눈을 감는다. 앞에 놓이는 금등 상자. 덕출, 뚜껑을 열면, 사초 봉투와 피 묻은 적삼이 보인다.

17. 현재 / 봉덕궁 입구 일각 / 낮

깨어난 이장균, 결연한 표정으로 낡은 통부를 보여주고 궁문을 통과한다. 외조모와 여종들도 따라간다.

18. 봉덕궁 / 대왕대비전 앞마당 / 낮

마침내 이헌의 처용무가 끝난다. 이헌이 처용탈을 벗고 인사하면, 내명부 여인들과 대신들 모두 환호하고,
지영과 길금, 수라간 숙수들 일동, 감동과 감탄의 표정으로 지켜보고.

지영	(E) 대왕대비 할머니가 웃으시네.. 후~ 이제 궁에 평화가 찾아오는 건가?
이헌	할마마마, 꽃이 진들 봄은 다시 찾아오는 것처럼,
	천세 만세 누리시며 만수무강하시옵소서.

공길, 함께 예를 갖춘다. '만수무강하시옵소서, 대왕대비마마!'

대왕대비	고맙소, 주상.
	주상께서도 언제나 밝은 해처럼 오래도록 이 나라를 비추시길 바라오..
	(하는데)
수혁	(E) 아니 되오!

지영과 수라간 숙수들, 공길, 인주대왕대비와 내명부 여인들, 한민성
과 대신들, 제산대군과 대신들 모두 보면,
입구에서 우림위들과 실랑이를 벌이고 있는 이장균.

이장균	우림위장! 잊으셨소? 나는 전하의 어명을 받은 별견어사 이장균이오.
수혁	(노려보며) 지금은 대왕대비마마의 진찬이 열리고 있소. 저녁때 대전
	으로 오시오.
이헌	(입구로 걸어가며) 이장균!? (수혁에게) 비켜서라!
수혁	(예를 갖추고 물러서는)...

| 이장균 | (E) 사초는 전하께 전해져서는 아니 될 물건이오! |
| 제산대군 | (E) 그리해서, 주상의 광기가 멈추었느냐. 태평성대가 되었느냐 말이다! |

| 이장균 | 전하! 신 홍문관 교리 이장균이옵니다. 금등을 찾아왔사옵니다! |

'금등?' 수군수군거리는 사람들. 얼굴이 하얘진 지영.
이장균, 마당 중앙으로 들어선다. 뒤이어 장옷에 가려진 심씨가 두 여
종의 부축을 받으며 오고,

이장균, 이헌에게 다가가 금등 상자를 앞으로 내민다. 놀란 지영, 숨을
죽이고 지켜보는데...

이헌   이것이 무엇이냐..

이장균   전하께서 찾아오라 명하셨던 사초이옵니다.

        사고(史庫)의 사초가 아니라 진실을 담은 가장사초지요..

        자막 | 가장사초(家藏史草) : 사관이 세평과 사적인 견해를 담아 집에 보관한 사초

지영   (E)(충격!) 사초?! 이게 어떻게 된 거지?! 설마..

이헌   (홀린 듯 상자를 보고) .... 열거라.

이장균, 상자를 연다. 낡은 사초(낱장 8장)와 정체를 알 수 없는 피 묻은
적삼이 보이는 상자 안.

지영   (E)(급히) 뭔가 이상해. 보지 마세요. 전하. 안 돼.

이헌   (쿵!!) ...이것이 정녕...!

이장균   예, 사사되신 폐비의 진실이 담긴 사초입니다..

인주대왕대비를 비롯한 내명부 여인들 사색이 되고,
제산대군과 목주, 성인재, 유문정, 김양손만이 회심의 미소를 짓는다.
수라간 숙수들은 영문을 모른 채 긴장하며 보는데, 지영, 휘청인다.

지영   (E)(공포!) 갑신사화야..! 안 돼! 안 돼! 어떻게든 막아야 돼!!

        자막 | 갑신사화(甲申士禍) : 갑신년에 연희군이 생모 폐비 연씨의 죽음에 관련된 신하들을 처형한

                                   정치보복사건

길금   (다가와서 일으켜 세우며 작게) 아가씨, 왜 이러신다요.

지영   (얼굴이 하얘져서) .... 길금씨...

이헌, 충격을 누르고 이장균 뒤의 장옷을 쓴 늙은 노파를 본다.

이장균	사초를 찾던 중에 만나 뵙게 되었습니다.. 전하의 외조모이시옵니다.
이헌	(충격) 뭐라?! 내... 외조모....!!!

인주대왕대비, '이런...!' 하면서 어지러움을 느끼며 순간 휘청인다.
'대왕대비마마, 괜찮으시옵니까!' 하며 놀라며 인주대왕대비를 받쳐드
는 내명부 여인들.
이때, 제산대군의 손짓에 심씨의 장옷을 벗기는 여종들.
가슴에 봉제 중전마마 인형을 품은 채 히히~ 하며 웃고 있는 미친 심씨.
정신이 온전치 못하다.

이헌	(믿기지 않는 슬픈 얼굴) 저...분이... 정녕....!! (이장균 보면)
이장균	(고개를 숙이고) ....예, 전하의 외조모이신 고흥 부부인이십니다.
심씨	(이헌을 보며 빙긋) 히히~
이헌	(더욱 충격) 이것이.. 이것이 어찌 된 일이냐... (이장균 보고)
이장균	부부인 마님께서는 생모께서 사사되신 이후에... 저리되셨다 하옵니다.

제산대군, 이장균을 보며 묘한 미소를 짓고, 이헌, 부부인에게 다가가
그녀를 지긋이 보며.

이헌	(떨리는 음성) 묻겠다. 자네가 부부인 심씨가 맞느냐..
심씨	(순간 흠칫) 모릅니다! 저는 아무것도 모릅니다!
	그저 죄 없으신 우리 마마님.. (이헌의 옷자락 잡고) 살려주십시오! 살
	려주십시오!
이헌	(힘없이 손을 탁... 내리고 같이 주저앉아) ...외조모님 ..저를 알아보시
	겠습니까...?
심씨	(흠칫 이헌을 보다가 잠시 정신 돌아온듯) 전하..?

순간, 숨 막히는 긴장감이 마당에 감돈다.
이내 웃어 제끼는 심씨. '이히히히~!' 괴상하게 웃으며 인형을 꼭 끌어

안고 수라가자로 뛰어가는 심씨.

'어디서 맛있는 냄새가~?!' 함께 온 여종 1, 2, 심씨를 잡으러 뛰어가고.

인주대왕대비가 일어선다. 내명부 여인들과 대신들도 모두 일어선다.

이헌	(분노를 삼키며) 모두 자리에 앉으시오!
대왕대비	내가 있을 자리가 아닌 듯하여 내 그만 들어가리다.
자현대비	주상, 대왕대비께서 지금 몸이 좋지 않으십니다.
한민성	전하, 대왕대비마마를 이만 대비전으로 들게 하시어,
이헌	… (붉게 충혈된 눈!) 모두 앉으시라 했습니다!

삽시간에 변한 분위기. 인주대왕대비와 내명부 여인들 일동 모두가 공포심을 느끼며 자리에 앉는다.

한민성과 대신들 모두 난감한 표정으로 이헌을 보고, 제산대군과 성인재, 유문정, 김양손, 목주만 덤덤하다.

이헌	도승지!!!
송재	(달려와 조아리며) 예, 전하.
이헌	모두가 들을 수 있게 사초를 꺼내 읽거라.
송재	(난감) 하오나 전하,
이헌	(O/L) 어서!! (핏발 선 눈빛으로 보는)

눈을 질끈 감는 지영. 송재, 마지못해 사초를 상자에서 꺼내 들고 읽는다.

송재	신유년 이월 스무날 갑오, 중전의 투기가 심하시다
	후궁 양씨와 성씨가 번갈아 가며 왕께 상소를 올렸다.
양귀/성귀	(충격!)…
송재	(떨리는 목소리) 중전은 천박하고 성품이 어질지 못하니
	그 자리에 어울리지 않는다며 수시로 상소하였다.
이헌	(고개를 돌려 양귀인, 성귀인을 노려보는)…

양귀/성귀 (공포!) 대왕대비마마...!

대왕대비 (치맛자락을 꽉 움켜쥐며 눈을 감는) ....

자현대비 (인주대왕대비의 손을 잡아주며 고개를 숙이고) ...

이헌, 인주대왕대비 앞으로 다가가 성귀인과 양귀인을 지긋이 노려본다.
오들오들 떨며 인주대왕대비의 옆으로 숨는 성귀인과 양귀인.

대왕대비 주상! 정녕 이러실 겝니까?!

이헌 ....도승지는 계속 읽으라.

송재 임술년 구월 초칠일 신축, 왕의 얼굴에 손톱자국을 낸 일로
왕과 모후인 인주대비의 격분을 유발해,
이 해 여러 신하들의 반대에도 불구하고,
한민성을 비롯한 여러 대신들이 찬동하여 폐서인이 되어 친정으로 쫓겨
났다.
자막 | 폐서인(廢庶人) : 죄를 지어 지위를 잃고 서인(庶人)이 된 사람

대왕대비 (올 것이 왔구나.. 낮은 한숨)...

이헌 (한민성 쪽으로 고개를 돌린다)...네놈들이..

한민성 (눈시울이 붉어져) ... 전하, 전하, 그만하시오소서.

제산대군 (묘한 미소가 입가에 번지며 공연을 관람하듯 여유롭게 차를 마시는)..

이헌 (그들을 뚫어져라 주시하며) 계속하라.

대왕대비 (각오한 듯 가만히 눈을 감는다)...

송재 계해년 사월 십사일 임오, 대비께서 선종 임금께 폐비의 사사를...
자막 | 사사(賜死) : 죄인에게 사약을 내려 죽게 하는 것

순간 시간이 멈춘 듯 모든 것이 고요해지고..

송재 ......청하시었다.

INS_ 사약을 마시며 '전하를 뵙게 해주시오' 울부짖는 폐비 연씨의 모습

컷컷

이헌, '으아아아아!' 수혁의 검을 잡아 빼 올려드는 이헌!
지영, '전하!' 외치며 튕겨지듯 이헌에게 달려간다.

지영　(이헌을 붙잡고 간절히) 전하, 전하, 안 됩니다! 제발요!

이헌　비켜라..

수혁이 지영을 제지하려 하자, 손으로 막는 송재. 지영이 헌의 폭주를
막아주길 바라는 마음이다.

지영　(끌어안고) 못 비킵니다. 이러지 마세요! 이러시면 안 됩니다!

이헌　(지영을 홱 뿌리치고 인주대왕대비를 보며) 정녕, 모친의 사사를 명하
　　　신 게, 할마마마십니까?

대왕대비　(눈을 감은 채 말없이)....

이헌　(충혈된 눈으로 칼을 높이 들고) 제가 묻고 있지 않습니까!! 대답해 보
　　　시지요.

지영　(온몸으로 막아서며) 전하! 이러시면 안 됩니다. 제발요!

이헌　(눈시울이 붉어져 지영 보고) ..비켜라..

지영　(눈시울이 붉어져 고개를 젓고) ...안 돼요.. 안 돼요, 전하..

대왕대비　(결심하고) 맞다. 내가 청하였다.

한민성　(재빨리 대왕대비 앞을 막아서며) 전하, 이장균 저자는 역적이옵니다.
　　　듣지 마소서.

지영　(흠칫 돌아보면) !!

이헌　역적?!

한민성　사초가 아무리 사실이라고 하나, 전하께서 보위에 오르시어...
　　　이 일은 영원토록 비밀에 부치라는 선대왕의 어명이 계셨사옵니다.
　　　선대왕의 유언을 저버린 저자의 마음이 역심이 아니면 무엇이겠사옵
　　　니까!!

이헌	뭐라?! 선왕께서 평생 이 일을 비밀에 부치라 명했다?!!

심씨, 그 말을 듣고 '비밀? 헤헤헤헤' 웃더니 금등 상자를 뒤적여 피 묻은 적삼을 꺼낸다.

심씨	이거 봐, 이거~ (히죽히죽) 비! 밀!

모두 충격, 경악으로 그것을 본다.

이헌	(사색) 저것이 무엇이냐...? 저 피 묻은 저고리는 무엇이냐 물었다!!
이장균	그것이.. (차마 말하지 못하는)

제산대군, 이장균을 보며 인상 쓰다가, 오른손을 들어 보이는데. 이장균 부인의 붉은 옷고름이 들려있다.

이장균	(어쩔 수 없이) 전하, 이것은.. 생모께서 사사되실 때 입고 있던 적삼이옵니다.
	사초에 '원통함을 풀어달라'는 모친의 유언이 적혀 있사옵니다. (비통함에 부복하는)

자막 | 적삼(赤衫) : 무명, 삼베 등으로 지은 홑겹의 윗옷

이헌	(충혈된 눈으로 송재를 보며) 사실이냐!
송재	(미적거리는)....
이헌	(버럭) 사실이냐 물었다!
송재	(사초를 뒤져 보며) ..예... 전하.
이헌	(피 묻은 적삼을 받아 보며.. 울컥) 어머니께서 입으셨던 피 묻은 적삼... (눈물)
심씨	(인형 안고) 히히히~ 그거 우리 딸이 입던 옷인데!
	너무 원통하고 억울해서.. (울컥) 하하하하.
한민성	(절망) 부부인 마님.. 어찌.. 어찌 이러십니까.. (눈을 질끈 감고)

심씨, 홍관복을 입은 자가 다가오니 위협을 느끼고 움찔하고 쭈그리며,
'살려주십시오. 살려주십시오.'
인주대왕대비를 비롯한 내명부 여인들과 한민성파 대신들 모두가 절
망한 표정이다.

이헌   (좌중을 섬뜩한 눈빛으로 쓸어 본다).....

지영   (E) 어떡하지.. 어떡하지..

이헌   (살기) 내 오늘...! 모든 것을 바로잡겠다!!

순간, 인주대왕대비를 향해 칼날을 겨누는 이헌, 지영이 이헌의 팔을
감싸는 자세로 꽉 안아 버린다..

이헌   (흠칫!!)....

지영   안 돼요!... 안 돼요! 참으세요.. 지금 복수하시면.. 평생 후회하실 겁
니다..

이헌   네 정녕 죽고 싶으냐... (지영을 뿌리치고 칼을 치켜들면)

지영   (눈을 감아버리는) 전하!

다음 순간, 지영을 걱정하며 보던 길금, 수라간 숙수들 모두 바닥에 넙
죽 엎드리고 '전하... 아니 되옵니다, 전하.. 흑흑' 눈물 흘리고..
지영, 눈물을 참으며 이헌을 더욱 간절하게 보고.

이헌   (화를 억누르며 지영 보고) 너와는 상관없는 일이다. 비켜라.

지영   아니요. 제가 상관있어요.

이헌   (보면)..

지영   제가.. (눈을 질끈 감고 꽉 끌어안으며) 전하를 연모하니까요.

이헌   (쿵!!)....

순간, 모두가 지켜보며 놀란 표정인데..

지영　　전하, 제발 멈추세요. 전하.. 저랑 약속하셨잖아요..
　　　　　저한테 비빔밥 만들어 준다고 했잖아요.
　　　　　기다린다면서요. 폭군이 아니라 좋은 왕이 되겠다고 하셨잖아요.
이헌　　(흠칫)..

순간 흔들리는 심씨의 표정. 갑자기 덜덜 떨기 시작한다.

송재　　전하, (부복하며) 소신도 간청드리옵니다. 부디 칼을 거두어 주시옵소서.

이어 한민성과 대신들도 모두 자리에서 일어나 무릎을 꿇는다. '전하..
부디 칼을 거두어 주시옵소서!'

지영　　(간절히 보며) 전하, 제발 칼을 거두세요.. (눈물)
이헌　　(가만히 바라보다가) ....미안하다, 연숙수.
　　　　　이 비극을 만든 사람은... 나도, 내 어머니도 아니요..
　　　　　(인주대왕대비와 내명부 여인들 보며) 여기 앉아 있는 내 할마마마와
　　　　　선왕의 후궁들이니까.. (결심하고) 우림위장!
　　　　　단 한 사람도 빠져나가지 못하게 사방을 막아라! (차갑게 돌아서며)
수혁　　예, 전하! (우림위들에게 손짓하면)
지영　　전하, 전하, 안 돼요!!! (수혁이 지영을 막아서고)

다른 우림위들이 더 몰려와, 일사불란하게 사방을 막아서고, 이헌은 인
주대왕대비 앞으로 돌아선다.
주저앉아 떨고 있는 심씨! 그런 심씨의 눈빛을 보는 지영!

지영　　(E) 그래, 할머니. 초콜릿.. 초콜릿을 드시면 정신이 드실지도 몰라!

지영, 비장한 표정으로 외조모 심씨의 앞에 다가간다.

지영   (급히 초콜릿을 품에서 꺼내며) 할머니, 이거.. 녹차를 섞은 감초 초콜
릿인데요.. 한번 드셔 보세요..

심씨   (빤히 보면)...

지영   (간절히) 어머니의 마음으로, 전하의 어머니셨던 폐비마마의 마음을 헤
아려서... 부디 진실을 말해주세요.. (두 손 꼭 잡는)

심씨, 가만히 초콜릿을 입에 넣어 본다.
지영, 이헌을 돌아보면.

이헌   (칼날을 세워 높이 들고) 오늘, 내 어머니의 죽음에 책임이 있는 사람은..
아무도 여기서 살아 나갈 수 없다..
(인주대왕대비를 보며) 그게 순리가 아니겠습니까.. 할마마마..

대왕대비 (눈물) 주상... 결국... 이렇게... (휘청)

이헌, 흑화된 모습으로 인주대왕대비를 향해 칼을 높게 드는데..!
부들부들 떨리는 이헌의 손!

지영   (E) 정말.. 막을 수 없는 건가... 하.. 다 끝났어. (눈을 질끈 감는데)

순간, 심씨가 인형을 안은 채 통곡을 하며 부복한다. 꺼이 꺼이~
지영과 모두가 돌아보고, 이헌, 칼을 멈춘 채 돌아보는데, 멀쩡한 표정
으로 돌변한 심씨가 부복한 채.

심씨   ....마마님은! 사약을 마시고, 피를 토하면서 하늘을 향해 부르짖으셨
습니다..!

모두가 절망적인 표정을 짓는데...!

심씨   아드님께서 부디 어미의..

폐비 연씨 (E) 원통함을 풀어 주시오. 부디 길이 남을 성군이 되시어 이 어미의..

자막 | 성군(聖君) : 어질고 덕이 높은 임금

이헌 (울컥하는 표정으로 칼 잡은 채 심씨를 본다)....

심씨 이 어미의 억울함을 풀어 주시기를...!

그리 부르짖으시고, 절명하셨습니다... 흑흑... 하하하하...

순간, '성군'이라는 말에 날벼락을 맞은 것처럼 몸을 부르르 떠는 이헌.
충격받는 지영.

이헌 (넋이 나가) 성군... 성군이라니... 이미 늦었습니다. (눈물)

지영 (눈물) 아뇨!!! 아직 늦지 않았어요!!

전하, 할머님 말씀대로 어머니께서는 절대로 전하가 칼을 드는 걸 원치
않으실 겁니다.

송재 전하! 통촉하여 주시옵소서.

대신들/숙수들 전하! 통촉하여 주시옵소서.

이헌 (충격으로 하늘을 본다) 아버지!! 어찌 제게 이런 고통을 주셨습니까..

어찌하여!! 내 어머니를 죽이고, 저를 보위에 올리셨소!!

어찌하여 나를 왕으로 만드셨냔 말이오!!!! 왜!!! 흑흑흑..

통곡하며 무너지는 이헌. 챙그랑, 힘없이 칼을 바닥에 떨어뜨린다.
지영, 가슴 아픈 듯 이헌을 본다.
질식할 것만 같은 장내의 분위기 속에 고개를 숙인 채 한동안 움직이지
않는 이헌.
어금니를 꽉 깨무는 제산대군, 성인재, 유문정, 김양손. 목주, 망연하다.
모두가 숨을 참고 지켜보는데, 이헌, 비틀거리며 천천히 걸어가고,
지영, 조용히 이헌의 뒤를 따른다.
그 뒤를 멀리서 따르는 창선과 대전 상궁 나인들. 누군가의 손이 이헌
의 처용탈을 챙긴다. (별감의 손)

19. 봉덕궁 / 운영정 / 후원 / 낮

이헌, 운영정 후원을 비틀거리며 걷고 있다. 창선을 비롯한 대전 상궁 나인들이 멀리서 따르고 있다.

이헌   (핏발 선 눈으로) 따르지 말거라! 혼자 있고 싶다!

고개를 조아리며 멈추는 창선과 대전 상궁 나인들. 지영, 창선에게 눈짓하고 이헌을 뒤따라 간다.
일각으로 걸어가는 이헌. 말없이 뒤를 따르는 지영.

Cut to_ 어느 나무 앞에 서는 이헌. 나무에 손을 댄다.
지영이 나무를 가만히 보면, 이헌의 어린 시절 키가 표시되어 있다.
(100, 110, 120cm 높이의 칼자국)

F.C_ 어린 이헌이 서면, 젊은 폐비 연씨가 나무에 키를 표시해 준다.
'어마마마, 어서요!'(어린 이헌) / '세자, 벌써 이만큼이나 크셨습니다'
(폐비 연씨)

환영을 보던 이헌, 통곡한다.

이헌   어머니…! 흑흑…

지영도 무너진 이헌의 모습에 가슴 아프고, 그런 이헌을 뒤에서 가만히 안아주면, 이헌, 아이처럼 우는데.

지영   전하… (눈물)

Cut to_ 어느덧 눈물을 멈춘 이헌과 지영이 나무에 기대앉아 있다.

이헌	어머니의 한을 풀려고 걸었던 길이, 어머니의 염원을 반하는 길이었다니.. 참으로 허망하구나.
지영	어머니께서도 전하가 역사에 폭군으로 남지 않길 바라셨던 거예요...
이헌	...너는 가족이 죽었으면 좋겠다고 생각한 적이 있느냐?
지영	(놀라 보면)...
이헌	..(고백한다) 나는 아버지가 죽었으면 좋겠다고 생각한 적이 있었다.. 어머니를 쫓아내고 사사하신 아버지를.. 나는 평생 용서할 수도, 이해할 수도 없었지..
지영	(가슴 아프게 보는)...
이헌	언젠가 어머니를 죽음으로 몰아냈던 것처럼.. 아버지를 섬겼던 신하들, 어머니를 몰아냈던 그들 모두를.. 나는 죽이고 싶었지.
지영	(간절히) 그러고 나면.. 그다음은요?... 그건 전하를 위한 게 아니에요. 그건 어머니를 위한 것도, 그 누구를 위한 것도 아니에요. 약속해요. 절대로! 다시는! 그런 생각하지 않겠다고!
이헌	(피식 미소) 내가 그리 걱정되느냐?
지영	(미소) 걱정... 되죠... 전하가 아프면... 저도 아프니까..
이헌	(슬프게 피식)...
지영	진짠데!
이헌	(피식 미소) 알았다..
지영	지금 안 믿으시는 거예요?
이헌	알았다 하지 않았느냐? (허허 웃고)

20. 봉덕궁 / 궐 일각 / 낮

제산대군과 성인재를 비롯한 유문정, 김양손이 봉덕궁을 나가며 대화 중이다.

성인재　(나직이) 계획이 실패로 끝났습니다. 대군.

유문정　(작게) 그 요망한 연숙수가 대사를 그르쳤습니다.

제산대군　(보며) 그냥 두어서는 안 될 자였소이다.

김양손　어떻게 하면 좋겠습니까? 대군.

제산대군　이제, 우리 손에 피를 묻힐 수밖에 없소.

　　　　　오늘 밤 두 번째 계획에 돌입하겠습니다..

　　　　제산대군이 앞장서 가면, 뒤따르는 성인재, 유문정, 김양손.

　　　　그들이 가면, 뒤에서 모습을 드러내는 송재.

송재　(혼잣말) 제산대군.. 설마했는데.. 오늘 대군이 짠 판이었소? (하며 돌아서는데 헉!)

　　　　덕출의 칼이 목에 들어온다. 송재 뒤로 되돌아온 제산대군과 대신들.

제산대군　네놈이 죽을 자리를 찾아왔구나.. 허허.

덕출　어찌할까요, 대군나리.

제산대군　여기서 피를 볼 수는 없고.. (덕출에게 눈짓하면)

송재　네놈들이 제명에 죽을 성싶으냐? 억! (뒷목을 맞고)

　　　　기절한 채 덕출에게 끌려가는 송재.

21. 봉덕궁 / 궐 다른 일각 / 낮

　　　　한민성, 박원준, 유형민이 궐 밖을 나서고 있다.

유형민　전하께서 그동안 가장사초를 찾고 계셨다니, 정말 꿈에도 몰랐습니다.

박원준　저희도 방책을 세워야 하지 않겠습니까?

한민성   폐비의 일이 있었음에도 주상을 보위에 올린 우리의 잘못이오.

허나, 이대로 더 이상 두고 볼 수는 없소이다. 오늘 밤, 우리 집으로 다

모이라 하시오.

박원준/유형민   예. / 예, 대감.

22. 봉덕궁 / 대왕대비전 / 낮

꼿꼿한 자세로 홀로 앉아 있는 인주대왕대비. 복잡한 심경이 표정에 고

스란히 드러나고..

이헌의 모습이 자꾸만 떠오르는데..

F.C_ 사초를 읽게 하던 이헌의 광기 어린 모습 컷 / 인주대왕대비를 향

해 칼을 겨누던 이헌의 컷

한민성   (E) 주상이 폐비의 사사에 우리가 가담한 사실을 알고 사초를 찾는 것

이 분명하다면, 주상을 보위에 올린 우리 한씨 일파를 축출하려는 게 아

니겠습니까.

대왕대비   (한숨) 이를 어찌해야 하나..

23. 봉덕궁 / 자현대비전 / 낮

자현대비와 빙 둘러앉은 성귀인, 양귀인.

성귀인   (울먹) 대비마마, 이제 저희는 어찌해야 합니까..

양귀인   (울먹) 대비께서도 전하의 광기를 보지 않으셨습니까.. 흑흑.. 너무 두

렵사옵니다.

자현대비	(달래듯) 허나, 주상께서 칼을 버리지 않으셨는가.
성귀인	그 칼을 다시 드는 날엔 어찌 되는 것이옵니까?
	이대로 죽을 날만 기다려야 하는 것이옵니까?
자현대비	..솔직히 나도 두렵네. 헌데, 지난번 진명이 쓰러졌을 때도 그렇고,
	아까도 그렇고, 주상이 참기 힘든 상황에서도 연숙수의 말은 들으시니..
	그것에 희망을 걸어야 하지 않나 싶네.
성귀인	허면, 이참에 숙원을 몰아내고 연숙수를 중전으로 밀어 올릴까요?
양귀인	그거 좋은 생각입니다. 전하께서 연숙수의 말은 다 들으시질 않소.
자현대비	내 생각일 뿐이네. 대왕대비마마께서 부르시기 전엔, 어떠한 행동도 말
	도 삼가하시게.
성귀인/양귀인	(홀쩍) 예..

24. 봉덕궁 / 침전 / 외경 / 해 질 녘

서서히 해가 저물어가는 노을빛 봉덕궁의 외경.

25. 봉덕궁 / 침전 / 저녁

찻상 앞에 나란히 앉은 지영과 이헌. 용포로 갈아입었다.

지영	(안도의 한숨 쉬고) 후~ 전하, 전하께서는 오늘 이상하지 않으셨어요?
이헌	무엇이.. 말이냐.
지영	그 이장균이란 분 말이에요.. 아무리 전하의 명이라 해도,
	왜 하필 진찬에 그렇게 나타난 걸까요?
이헌	....!!
지영	요 근래 진명대군마마 사건도 그렇고, 오늘 이장균님도 그렇고..
	..싹 다 이상하거든요.. 마치 누군가가 전하가 폭주하길 바란다는 생각

이 들어요..

이헌   ...!!! (E) 설마...!

지영   (도리질하며) 이 일의 배후가 누구든,

전하께서 성군이 되길 원치 않는 사람들이라는 건 확실하니까,

이제부터는 모친께서 원하셨던 성군의 길을 걸으세요, 전하.

이헌   (한숨) ..평생 복수만을 위해 살아왔는데, 칼을 거두고 나니..

어디서부터 다시 시작해야 할지.. 잘 모르겠구나. (한숨)

지영   (곰곰이 생각하다) 아무리 생각해 봐도 방법은 딱 하나뿐이에요.

이헌   (보는) ...좋은 계획이라도 있는 것이냐?

지영   대왕대비마마께서도 하지 못한 말들이 많으실 텐데.. 한번 기회를 주시면 어떨까요?

이헌   어떻게 말이냐?

지영   어쩌면.. 이래서 제가 이 시대에 와서 숙수가 된 게 아닐까.. 하는 생각이 들 정도예요..

그러니까.. (차마 말이 떨어지지 않지만)

이헌   (눈치챈!!) 설마, 할마마마와 함께 수라라도 들란 말이냐?

지영   (진지하게) 네, 감정의 골이 더 깊어지기 전에요..

서로 못다 한 이야기를 할 때는.. 먹는 자리가 최고거든요~

이헌   (선뜻 대답할 수 없어 고민하고)....

지영   (간절히) 화해하세요..

이헌   (어렵게 입을 떼고) ...할마마마를 마주하고 수라를 먹을 수 있을지 모르겠다.

허나, (지영을 보며) 노력해 보마.

지영   (!!) 정말요? 방금 약속하신 거예요~ 무르기 없어요!

이헌   .....(대답은 없지만 부정하지 않음으로써 긍정하는)

지영   그럼 오늘 석수라는 대왕대비전으로 올리겠습니다~ (일어나 가려다가 문득 팟!)

F.C_ 지영에게 수수께끼 같은 말을 남기며 떠나던 당백룡의 모습 컷컷

지영	저기요. 전하, 제가 요즘 경황이 없어가지고 깜빡 잊고 있었는데.. 명나라 숙수 당백룡이 전하께 전해달라는 말이 있었어요.
이헌	(!) 당백룡이?
지영	네, (기억을 더듬으며) 사물의 가장자리는 잘 보이지 않는 법이고..

INS_ (V/O) 잠을 잘 때는 빗장을 잘 걸어 잠가야 한다. (당백룡)

지영	전하랬어요.
이헌	(꿈뻑...?) 그게 무슨 뜻이냐?
지영	(으쓱) 수수께끼 같아서 저도 영~ 암튼 이따가 대왕대비전에서 뵙겠습니다~

지영, 가벼워진 표정으로 수라간을 향해 달려가는.. 그런 지영을 보며 미소 짓는 이헌.

26. 봉덕궁 / 수라간 / 밤

무거운 표정으로 앉아 있는 길금과 숙수들 일동. 지영이 밝은 표정으로 들어서자 벌떡 일어나며.

지영	제가 너무 늦었죠~
길금	아따~ 아가씨~!! (달려가 안고) 참말로 괜찮은 거여라?
지영	(숙수들 보며) 다들 걱정 끼쳐드려서 죄송해요~
엄숙수	하! 어찌 그리 겁이 없나!
심숙수	우리 대령숙수 아주 사내라니께유~
맹숙수	(시크) 잘 해결된 거요?
민숙수	형님도 참~! 돌아오신 걸 보면.. 괜찮으신 거 아닙니까?
길금/숙수들	(궁금해 하며 지영을 보면)...

지영	믿기 힘드시겠지만, 모든 게 잘 해결됐어요~
	자, 이제 석수라 준비해야죠.
	오늘 대전 석수라는 대왕대비전으로 올립니다~
맹숙수	(!) 설마, 전하와 대왕대비께서 함께 드시는 건가?
엄숙수	(충격!) 참말인가?!!
지영	(앞치마 매며 미소) 예~ 오늘의 석수라 요리는 '화해의 쌀국수'입니다.

길금과 숙수들, 분주하게 움직이며 '쌀 가져와라' / '탕국물 내야지' /
'지는 그라믄 학독을 준비하겠어라'
자막 | 학독 : 곡식을 빻기 위한 조리 도구

지영, 활력 넘치는 숙수들 보며.

지영	(E) 지금 사화가 일어나면 반정으로 이어지고, 결국 전하는 폐위되겠지.
	하지만 대왕대비 할머니하고 전하께서 화해하면? 역사는 바뀐다!!

지영, 결의에 찬 표정으로! 쌀가루를 도마에 착 뿌리며.. 화해의 쌀가루
반죽을 힘차게 치댄다. 탕!

27. 봉덕궁 / 궐내 각사 밖 / 밤

부랴부랴 오는 임서홍, 불이 켜진 각사 한 곳으로 들어선다.

임서홍	제산대군이 이 시간에 왜 우리 부자를 보자는 겐지..
	송재는 벌써 와 있나?

안에서 들려오는 소리에 멈칫..

28. 봉덕궁 / 궐내 각사 안 / 밤

제산대군, 성인재와 김양손, 유문정, 그리고 지지하는 4명의 대신들..
모두 비장한 표정이다.

제산대군　영상대감 쪽은요?

성인재　(미소) 오늘 밤 훈구파들이 모이기로 했답니다. 주상을 몰아내려는 게
　　　　분명합니다.

제산대군　흐흐. 주상이 미쳐 날뛰는 꼴을 보고 그냥 넘어갈 영상이 아니지요.
　　　　우리도 서둘러야겠습니다.
　　　　(유문정 보며) 살곶이 숲은 준비되었소?

유문정　말씀대로 주상의 책사인 도승지를 미끼로 만들었습니다.

제산대군　(김양손 보고) 우림위장에게 밀지는 전달했고?

김양손　네, 내금위장 통해 전달이 되었습니다.

성인재　이제 대령숙수만 잡아들이면, 주상을 찾아가겠습니다.

제산대군　흐흐.. 손발 잘린 주상은 이제 독 안에 든 쥐요.

유문정　오늘 밤 주상의 사냥터가 주상의 무덤이 될 것입니다.

제산대군　그럼 시작하십시다. 세상을 바꿀 천명을..

순간, 부스럭 소리에 누군가 엿들음을 눈치챈 제산대군과 대신들. 일제
히 각사 밖을 보고!

29. 봉덕궁 / 궐내 각사 밖 / 밤

충격! 굳어지는 임서홍! 넋이 나간 표정으로 조용히 뒷걸음질치다 미
친 듯이 달려가고!
문을 열고 나온 제산대군, 성인재, 유문정, 김양손. 뛰어가는 임서홍의
뒷모습을 보고.

성인재 (씨익) 생각보다 일찍 오셨습니다그려..

제산대군 저 희대의 간신 임서홍부터 처단하시오.

성인재 예, 대군.. (나가고)

30. 봉덕궁 / 궐내 각사 앞 / 밤

서홍, 이헌의 대전을 향해 위태롭게 달리고 있다.

서홍 (소리 지르며) 전하! 역모이옵니다! 전하~~~!! (달려가는데)

이때, 서홍의 앞을 급히 가로막는 덕출과 내금위 2명. 서홍, 당황하며
멈추고 뒷걸음질치며..

서홍 어이쿠~ 이게 누구신가~ 근데 어떻게 관복도 없이 궁궐에..
나는 그럼 좀.. (하며 지나치려는데)

덕출, 번개같이 서홍의 등을 팍 베어버리면, '윽' 짧은 비명 소리와 함께
쓰러지는 서홍.

서홍 (하늘을 보며 눈을 감는) ..송재야... 부디 무사하거라... (눈물)

주변을 경계하는 덕출.
다가오는 성인재, 임서홍의 죽음을 확인하고.

성인재 (덕출에게) 대령숙수는 처리했나?

덕출 이미 사람을 보냈습니다.

돌아가는 성인재와 서홍의 시신을 끌고 가는 덕출과 내금위들. 이때,

어둠 속에서 모습을 드러내는 공길.

(E)   쨍그랑! (길금이 접시 깨뜨리는 소리)

31. 봉덕궁 / 수라간 / 밤

궁중 12첩 반상의 쌀국수 수라상을 수라가자에 옮기고 있는 지영과 숙
수들이 놀라 길금을 본다.

지영   (길금을 급히 살피며) 길금씨! 괜찮아? 안 다쳤어?
길금   지는 괜찮어라~ (깨진 접시 사이로 떨어진 콩고기를 집으며) 흐미~
       아꾸어라..
지영   만지지 마! 손 다쳐!

민숙수와 심숙수, 빗자루와 접시 가져와 쓸면서 '에구.. 접시를 깨트리
면 재수가 없다는데'

엄숙/맹숙 (엄) 칠칠맞게 참...! / (맹) 다친 곳은 없느냐?
길금   (미안한 듯 고개 숙이고) ...지송혀라.
지영   (토닥이며) 괜찮아~ 다른 건 다 됐죠? 빠진 거 없죠? (하는데)
엄숙/맹숙 (엄) 없네! / (맹) 이쪽도 다 되었소.
내금위1 (E) 대령숙수! 좀 나와보시오.

지영과 수라간 숙수들, 응? 하면서 돌아보면, 내금위1이 뒷문 앞에 들
어선다.

길금   뭐땀시 금군이 여그를 찾아왔쓰까?
       자막 | 금군(禁軍) : 궁궐을 지키고 왕을 호위하는 군대

지영	금군이?.. 왜?? (금군 따라 뒷문으로 나가며)
길금	(묘한 기분에 목을 빼고 지영이 나간 곳을 살피는데..)

32. 봉덕궁 / 수라간 뒷문 일각 / 밤

지영, 뒷문에 서서 보면, 내금위 세 명이 서 있다.

지영	(경계하며) 무슨 일이시죠? (하는데)

내금위1이 2, 3에게 눈짓하면, 2, 3이 달려들어 지영의 입에 재갈을 물리고 자루를 씌워 보쌈한다.
지영, 놀라 눈이 커지고.. '읍읍!!' '읍읍!' 반항하는데... 그 바람에 모자가 바닥에 떨어진다.
결국 자루에 씌워지는 지영.
지영을 보쌈한 자루를 들쳐메는 내금위1, 2.
이때, 어둠을 뚫고 날아온 단검! 슉! 슉! 슉!
난데없는 기습에 '윽' 소리를 내며 쓰러지는 내금위들.
검은 복면을 쓴 자객이 모습을 드러낸다. 지영의 자루를 들쳐 업고 어둠 속으로 사라지는데...!!

33. 봉덕궁 / 침전 / 앞마당 / 밤

이헌이 대전 앞으로 나온다. 뒤를 따르는 창선과 대전 상궁 나인들.

창선	전하, 감히 말씀드리옵건데..
이헌	(무심히 보면)...
창선	(미소) 오늘 대왕대비마마를 뵙기로 청하신 건 잘하신 일이옵니다.

이헌	(미소) 그러하냐...

이헌, 가마를 타려고 하는데 급히 달려오는 수혁, 긴박한 표정으로 부복하며 '전하'.

수혁	도승지가 급한 전갈을 보내왔사옵니다. (밀지를 건네면)
이헌	(밀지를 펴보며) 급한 전갈이라니?
수혁	장춘생 집에서 만난 자객들의 정체는 변방의 군관들 출신이라 하옵고, 살곶이 숲에서 그들의 산채를 찾았으니,
	당장 지원 병력을 보내 토벌해야 한다는 전갈이옵니다.
	자막 | 산채(山寨) : 산에 돌이나 목책 따위를 둘러 만든 진터
이헌	(훑어보고) 뭐라? 역당들이 군관? 허면, 송재는 지금 살곶이 숲에 있는 것이냐?
수혁	....예, 그렇사옵니다, 전하.
이헌	(확 구기며) 이런 죽일 놈들!
성인재	(E) 전하! 전하!

이헌과 수혁, 돌아보면 성인재와 내금위 2명이 달려와 조아린다.

이헌	(의아한듯) 우상..? 어인 일이오?
성인재	전하, 큰일 났사옵니다.
	대령숙수가 역당들에게 납치를 당해
	그들의 산채가 있는, 살곶이 숲으로 끌려갔다 하옵니다!
이헌	(놀라!!) 뭐라?!!! 대령숙수가?!!! 확실한 것이냐?!!!
성인재	(지영의 모자를 건네며) 예, 대령숙수가 납치된 수라간 뒷마당에... 이 자건이 떨어져 있었다 하옵니다.
이헌	어찌.. 어찌 이런 일이!!! (지영의 모자를 움켜쥐는데)

이때, 팟! 하고 떠오르는 지영의 말.

지영   (E) 사물의 가장자리는 잘 보이지 않는 법이고,
　　　　잠을 잘 때는 빗장을 잘 걸어 잠그라고 전하랬어요.

이헌   (살기) 우림위장, 살곶이 숲으로 갈 것이다. 당장 채비하거라. (들어가고)
수혁   예, 전하! (따르는)

　　　　성인재, 그런 이헌과 수혁의 뒷모습을 바라보며 의미심장한 미소.

34. 봉덕궁 앞 / 밤

　　　　궁지기들이 문을 열면, 말을 탄 수혁과 이헌, 수십 명의 우림위가 함께
　　　　쏟아져 나온다.
　　　　비장한 표정의 이헌, 살곶이 숲을 향해 달려가고.

이헌   (E) 대령숙수를 구하고, 역당들을 내 손으로 직접 토벌할 것이다!

35. 봉덕궁 / 자홍원 / 행운당 / 밤

　　　　목주가 나인 1, 2의 도움을 받아 거울 앞에 앉아 단장 중이다.
　　　　박상궁(새 상궁)이 힐끔 목주를 보다 목주와 눈이 마주친다. 고개를 숙
　　　　이는 박상궁.

목주   (묘한 미소) 이 밤에 단장을 하니 내가 이상해 보이느냐?
박상궁   아니옵니다.
목주   오늘 밤 중요한 손님이 오실 게다. 맞이할 준비를 해야지..

　　　　목주, 경대 앞의 떨잠을 하나 집어서 머리에 꽂는다. 의미심장한 미소

를 짓는.

36. 봉덕궁 / 대왕대비전 가는 길 / 밤

제산대군, 칼을 차고 무장한 상태로 한쪽 손엔 이헌이 썼던 처용탈을
들고 걷는다.
대왕대비전 앞에 다다르자, 비장한 표정으로 처용탈을 쓰는 제산대군.

37. 봉덕궁 / 대왕대비전 / 밤

눈을 감고 시름이 깊은 표정으로 앉아 있는 인주대왕대비의 모습. 이때
문밖으로 그림자가 어른거린다.
문이 열리고 처용탈을 쓴 제산대군이 신발을 신은 채 조용히 들어온다.

대왕대비 주상…?!!
제산대군 (침묵하며 앞에 서고)…
대왕대비 (분노) 끝내 주상이 선택한 것이 칼이오? 정녕 이 할미를 죽이기라도 할
작정인가!
제산대군 (인주대왕대비를 내려다보며) 대왕대비마마..
대왕대비 (사색) 누, 누구냐 넌..!
제산대군 중전을 폐비시키셨으면, 그의 아들을 보위에 올리지 마셨어야지요..
그러니 이 사달이 나는 게 아닙니까..
대왕대비 (!) 제산대군?!!
제산대군 으흐흐흐~ 이제야 눈치채셨습니까~
대왕대비 (부들부들) 결국! 네놈이! 사고를 치는구나.
세상 모르는 척 허허실실 바보 행세 할 때부터 내 알아봤어야 했는데..
어쩌자고 이런 미친 짓을 벌이는 게야!

제산대군 　몰라서 물으십니까? 이 나라를 제자리로 돌려놓는 것이지요~
　　　　　폭군의 나라가 아닌, 성군이 다스리는 태평성대로 말입니다~
대왕대비 　(비웃고) 성군? 누구 말이냐!
　　　　　칼을 든 네놈이야말로 폭군이 아니더냐!
제산대군 　이젠 대왕대비마마께서 책임을 지실 차례입니다.
　　　　　(칼을 높이 쳐들고 슉- 베어버린다) ..폐비의 자식을 보위에 올린 책임
　　　　　말입니다!
대왕대비 　윽... 으윽.... (쓰러지는) 주, 주상이.. 네놈을.... 가만두지 않을.. 것
　　　　　이다...

　　　　　숨을 거두는 인주대왕대비. 차마 감지 못한 눈을 감겨주는 제산대군.
　　　　　밖으로 나가고.

38. 봉덕궁 / 대왕대비전 / 통로 마루 / 밤

　　　　　피가 낭자한 마루. 대왕대비전 김상궁을 비롯한 나인들이 피를 흘리며
　　　　　죽어 있다.
　　　　　그 사이를 유유히 거닐며 밖으로 나가는 제산대군.
　　　　　살아남은 상궁들 몇이 처용탈을 보고 소리 지르며 도망친다.
　　　　　'주, 주상 전하!', '전하께서 미.. 미치셨다!!'
　　　　　일부러 쫓지 않는 제산대군.

39. 봉덕궁 / 대왕대비전 / 마당 / 밤

　　　　　제산대군이 탈을 쓴 채 나오면,
　　　　　갑주로 갈아입은 유문정, 김양손이 10여 명의 내금위 군관들과 기다
　　　　　린다.

제산대군 성대감은..?

유문정 대전 쪽에서 대군의 명을 기다리고 있사옵니다.

제산대군 (탈을 벗어던지고) 시작하라.

내금위장, 예를 갖추고 눈짓하면, 내금위1이 허공으로 팡! 하고 신호
탄을 쏘아 올린다. 흩어지는 불꽃!
제산대군, 처용복을 찢어버리자 갑주가 드러난다.

제산대군 (흩어지는 불꽃을 보며) 참으로 아름다운 밤이로다..

제산대군이 빨간 머리띠를 하고 앞장서면, 그 뒤로 머리띠를 하고 따르
는 유문정, 김양손, 내금위들.

40. 제산대군파의 궐 장악 몽타주 / 밤

1. 봉덕궁 / 동십자각
궁지기 1, 2가 '저게 뭐지?' '불꽃 아닌가' 하는데 교대할 궁지기 3, 4가
걸어오고.
그대로 다가와 빠른 속도로 궁지기 1, 2를 베어버리는 궁지기 3, 4.
머리에 빨간 띠를 한다.

2. 봉덕궁 / 대전(강녕전) 앞
경계 보초를 서고 있는 여섯 명의 별감들.
이때, 빨간 띠를 두르고 갑주를 입은 성인재가 무장을 한 채, 10명의
내금위들과 대전 마당으로 들어선다.

우림위1 웬 놈들이냐!

성인재의 신호에 맞춰, 화살을 날리는 내금위들! '으악!' 우후죽순
으로 화살을 맞고 쓰러지는 별감들.
다음 순간, 비명을 듣고 놀란 창선과 최상궁, 나인들이 복도에서
'이게 무슨 소리죠? 무슨 일이 난 건가요'(최)
'이런 때는 잠자코 대전을 지키는 게 우리의 소명일세'(창)
'그래도 밖이 저렇게 시끄러운데'(최)
창선, 최상궁, 내관2, 마당으로 나오다가 활을 맞고 우수수 쓰러진다.

3. 봉덕궁 / 광화문

입구를 지키는 군관1, 군졸 1, 2.
어디선가 들려오는 '휘익~!' 휘파람 소리에 돌아보면,
어둠 속에서 붉은 띠의 군졸들이 튀어나와 그들의 목을 조른다. '크핫..'

41. 봉덕궁 / 외경 / 밤

∥자막. 봉덕궁 함락, 반정 한 시진 후∥
달이 구름에 가려진다. 완전한 어둠에 덮이는 봉덕궁의 모습.

42. 살곶이 숲 / 밤

횃불을 든 우림위들을 대동한 이헌과 수혁, 말을 주변에 매어두고 경계
하며 수색 중이다.
그러다 문득 걸음을 멈추는 이헌, 손짓으로 모두를 멈추라 지시한다.
긴장하는 수혁과 우림위들.
보면, 일각에 나무가 무더기로 쌓여 있는 것이 보인다. 기절한 송재가
묶여 있다.

이헌	(작게) 저것이 무엇이냐.
수혁	(작게) 아무래도 수상합니다. 먼저 살펴보겠사옵니다. (우림위들에게 눈짓하면)
이헌	도승지 아니냐! (달려가고)

수혁 옆의 우림위 1, 2도 다가간다. '모두 경계하거라!'(수혁)
깨어난 송재가 '전하, 아니 되옵니다. 어서 피하시옵소서!'

이헌	(단도로 밧줄을 끊어내며) 가만히 있거라!
송재	제산대군이 파 놓은 함정이옵니다, 전하!

이헌이 송재를 묶은 밧줄을 거의 끊어내는 순간,
송재, 어디선가 날아오는 화살을 감지하고 이헌을 밀어내고 활을 맞는다.
동시에 어디선가 날아온 불화살들이 나뭇더미에 박히며 불이 삽시간에 확 타오른다.

수혁	전하, 피하셔야 하옵니다. 함정이다! 모두 전하를 지켜라!!

결국, 화약이 폭발하고! 이헌과 수혁, 다른 우림위들도 모두 뒤로 나동그라지는데!
다음 순간, 복면을 한 덕출과 붉은 머리띠를 한 검은 자객들이 사방을 포위하며 모습을 드러낸다.

덕출	(낮은 음성) 죽여라...!

순간, 자객들 일제히 검을 뽑아들고 달려들면 수혁, 급히 검을 들고 이헌을 호위하며 경계 태세를 갖춘다.

이헌, 필사적으로 달려가 송재를 구하려 하는데.. 닿을 듯 닿지 않는 송재의 손..

이헌   (필사적으로) 송재야! 송재야!! (하는데)
수혁   (필사적으로 막아서며) 전하! 피하셔야 하옵니다. 밖으로 빠져나가셔야 하옵니다!!!
이헌   (주저앉으며 눈물) 송재야...... 임송재!!!! ... 흑흑.. 송...재야...

불 붙은 송재, 힘없이 웃고.
'천하의 간신놈이.. 충신 노릇하려다.. 먼저 가옵니다..'
챙챙! 이헌을 지키려는 우림위들과, 이헌을 시해하려는 자객들의 피 튀기는 대치가 시작되고!
점점 수가 많아지는 자객들을 보며 수혁, 이헌을 향해 외친다.

수혁   제가 길을 트겠사옵니다! 속히 피하시옵소서!!

우림위들이 속속 쓰러지고. 이헌, 수혁과 등을 댄 채 자객들과 검을 부딪치며 불꽃튀는 대결!

이헌   (E) 연숙수... 부디 너만은 무사해야 한다..

하지만 점점 힘이 빠져가는 이헌. 일촉즉발의 상황에서 상대방의 검이 들어온다.
온 힘을 다해 이헌과 상대하던 자객의 칼을 막아내는 수혁! 계속되는 악전고투.

43. 어느 숲 / 도성 앞 / 밤

성문 앞, 빨간 머리띠를 한 금위영 군사들(4명)이 보초를 서고 있다.
일각에 몸을 숨기며 보쌈을 내려놓는 공길, 지영이 깨어난다.

지영 아.. 머리야! 공길씨?! 이게 대체 무슨 일이에요?

공길 (성문 보며) 붉은 머리띠를 보니, 여기도 이미 끝장난 거 같소.
일단 여길 빠져나가고 봅시다.

지영 대체 이게 무슨 상황인 건데요.. 공길씨는 왜 날 여기 데려온 건데요!

공길 (속삭이듯) 지금 연숙수가 도망치지 않으면 주상이 더 위험해질 거요.

지영 뭐라구요? 어떻게 된 건지 설명해 주기 전까진 못 가요.

하지만 공길, 지영에게 눈짓으로 자신을 따라오라고 하며 뛰어간다.
지영, '공길씨!' 공길을 따라 뛰어가고. 도성 문 앞에 선 문지기들 2명의
급소를 찔러 일격으로 넘어뜨리는 공길.

공길 얼른 따라오시오! (뛰어가는데)

지영 아후 진짜! (뒤따라 뛰고)

공길 연숙수, 서두르시오!

공길이 도성 문을 지나고, 지영이 성문을 통과하는 찰나! 뒤에서 금위
영 3, 4가 소리친다!

금위영3 웬 놈들이냐!

하며 지영을 향해 사슬 갈고리를 던진다. 지영, 갈고리에 걸려 철푸덕
넘어진다.

공길 (돌아보며) 연숙수!!

다가오는 금위영의 빨간 머리띠를 보며.

지영   (E) (문득 느끼고!) 붉은 머리띠.. 칼.. 설마.. 반정?!!
그럼, 전하는.. 전하는 어떻게 된 거지?!

절망하는 지영의 표정과 절박한 이헌의 표정이 교차하며. 화면 2분할
엔딩.

<11부 끝>

Bon Appétit, Your Majesty

제 12 부

1. 도성 입구 / 밤

(11부 엔딩에 이어서)

절망한 지영을 보고 공길, 휘파람을 분다. 사방에서 슉- 나타나는 무장한 사당패들!

지영	(?!)....
금위영3	(돌아보며) 웬 놈들이냐?!!
공길	(피식) 광대지 뭘 물어싸~
금위영3	... 칼을 버려라!!!

공길이 고개를 돌려 수신호를 보내자 순식간에 금위영들을 향해 달려드는 사당패들!
머리에 빨간 띠를 맨 금위영들과 낫과 칼을 든 사당패들이 맞붙어 격렬한 싸움을 시작하고!
공길, 그사이 순간적으로 몸을 날려 넘어진 지영의 발에서 갈고리를 빼내 휙 도망친다.

#2. 어느 숲 / 잎사귀 무성한 나무 밑 / 밤

가쁜 숨을 고르는 공길. 지영을 내려준다. 주변을 두려운 듯 경계하며
보는 지영.

지영   (E) 사화는 일어나지도 않았는데.. 이게 대체 어떻게 된 거지?
공길씨, 말해봐요. 아까 그 군졸들, 머리에 빨간 띠도 그렇고.. 이거 설
마..?

공길   (숨을 고르며) 역모요...
자막 | 역모(逆謀) : 반역을 꾀함

지영   (!!) 역모요?! 누가 벌인 건데요?

공길   제산대군과 그 일파들.. 그들이 벌써 공조참판 임서홍 대감을 죽였소.
대령숙수까지 노리려 하기에 내 급히 빼돌린 것이오.

지영   저를요? (놀라) 전하께서는요? 전하는 어디 계세요?

공길   아직 모르오. 지금 당장은 숨어있는 수밖에 없소.

지영   무슨 소리예요? 당장 전하를 만나러 가야겠어요. (가려는데)

공길   대령숙수를 노린다는 말 못 들었소?

지영   (무시하고 가려는데)

공길   (붙잡으며) 그리 전하가 걱정되시오?

지영   (단호) 네, 공길씨는 아닌가 보네요?

공길   (휙 잡고) 갔다가 반군들에게 잡히기라도 하면!!

지영   (놀라 보면) !!

공길   모르겠소? 대령숙수가 이리 살아있는 게, 그게 전하를 돕는 길이오.

지영   (힘이 탁 풀려 휘청이며 나무에 기대앉는) 전하께서.. 그렇게 잘 참고
넘기셨는데.. 어떻게 이런 일이.. (눈시울이 붉어지고)

3. 봉덕궁 / 정문 / 밤

영의정 한민성을 비롯해 유형민과 박원준이 긴장한 얼굴로 들어간다.
대왕대비전을 향해 걸어가며 대화를 나누는 한민성과 대신들.

박원준 이 밤중에, 대왕대비께서 부르시다니...
설마, 우리가 모였다는 걸 들으신 건 아니겠지요?

한민성 흠.. 대왕대비께서도 이제야 결심이 서신 게 아닌가 싶네.

유형민 (끄덕) 하긴 주상의 그 광기를 보셨으니..

한민성 이제 곧 알게 될 일이니, 서두르시게나들.

빠른 걸음으로 걸어가는데, 검을 든 제산대군이 앞을 막아서며 모습을
드러낸다.
한민성과 대신들, 놀라 제산대군을 보는데, 제산대군의 뒤엔 무장한 군
사들이 횃불을 든 채 도열해 있고.

박원준 (흠칫) 대군, 무슨 일이십니까? 어찌 검을 드셨습니까?

제산대군 (비장) 어명을 받들기 위함일세.

유형민 (불안) 어명이라니요...?

제산대군 이 나라를 암중에서 조정하며...
권세를 누리던 역적 한씨 세력을 제거하라는 어명이지.

한민성 허면, 대왕대비께서 우리를 부르신 게 아니라..
(충격!) 네 이놈! 하늘이 무섭지 않느냐!!!

제산대군 하늘? 하늘이라.. 하하하하하.

부들부들 떨고 있는 한민성에게 천천히 다가가는 제산대군.

제산대군 (정색) 걱정 말게. 어차피 영상을 죽인 건.. 지금의 주상..
폭군이 한 짓으로 기록될 것이니... (히죽)

제산대군, 가차 없이 검을 들고 한민성을 베어버린다. '윽' 소리와 함께 숨을 거두는 한민성.

제산대군 극락왕생하시게... (뒤를 향해 손짓하면)...

궐의 정문이 묵직한 소리를 내며 닫힌다. 무장한 군사들이 검을 빼어들고 대신들을 향해 달려드는데...!
'으아악!' 비명을 지르며 이리저리 도망치다 쓰러지는 대신들!

4. 봉덕궁 / 자현대비전 / 앞마당 / 밤

대비전을 지키는 내금위들과 빨간 띠의 반군 내금위들이 치열하게 싸우고 있다.
한쪽에는 상궁, 나인들이 벌벌 떨며 꿇어앉아 있고,
피를 뒤집어쓴 제산대군, 빨간 띠 군관을 앞세워 대비전으로 들어간다.

5. 봉덕궁 / 자현대비전 / 밤

챙챙거리는 금속음과 비명 소리에 자현대비, 겁에 질린 진명대군의 귀를 막고 앉아 있다.

진명대군 (겁에 질려) 어마마마... 무섭사옵니다...
자현대비 괜찮다. 괜찮을 것이다..

이때, 문이 벌컥 열리며 군화를 신은 채 들어오는 제산대군. 검과 갑옷에 피 칠갑을 한.. 그야말로 악귀다.
칼을 칼집에 넣고, 무릎을 꿇으며.

자현대비 제산대군...?

제산대군 대비마마, 궐내에 변고가 생겨 이리 급히 찾아뵈었사옵니다.

자현대비 변고...라니요?

제산대군 놀라지 마시옵소서. 주상이 광중을 일으켜 대왕대비마마를 시해하고, 조정의 중신들을 닥치는 대로 도륙하였사옵니다.

자현대비 (충격! 경악! 공포!) 허면 대왕대비마마께서 승하하셨단 말이오?
자막 | 승하(昇遐) : 존귀한 사람의 죽음

제산대군 제가 한발 늦었사옵니다. 하여, 저와 사림의 대신들이 화급히 모여 마마와 진명대군을 지키고자 이리 결례를 무릅쓰고 궁에 들어왔사옵니다.

피 묻은 칼집과 갑옷을 보는 자현대비. 진명대군을 지켜주겠다는 제산대군의 말에 혼란스러운 듯.

자현대비 허면, 지금 전하는 어디 계신단 말이오!

제산대군 (묘한 미소) 폭군의 패악질에 들고 일어선 반군들과 전투를 벌이기 위해 살곶이 숲으로 가셨사옵니다.

자현대비 (띵!) 전투라구요..? (순간 이마를 짚고 휘청하는) 아...

진명대군 어마마마, 괜찮으시옵니까? 어마마마! (눈물)

자현대비 (눈시울 붉어져 어린 진명을 안고) ...진명, 흑흑... 이제 어찌하면 좋습니까...

그런 자현대비와 진명대군을 의미심장하게 보는 제산대군.

제산대군 대비마마, 이제 진명대군께서 보위에 오르셔야 하옵니다.

자현대비 (놀라) 지금 뭐라 하시었소?
주상이 아직 버젓이 살아 계신데.. 이 무슨 망극한 말씀이시오?
우리 진명을 역도의 앞잡이로 만들겠단 말씀이오?
자막 | 역도(逆徒) : 역적의 무리

제산대군 정녕 모르시겠습니까? 폭군의 칼날이 다음은 누구를 향할지..

진명대군과 대비마마에게 위해를 가하기 전에.. 폐위시켜야 하옵니다.

자현대비 그래도, 진명은 아직.. 너무 어립니다.

제산대군 정녕 사달이 나야 제 말을 들으시겠소?

자현대비 (겁에 질려) 삼 일만..! 삼 일만 생각할 시간을 주시오...

대왕대비마마의 장례는....(눈물 머금고) 장례는... 치러야 할 게 아닌가...

제산대군 아니 되옵니다. 어좌는 단 하루도 비어선 아니 되옵니다.

내일 날이 밝는 대로 즉위식을 거행할 것이니, 그리 아십시오.

　　　자막 | 즉위식(卽位式): 왕위에 오르는 것을 백성과 조상에 알리는 의식

자현대비 (!) ....이러다 주상이 돌아오시면 그 뒷감당을 어찌하려고 이러시오?

제산대군 (악귀 같은 미소) 이번엔 주상께서 살아 돌아오시기 힘들 겁니다.

자현대비 (!!!)......이번엔..?! (눈이 커지며) 설마, 자네가...!!

제산대군 (미소) 어좌에 변고가 생기면, 선례에 따라 대비마마께서 옥새를 보관

하셔야 하옵니다.

자현대비 (압박감에 !!!)......

제산대군 날이 밝으면 상서원(尙瑞院)에 전갈을 보내 대보(大寶)를 올리라 하겠

사옵니다. 모든 일은 법도에 따를 것이니, 걱정 마시옵소서. (나가며)

　　　자막 | 상서원 : 도승지의 책임 아래 옥새를 보관하던 관청
　　　자막 | 대보 : 왕의 정통성과 왕권을 상징하는 옥새

자현대비 (!!!)......

6. 살곶이 숲 / 밤

안개 가득한 숲속,

불씨가 꺼져 가는 장작더미와 불타고 활에 맞은 시신들 아래,

알 수 없는 사람의 손이 보이고, 자세히 보면 이헌이다.

수혁의 손이 들어와 시체를 걷어내고.

수혁	(시신을 치우며) 전하!
이헌	(죽은 듯 반응이 없는)

타이틀. **"폭군"** 뜨면,

식칼이 슝! 하고 날아와 꽂히고 칼자국 사이로 흘러내린 글자가 문장을 완성한다.

"폭군의 셰프"

- Course N˚12 환세반 -

7. 봉덕궁 / 자현대비전 / 이른 아침

진명대군, 나인들의 손에 이끌려 큰 곤룡포에 헐렁한 익선관을 쓰고 의관을 정제 중이다.

복잡한 심경으로 진명대군을 바라보고 있는 자현대비, 미소 지으며 앉아있는 금관조복의 제산대군.

내관	(E) 대비마마, 궐내에 큰 변고가 있어 대보를 모셔왔사옵니다.
제산대군	들이거라.

내관들, 보함을 들고 들어와 일각에 선다.

내관	상서원서 올리는 보함이옵니다.
	대비마마의 현명하신 처분을 청하옵니다.

자막 | 상서원(尙瑞院) : 조선시대 옥새를 관리하던 관청

자막 | 보함(寶函) : 옥새를 보관하는 함

자현대비	(긴장한 얼굴로 보함을 보고)....
제산대군	(내관들을 보며) 예조에 전하거라.

대비마마께서 마땅히 종묘사직의 뜻을 받들어,

흐트러진 조정을 다시 바로 세울 것이라고.

새로운 왕의 즉위식을 곧 거행할 터이니, 백관의 조현을 준비하도록

하라.

자막 | 예조(禮曹) : 조선시대 6조의 하나로 의례, 제사, 교육 등을 관장하는 관부
자막 | 백관(百官) : 모든 신하
자막 | 조현(朝見) : 신하들이 조정에 나와 왕을 알현하는 일

'예.' 대답하는 내관들, 고개를 조아리며 뒷걸음질로 대비전을 나간다.

제산대군   (미소) 이제 교지를 내리시지요. (옆의 상궁1에게 눈짓)

자막 | 교지(敎旨) : 왕의 명령을 담은 문서

상궁1이 지필묵을 자현대비 앞에 내려놓고 고개를 조아리며 선다.

자현대비   ......좋소. 내 교지를 쓰겠소.

허나 그 안에는 단지 즉위만이 아닌, 새 시대를 여는 다짐이 담길 것이오.

제산대군   알겠사옵니다. 신도 곧 보위에 오르실 진명대군의 손을 꼭 잡고,

새 하늘, 새 땅을 만백성 앞에 펼쳐 보이겠나이다.

자현대비   (붓을 들고 백지 위에 서서히 써 내려가기 시작하는)

제산대군, 자현대비의 교지를 지켜보고.

8. 저잣거리 몽타주 / 낮

김양손이 행수집사와 아낙으로 위장한 가노 6명과 저자에서 숙덕이고

있다. 이들이 퍼져 나가며.

1. 패물점 / 낮

가노1이 패물을 사는 척하며, 패물을 고르고 있던 다른 집 가노에게 말을 시킨다.

가노1(남) 그 얘기 들었는가? 어젯밤 임금이 미쳐서 대왕대비마마를 죽이고, 대신들도 닥치는 대로 죽였다는데?!

가노2(남) (바람 잡으며) 천인공노할 짓을 저지르고 사냥을 나갔대!

가노1(남) 에라이!!

2. 지전 앞 / 낮
웅성웅성 모여 있는 사람들. 가노1, 2에게 이미 이야기를 들은 상태다.

가노3(남) 임금이 폐위되고, 새 임금이 나신디야~

행인1(남) 대체 누가 새 임금이야?

가노3(남) 진명대군! 대군께서 곧 보위에 오르신다는디?

3. 주막 / 낮
웅성웅성 모여 있는 사람들. 가노3이 낸 소문을 이미 들은 상태다.

가노1(남) (속닥속닥) 주상이 사냥터에서 사고로 죽었디야~

행인2(남) 임금이 돌아가셨다고? 참말인가??

가노2(남) 나도 들었네.. 불에 타죽었다고~

행인3(남) 천벌을 받았구만.. 천벌.

듣고 있던 사람들이 경악하며 저마다 한마디씩 한다.
김양손, 흡족한 듯 지켜보다가 모습을 감추고.
이때, 지나가던 공길의 놀이패 하나가 사람들의 웅성거림을 듣고 멈춰서 유심히 듣는다.

9. 봉덕궁 / 편전 앞 / 낮

// 자막. 즉위례(卽位禮) //

편전 앞마당으로 진명대군이 규를 들고 걸어 들어온다.

일산을 든 내관(1명), 파초선을 든 내관들(4명)이 뒤를 따른다.

좌우로 금관조복을 입은 대신들이 도열해 고개를 수그리고 있다.

10. 봉덕궁 / 편전 안 / 낮

제산대군을 비롯한 유문정, 성인재, 김양손 등 문무백관들은 조복을 입
고 '홀'을 든 채 늘어서 있다.

몸에 맞지 않는 큰 익선관과 곤룡포를 걸친 진명대군,

울음을 삼킨 듯한 표정으로 계단 앞에 와서 '규'를 상선에게 천천히 건
네고, 계단을 올라 어좌에 앉는다.

이어서 유문정이 대보(大寶)를 두 손으로 들고, 계단을 올라가 어좌 앞
탁자에 바친다.

유문정이 내려오면 계단 우측에 선 성인재가 교지를 펼쳐 읽는다. 점점
자현대비 목소리와 겹쳐지며..

성인재   (E) 국가가 덕을 쌓은 지 백 년에, 깊고 두터운 기초를 마련하였는데,
불행히도 지금 임금이 지켜야 할 도리를 크게 잃어, 민심이 흩어지고,
백성은 도탄에 빠졌다.

자현대비 (E) 이는 천하를 위하고 백성을 위한 바, 천명을 받아 대를 잇게 하니,
진명대군을 새로이 책봉하여 조선 제11대 왕에 오르게 하노라.
부디 정사를 밝히고, 백성을 근심에서 건져낼 새 임금이 되기를 바라
노라.

제산대군의 선창으로 대신들 일제히 '천세! 천세! 천천세!'라고 계속 외치면서 페이드 아웃.

11. 봉덕궁 / 침전 마루 / 낮

이헌의 옥좌가 정면으로 보이는 자리에 제산대군과 목주, 성인재, 유문정, 김양손이 모여 앉아 있다.

성인재	(미소) 드디어 폭군의 시대가 끝난 듯합니다. 경하드리옵니다.
제산대군	그동안 고생들 많으셨소. 이게 다 일등공신인 대감들 덕분입니다.
유문정	이제 곧 백성들의 마음이 대군께 향하게 될 터인데, 그때 저 옥좌에 오르십시오..
김양손	그리고 성군이 되십시오.
대신들	성군이 되십시오.
제산대군	허허허. 이거야 원.. 새로운 주상이 보위에 오르신 지 아직 반나절이 채 지나지 않았소. 말들을 아낍시다.
대신들	허허.. 예, 대군.
목주	(미소) 헌데, 살곶이 숲으로 간 주상은 어찌 됐사옵니까?
유문정	살아남은 자가 없다고 하니, 아마... 모두가 어젯밤을 넘기지 못한 듯하오.
제산대군	흠...
목주	(입술을 깨물며) 어떻게 알았는지.. 대령숙수 그년이 도망간 것이 이상해서 그럽니다.
제산대군	걱정 말거라. 주상이 없는 궁에서 대령숙수의 명은 여기까지다.
목주	(잔인한 미소)...
지영	(E) 절대! 그럴 리가 없어요!

12. 어느 민가 / 허름한 방 안 / 낮

지영   (흥분) 전하께서는 대왕대비마마와 함께 수라를 들기로 하셨어요!
그런 분이 왜 대왕대비마마를 해치겠어요? 신하들을 왜?

공길   하루아침에 왕이 바뀌었으니 이젠 어쩔 도리가 없소.

지영   하... (고개 숙이고) 진명대군이 보위에 오르셨으면...
전하께서는 이제 어떻게 되시는 거죠?

공길   (망설이다) 대령숙수가 역적들에게 납치되었다 하여 살곶이 숲에 가신
이후.. 행방이 묘연해졌다 하오.

지영   ...나 때문에... 거기까지...

공길   전하께서 가셨던 살곶이 숲엔 전투가 있었던 듯 시체가 한가득이라
하오. 시신을 발견하진 못했지만, 살아 계시긴 힘들 것 같소..

지영   (!!)....설마, (힘없이 손이 툭 떨어지고)...

공길   혹여, 내 다른 소식이 없는지 나가 알아보리다.
그때까진 이곳에서 기다려 주시오..

지영   잠깐만요.

지영, 품에서 나비 노리개를 건네며.

지영   이거.. 전하를 꼭 찾아서.. 이걸 전해주세요. 저는 무탈하다고.

공길   (노리개 보다가 꼭 쥐며) 알았소. (나가는)

13. 봉덕궁 / 수라간 / 낮

시간이 멈춘 듯 수라간 숙수들과 길금만 덩그러니 남아 있는 수라간.
극도로 침울한 표정들. 엄숙수는 연신 흘러내리는 눈물을 닦고 있다.

엄숙수   (눈물 닦으며) 김상궁... 이렇게 허망하게 죽다니..

맹숙수 대체 이게 무슨 난린지 모르겠습니다.. 하루아침에 세상이 바뀌다니..
(한숨)

민숙수 대령숙수께서는 무사하시겠죠? (한숨) 갑자기 사라지셔서 걱정입니다.

길금 (울먹) 그래게요~ 지한테 말두 없이 가불고..
차라리 오셨다던 그 미래로 돌아가신 것이라면 참말로 좋겄는디..

숙수들 일동(엄) 그건 또 뭔 소린가. / (맹) 미래? 대령숙수가 말이냐? / (민) 서나인..
괜찮소? 어디 아픈 건 아니지? / (심) 너꺼정 안 그래도 궁 안에 미친놈
들 천지여! 정신 차류!

길금 아따 참말로.. 사람 말 징허게도 못 믿소잉~ 이라니 아가씨가 그런 말
을 안 했지라..

숙수들 일동(고개를 절레절레)...

심숙수 근데, 전하가 광증이 도지셔 갖고 이렇게 싹 뒤집어졌다는 게 참말이
겠쥬? 암만 광증이 있었어도.. 이런 적은 처음이라 쉬이 믿어지지 않
네유..

이때, 끼~익 소리에 모두 돌아보면, 공길이다.

공길 잘들 지내셨소.

복면을 스윽 내리며 미소 짓는데.

14. 어느 산속 / 민가 앞 / 대청마루 / 밤

슬픔에 잠겨 멍하니 그저 하늘을 바라보는 지영. 시리도록 맑고 푸른
밤하늘. 이헌을 떠올리는 지영.

지영 (E) 전하.. 대체 어디 계신 거예요...

F.C_ 1부, 이헌과 절벽에서 처음 만났던 컷 / 2부, 수비드 요리를 먹고 감탄하던 이헌의 모습 컷 / 함거를 타고 궁에 와서 목주와 대치하던 컷 / 4부, 이헌과 운영정에서 입맞춤하던 컷 / 5부, 장원서에서 지영의 가방을 찾아주며 서로 엉키며 넘어지던 컷 / 6부, 명나라 사신과의 경합을 설득하던 이헌의 모습 컷 / 자신에게 나비 노리개 선물을 주던 이헌의 모습 컷 / 7부, 장춘생의 압력솥을 구하러 갔다가 자객들의 칼로부터 지영을 지켜내던 이헌의 모습 컷컷.. / 8부 / 9부 / 10부 / 11부의 추억이 이어지며

지영   (E) ... 무섭고 힘든 시간들을 지나고 보니..
      당신은.. 늘 내가 더 좋은 셰프가 되고 싶게 만들었어요.
      .. 이젠 당신이 먹지 않으면, 내가 요리할 이유도 없게 됐죠.
      이제야 내 감정에 솔직할 수 있게 됐는데.....
      보고 싶어요. 전하..

      지영, 어느새 눈가에 눈물이 맺히고..

15. 봉덕궁 / 외경 / 밤

16. 봉덕궁 / 북문 일각 / 밤

      횃불이 주변을 밝히는 가운데, 빨간 띠를 두른 군사들이 삼엄하게 지키고 있는 북문 앞.
      이때, 어디선가 화살이 슝! 슝! 어둠을 가르며 날아와 군사들 몇이 '윽!' 소리를 내며 쓰러진다.

군사1   기습이다!

빨간 띠의 군사들, 놀라 모여 검을 빼어들면!

이어, 검을 뽑아들고 수풀 속에서 튀어나오는 일곱 명의 우림위들! 빨간 띠 군사들과 혈투가 벌어지고.

성인재 (E) 허면, 폐주(廢主)를 놓쳤다는 말인가!

자막 | 폐주(廢主) : 폐위된 군주

17. 봉덕궁 / 궐내 각사 / 밤

제산대군, 성인재, 유문정, 김양손이 모여 앉아 있고, 그 앞, 상처투성이 덕출이 부복해 있다.

김양손 이것이 사실이라면 큰일이 아닙니까 대군..

제산대군 ....

덕출 송구하옵니다, 대군나리. 사흘 안에 폐주의 목을 가져오겠사옵니다.

제산대군 (천천히) ... 되었다.

일동, 제산대군을 보면.

제산대군 제 터를 잃은 호랑이가 할 수 있는 건, 비통한 울음을 토해내는 것뿐일 테니.. 으흐흐..

군관1 (E) 이판대감.

유문정이 제산대군을 본다. 제산대군 고개를 끄덕이면.

유문정 들어오거라.

군관1 (급히 들어와 예를 갖추고) 우림위 잔당들이 북문을 기습했습니다!

제산대군 우림위가 기습을?!

성인재 (제산대군 보며) 어찌할까요? 새 왕이 보위에 오르셨으니, 이것은 역모
입니다.
제산대군 폐위되어 도망친 폐주가 무엇을 더 어쩌겠소.

이때, 급히 들어오는 군관2.

군관2 대군! 대군! (숨을 헐떡이며) 급히 좀 가보셔야겠습니다.

놀란 표정의 제산대군과 성인재, 유문정, 김양손.

18. 봉덕궁 / 침전 앞 / 밤

중문으로 들어오던 제산대군과 대신들, 측문으로 급히 오던 목주와 상
궁 나인들, 귀신이라도 본 듯 훅 굳어버린다. 빨간 띠의 내금위 군사들
이 창 혹은 검을 겨누고 있는 가운데 덤덤히 서 있는 이헌.
당황하고 놀란 표정의 제산대군과 대신들! 덕출이 검을 빼어든다.

이헌 (옷을 툭툭 털며) 내 집에 들어오는 게 이리 힘들어서야..
(목주 보며) 숙원... 너만은 아니기를 바랐다.. 진명대군의 일도 투기인
줄만 알았지..
(쓴웃음) 내게 안정을 주던 손끝에... 칼을 품고 있었다니...
목주 (싸늘하게 웃으며) 저는 처음부터... 이날이 오기만을 기다렸을 뿐이옵
니다.
이해도, 용서도 바라지 않을 것이옵니다.
이헌 (짧은 웃음) 그래... 그래야 천하의 숙원이지..
허나 잊지 마라. 칼을 품고 웃는 자는, 언젠가 그 칼에 베이는 법이다.

목주, 싸늘한 미소 지으면, 이헌, 살기등등한 눈빛으로 대신들을 하나

하나 노려본다.

마지막으로 제산대군에서 눈길이 멈추는 이헌.

이헌　　　(덤덤하게 보며) 숙부..

제산대군　(환한 미소) 오시었소, 주상.

이헌　　　(피식) 예, 살아 돌아왔습니다. 마지막 얘기는 하셔야지요.

제산대군　(미소)...

19. 봉덕궁 / 침전 마루 / 밤

술 한 병을 놓고 마주 보고 앉아있는 이헌과 제산대군.

제산대군　(한 잔 마시고) 살곶이 숲은 준비가 소홀했구려.

이헌　　　(피식) 준비는 충분했습니다. 다만, 장소를 잘못 고르셨지요.

제산대군　흐흐흐..

이헌　　　백성들에게는, 패륜을 저지른 폭군이 살곶이 숲으로 사냥을 갔다가 천
　　　　　벌을 받았다.. 이런 그림을 그리신 게 아닙니까?
　　　　　헌데, 제가 그곳 지리에 익숙하다는 걸 간과하셨습니다.

제산대군　(미소) 아~ 놓칠 만한 실수 맞구만~ (이헌의 술잔에 술 따라주며)
　　　　　헌데, 궁에 변고가 있을 거라는 걸 예상하고도 길을 떠나신 겁니까?
　　　　　혹, 주동자가 저라는 것도 알고?

이헌　　　살곶이 숲으로 떠나기 직전에 알았습니다. 확신이 없었을 뿐.

제산대군　(살짝 놀라고) 오호~ 그래, 어떻게?

이헌　　　(가만히 보는)....

20. 이헌의 회상 / 봉덕궁 / 침전 앞마당 / 밤

살곶이 숲으로 출발하려던 이헌, 그때 이헌의 뇌리를 스쳐 가는 지영의 말!

지영　(E) 사물의 가장자리는 잘 보이지 않는 법이고,

　　　　잠을 잘 때는 빗장을 잘 걸어 잠그라고 전하랬어요..

이헌, 문득 뭔가를 깨닫는다.. 충격적인 표정을 짓는!

이헌　(E) 이것은 음차가 아닌가.. 당백룡이 음차(音借)로 내게 전갈을 보낸

　　　　것인가... 가장자리 제(際), 빗장 산(閂)..

　　자막 | 음차(音借) : 한자의 음을 빌려 우리말을 표기함

21. 현재 / 봉덕궁 / 침전 마루 / 밤

이헌, 노려보면. 제산대군, 여유 있는 미소를 지으며 고개를 끄덕인다.

이헌　가장자리 제(際), 빗장 산(閂)..

제산대군　아.. 그 명나라 숙수놈이 입방정을.. 떨었구만. (끄덕이며)

　　　　뭐 어찌 됐든, 주상은 진 것이오.. 아니 그렇소..? 흐흐..

이헌　...과거 무인사화 때문에 돌아온 업보겠지요..

제산대군　(하다가 웃음기 싹 거두고) 허면, 그 어떤 처분이라도 받을 각오가 되신

　　　　겁니까?

이헌　....나는 이미 폐주요. 더 이상 무엇을 바라십니까?

제산대군　그토록 원망하던 대왕대비와 한씨 일가를 내 대신 죽여 드리지 않았소

　　　　이까. 허니, 이제 모든 것들을 짊어지실 차례입니다.

이헌　(복잡한 심경) 한때 그들을 죽이고 싶었던 것도 사실이나..

　　　　할마마마와는 화해하려 했습니다..

제산대군　화해한들 무엇이 달라지오? 무인사화 때 주상의 발아래 짓밟힌 충신들

의 피는요?

INS_ 과거 / 의금부 / 고신을 당하며 비명을 지르는 대여섯 명의 대신들.

제산대군 사사된 폐비의 복수라는 명분으로 도승지를 앞세워 채홍으로 무너뜨린 대신들은요?

이헌 (괴로운 표정)...

제산대군 그날들을 주상은 정녕 다 잊으신 게요? 그들의 비극과 고통을?

이헌 (고개를 숙이고) 모두 내 잘못이오.. 정녕 입이 열 개라도 할 말이 없소이다.

제산대군 (싸늘하게) 이제와 후회를 하는 것이오?

이헌 내가.. 뭘 더 어찌해야 이 죄를 씻을 수 있는지...
이것이 씻을 수 있는 죄인지.. 모르겠소만.. 그들을 생각하면.. 나 또한 괴롭습니다..

제산대군 그래서 내가 반정으로 모든 것을 되돌려 바로잡았다!
네 어미의 비극! 너를 보위에 올린 한씨 일가와 부왕의 잘못된 선택!
너는... 너는 왕이 되어선 아니 되었다. 처음부터 내가.. 내가 보위에 올랐어야 해.

이헌 역시 그런 것이었소? 숙부는 왕이 되고 싶으셨구려.

제산대군 하나만 묻자. 여기 다시 온 연유가 무엇이냐?

이헌 (미소) 어차피 조선 팔도에 도망칠 곳은 없으니..
숙부와 담판을 짓고 싶었소.

제산대군 (지그시 노려본다) 좋다. 말해 보거라. 무엇이냐.

이헌 진명의 보위를 지켜주겠다 약속해주시오. 나와 같은 실수를 반복하지 않게...
허면, 내 모든 것을 짊어지고 폐주의 길을 가리다.. 이미 각오는 되었으니..

제산대군 허허. 성군 납셨네. 좋다. 네 어미의 무덤가로 귀양 보내주마.

이헌 좋소. 이 모든 것을 짊어지는 것이 내 죄를 씻는 길이라면..

(E) 역시, 이대로 숙부를 두고 갈 수는 없겠소.

내가 살아있는 죄인이라면, 숙부는 진정 미치광이 폭군이니까..

제산대군, 그런 이헌을 보다가 '크하하하하!' 승자의 웃음을 터뜨린다.

이헌은 그저 담담히 고개를 돌리고.

그 뒤로, 복도 창에 비친 검은 그림자, 복면에 죽검을 든 공길이다.

공길　(E) 대령숙수를 만나다니.. 많이 변하셨군요, 주상.

22. 봉덕궁 / 궐내 옥사 / 밤

융복을 벗은 죄인의 모습으로 옥사 안에 앉아 있는 이헌. 눈빛만은 형형하다.

이헌의 앞에는 작은 소반 위, 먹, 벼루, 붓이 놓여 있는데..

성인재가 '망운록'을 주르륵 넘기며 특별한 내용이 있는지 확인한다.

성인재　부탁하신 일기장입니다.

(책을 덮으며) 앞으론 이런 음식은 드실 일이 없으실 테니..

추억으로 삼으라는 대군의 자비라 여기십시오.. (책을 넘기고)

이헌　(책을 받고)...

Cut to_ 망운록의 마지막 장을 펼쳐 놓고 생각하는 이헌.

이헌　(E) 연숙수, 살아는 있는 것이냐.

'환세반'을 적는다. 잠시 숨을 고른 후 첫장으로 넘겨, 비통한 심정으로 서문을 써내려가는 이헌.

〈서문〉

연모하는 그대가 언젠가.. 이 글을 읽는다면, 나의 곁에 돌아오기를..
(책을 덮는다) 그땐, 처음부터 널 알아보는 나일 테니..
(울컥) 처음부터.. 널 연모하는 나일 테니... (눈물 참으려 안간힘을 쓰는)

이헌, 눈시울이 붉어져 가만히 덮은 책을 본다. 이헌의 손 옆, 지영처럼 오롯이 함께하고 있는 망운록.

INS_ 보초를 서고 있던 옥졸1, 2, 3. 옥졸1이 슬쩍 곁눈질로 이헌을 바라보는데, 옥졸로 변장한 공길이다!

| 공길 | (은밀히 나비 노리개를 툭- 던지고) 죽지 마시오... (사라지는) |
| 이헌 | (노리개를 들어보고) (E) 살아있구나. 연숙수.. (눈물이 그렁) |

이헌, 나비 노리개를 망운록에 건다.

23. 어느 민가 / 허름한 방 안 / 밤

지영, 놀라고 기쁜 표정으로 공길과 마주 앉아 있다.

지영	정말... 전하께서 살아 계세요?!!
공길	상황은 좋지 않지만.. 그렇소.
	나비 노리개는 전하였으니 이제 연숙수가 살아있음을 눈치채셨을 게요.
지영	그럼.. 전하께서는 이제 유배 가시는 건가요?
공길	어찌 알았소? 귀양을 보낸다고 하더이다.
	자막 | 귀양 : 죄인을 멀리 변방으로 보내는 형벌
지영	(절망하며) (E) 사화를 일으키지도 않았는데, 역사와 똑같이 흘러간다.
	이대로면 유배 가서 얼마 못 가 죽게 되는데..

공길	미래에서 왔다더니.. 허면, 유배 후엔 어찌 되오?
지영	(망설이다) 얼마 못 가서 돌아가신다고 기록돼 있어요.
공길	역시... 얼핏 자비를 베푸는 듯 보이지만.. 귀양을 가고 나면 어찌 될지 누가 알겠소.
지영	(급히) 공길씨, 어떻게든 전하를 구해야 돼요! 좀 도와주세요. 네?
공길	(고민하는) ...
지영	(간절히 보는)... 전하는 대왕대비와 화해하고 성군이 되시기로 저와 약속했었어요. 하룻밤 사이에 이 난리가 벌어지다니.. 정말, 대왕대비마마까지 죽인 제산대군이 나라를 바로 세울 수 있을까요? 공길씨, 전하를 구해야 돼요. 도와주세요.
공길	(깊은 생각)... 구할 방도는 있는 것이오?
지영	(끄덕)

24. 봉덕궁 / 외경 / 낮

햇살이 비추는 봉덕궁 외경.

25. 봉덕궁 / 정문 / 낮

백성들이 모여 웅성이고 있는 가운데, 문이 열린다. 순간, 군관들과 함께 이헌을 태운 함거가 나오는데..
이헌, 덤덤한 표정으로 손발이 묶여 있는 상태다. 그 위로 울리는 자현대비의 음성,

자현대비 (E)(슬픈 목소리) 죄인 이헌은 천명을 받아 보위에 올랐건만 정사를 소
홀히 한 것은 물론, 대신들을 이유 없이 핍박하며 죽이고, 그것도 모자
라 대왕대비까지 참살하는.. 극악무도한 패륜을 범하고, 폐위된 지 하
루 만에 역모를 일으켰다.
이에 연희군으로 강등하여.. 강화로 유배한다!

백성들, 함거를 탄 이헌에게 손가락질을 하며, 돌을 던지고 욕한다.
하지만 눈을 감고 반응이 없는 이헌.

F.C_ 지영, 연희군에 대해 얘기하던 순간들 컷컷 지나가고

이헌 (피식) 연희군이라.. 그게 나였어..
연숙수, 정말 넌 처음부터 날 알아봤던 게로구나.

26. 봉덕궁 / 정문 안 / 낮

제산대군과 목주, 유문정, 성인재, 김양손이 서 있고. 덕출과 호위들이
뒤에서 조아리고 서 있다.
이헌을 태운 함거가 멀어져 가는 모습을 보고 있는 일동.

목주 (조금 복잡한 심경으로 보고 있는)....
제산대군 그리 홀가분한 표정은 아니구나...
목주 여기서 웃음이 나면 미친 것이겠지요.
제산대군 허허허허, 허면 나는 미친 것이냐.
목주 ...
성인재 대군, 이제야 다 끝난 듯하옵니다. 감축드리옵니다.
제산대군 허허, 불을 끄려면 불씨까지 확실히 꺼야 하는 법. 뒤처리는 해야지요.
성인재 허면..

김양손 (그제야 얼굴 펴지며) 살려 보내는 게 내내 불편했는데, 참으로 현명하십니다.

제산대군 성대감, 김대감은 궐에 남아 주상 곁을 지켜주시고,

유대감, 군졸들을 준비시켜 주시오.

유문정 그렇게 하겠사옵니다.

제산대군 (뒤를 돌아보며 부르는) 덕출아!

덕출, 고개를 조아리며 '예, 대군나리', 앞에 서면.

제산대군 너는 내가 궐에 없는 동안 숙원마마를 잘 뫼시거라.

덕출 예, 대군.

제산대군, 홱 돌아서 걸어가면, 햇살이 내리쬔 그의 뒷모습은 이미 제왕의 모습 그 자체다.

천천히 제산대군의 뒤를 따르는 목주와 대신들, 호위들.

27. 저잣거리 / 낮

이헌을 태운 함거가 저잣거리를 지나가고 백성들, 양쪽으로 서서 이헌을 구경하며 손가락질을 하고 있다.

저자 중앙, 사당패들이 꽹과리를 치며 빙빙 돌고 있다. 이참에 멈춘 함거.

이때, 인파를 헤치며, 장옷을 뒤집어쓰고 기를 쓰며 이헌의 함거 앞으로 다가온 여인.

지영 (E) 감히 내 물건에 손을 대다니 다들 혼쭐이 나야겠네요.

이헌 (고개를 돌려 보면) … 연숙수..? (놀라) 어쩌자고 여길..

지영 걱정 마세요. (애써 씩씩한 척)

이헌	가거라! 가! 어서! (눈시울이 붉어지고)
지영	조금만.. 조금만 기다리시면 (탕! 총 쏘는 시늉) 아셨죠?
이헌	(애써 피식) 쓸데없는 짓 마라. 나도 생각이 있다. (손 뻗으면)

그 손을 잠시 잡아보는 지영. 군졸, 다가가 지영을 밀치며 '물러나시오!'
그 바람에 휘청이다 다시 서고..
이헌, 그런 호위를 노려본다. 멀리서 공길 손짓하면 지영, 물러나며 인
파에 섞인다.
함거가 멀어질 때까지 서로에게 시선을 떼지 못하는 지영과 이헌의 모
습에서.

28. 어느 숲속 / 인적이 없는 너른 들판 / 낮

이헌을 실은 함거가 이동하다 문득 멈춘다.
군졸1이 군졸2를 본다. 군졸2, 고개를 끄덕이며 함거의 문을 열어 이헌
을 끌어낸다.
군졸1, 검을 스르릉 뽑는다.

군졸1	긴말 않겠습니다. 하늘을 원망하십시오.
이헌	(비웃듯) 역시 숙부답소...

군졸1, 이내 검을 높이 치켜들고 이헌을 향해 내리치는 순간!
세 개의 단도가 날아와 군졸1, 2, 3의 가슴에 명중한다! 뒤이어 수혁과
우림위 수십 명이 나타나고.

수혁	전하! 괜찮으시옵니까? (부복하고)
이헌	잘 와주었구나.
수혁	(검을 내밀며) 어검이옵니다.

| 이헌 | (받고 일어선다) 첫 번째 예상이 맞았으니, 두 번째도 맞을 것이다.. 두고 봐라. 숙부는 반드시 내 시신을 확인하러 올 것이다.. 그때, 숙부를 제거하는 것이 폐주로서 진명을 위해 해줄 수 있는 마지막 일이다. |

이헌과 수혁, 우림위들이 동시에 돌아보면, 제산대군과 유문정이 말을 타고 등장한다.
그 뒤로 위장하고 있던 수많은 군사들이 모습을 드러내며 삽시간에 우림위들을 포위하는데...!
이헌이 보면, 보병에 궁수에 창병까지 갖춘 완벽한 군대의 모습이다.

제산대군	이런 이런...!! 쯧쯧.. 내가 주상을 너무 과대평가했군.. 그래도 따르는 무리가 꽤 될 거라 예상했는데.... 고작 이거라니.. 쯧쯧...
이헌	(말없이 노려보고)...
제산대군	허허.. 더 이상 대안이 없으면... (말투 바뀌며) 너는 오늘 이곳에서 죽는다!

제산대군, 손을 들어 공격을 명령하려는 순간!

| 지영 | (E) 전하! |
| 이헌 | (놀라) 연숙수? (보면) |

제산대군, 인상을 쓰며 돌아보는데.. 지영과 공길, 그 뒤로 무장한 사당패들이 모습을 드러낸다!

지영	제가 구하러 왔습니다. 공길씨랑! 이분들이 전하를 구하러 왔다구요!!
이헌	공길..
공길	(미소)

엄/맹/민/심/길	(엄) 연숙수~~!!/(맹) 대령수수~!/(민) 저희가 왔습니다~!/ (심) 여기유!/(길) 아가씨!!! (지영의 곁으로 숙수들 일동과 길금 달려가고)
지영	(!!) (길금 보며) 길금씨! (숙수들 보며) 다들 어떻게 왔어요?
길금	광대 공길님이 알려주셨어라~
지영	뭐어? (하고 공길 보면)
공길	(미소) 자, 어디 신명 나게 한판 놀아 보자꾸나!
제산대군	(비웃고) 수라간 숙수들에, 광대에.. 아주 지랄발광들을 하는구나.. (느긋하게) 궁수!!

그러자 궁수들, 일제히 앞으로 나가 광대들과 지영과 길금 숙수들을 겨냥한다.
그러자 이헌, 얼른 달려와 지영의 앞을 막아서며 검을 들고 경계 태세를 취하고.
길금과 숙수들도 바들바들 떨며 준비해온 버섯코 칼을 잡고 자세를 취한다.

수혁	방패!!
제산대군	(손을 올렸다 내리며) 쏴라!

핑핑! 화살이 날아가고, 방패로 이헌을 보호하며 검으로 쳐내며 싸우는 우림위들!
공격이 먹히지 않자, 궁수들이 칼을 뽑고 다가오는 순간.

이헌	(검을 높이 세우고) 지금이다! 역도들을 처단하라!

현란한 대결이 시작되고!
광대들, 재주를 휙휙 넘으며 현란하게 검을 피하고, 그사이 숙수들은 군졸들에게 접근해 쓰러뜨린다.

지영도 이헌 뒤에서 대박칼을 들고 칼등으로 군졸 한 명을 쓰러뜨린다.

제산대군 (욱해서) 젠장할 것들이 있나!

유문정 창졸들 앞으로!!

이헌과 수혁, 공길이 선봉에 서서 엄청난 검술로 군졸들을 압도하는데..! 점점 수세에 몰리는 이헌파.
다음 순간, 쾅! 쾅! 소리와 함께 매캐한 연기가 피어오르고, 제산대군의 군졸들이 우르르 쓰러진다!
모두가 긴장된 표정으로 안개가 걷히길 바라보는데,
안개 속에서 저벅저벅 걸어오며, 서서히 모습을 드러내는 사내,
장춘생이다!
장춘생, 허리에 큼지막한 주머니를 차고 화탄을 꺼내 보이며 '씨익' 미소 짓는다.
지영, '춘생님!' 외치면, 숙수들과 길금, 놀라고 감동받은 표정으로 일각에서 엄지를 척!

장춘생 연숙수! 내가 왔소~ (밀지 보이며) 내가 좀 늦었나~?

지영 아니요. 딱 시간 맞춰서 잘 오셨어요~~

장춘생 (화탄 높이 치켜들고) 오늘 이거 원 없이 써보겠구나~
손 수(手), 던질 투(投)! 이게 바로 수투탄이다. 이것들아!

장춘생, 말이 끝남과 동시에 수투탄을 꺼내 던지자 다시 한번 쾅! 폭음과 함께 군졸들이 날아간다.
다음 순간, 이헌과 수혁, 공길, 숙수들의 옆에 서는 장춘생, 흡사 조선판 어벤져스 같은 이들의 모습.
우림위와 사당패들의 거침없는 공격에 수세에 몰리기 시작하는 제산대군의 군사들!

유문정   (긴장) 대군, 일단 몸을 피하십시오.

제산대군   (분한 듯) 또 저 대령숙수 때문인가..! 하..!

제산대군, 안전한 곳에서 보호를 받듯 서 있는 지영과 길금을 노려보는데.

군관1, 그 찰나를 틈타 지영에게 다가가고!

거의 동시에 이헌, 숨을 고르며 돌아보면 제산대군의 군사들이 거의 전멸하여 흩어진다.

제산대군을 발견하고 재빨리 활을 쏘는데, 제산대군, 옆에 있던 유문정을 방패 삼아 활을 피한다. 피를 토하며 쓰러지는 유문정.

순간, 승리를 느낀 공길과 장춘생, 광대들, 숙수들 모두가 '우아아~~! 이겼다~~!!' 라며 함성을 지르는데.

이헌, 날카롭게 보는데.. 제산대군이 보이지 않는다.

이헌   아직 끝이 아니다. 제산대군을 잡아라!

제산대군   (E) 헌아~!!!

이헌을 비롯한 일동이 모두 돌아보면, 입과 손이 포박된 연숙수에게 칼을 들이댄 채 말을 타고 있는 제산대군이 보인다. 순간, 일동 모두가 굳어진 표정이 되고!

이헌   (사색) 연숙수!

지영   (겁에 질려) ...

제산대군   (피식) 보위에 오르기 전, 나와 함께 월주 마시던 곳을 기억하느냐?

이헌   월영루...

제산대군   그곳으로 오거라. 만약, 혼자 오지 않으면 대령숙수는 죽는다!

제산대군, 말을 타고 달려 나가는데, 지영에게 칼을 댄 제산대군을 차마 아무도 막아서지 못한다.

지영, '음음..!!' 소리치고! 몸부림치지만, 소용없다. 제산대군의 말은
엄청난 속도로 사라지고!

장춘생 저.. 저 빌어먹을 놈. 여자를 납치해?

공길 (비장) 전하, 제가 구해오겠습니다.

엄/맹/민/심/길 (엄) 저도 가겠습니다. /(맹) 그럼 저도, /(민) 저두요, /(심) 지두유.
(길금) 지두요! 지두 쪼까 보내주쇼잉... 아가씨.. 흑흑..

이헌 (말에 오르며) 숙부가 원하는 것은 나다.

수혁 아니 되옵니다 위험하옵니다!

이헌 걱정 말거라. 반드시 돌아올 것이다.
... 내가 대령숙수를 구하는 동안, 너희는 숙부의 잔당들을 제거하고,
궁을 탈환해라!

일동 (눈시울이 붉어져 부복하며)... 전하! 아니 되옵니다.

이헌, 그들의 외침을 뒤로하고 말을 달려 바람처럼 사라지는 이헌!
멀어지는 이헌을 향해 '전하!' 울부짖는 수혁! 장춘생과 공길, 숙수들!

29. 봉덕궁 / 재탈환 몽타주 / 해 질 녘

1. 봉덕궁 외경
서산으로 기울어져 가는 태양.

2. 봉덕궁 정문 / 해 질 녘
내관들이 힘을 합쳐 봉덕궁의 정문을 열면, 공길, 수혁, 우림위, 광대
들이 쏟아져 들어온다.
일각에서 달려오는 제산대군의 군사들! 그들을 닥치는 대로 공격하
며 전진하는 공길과 수혁.

김양손   (E) 성대감, 대군께서 패퇴했다는 전갈이 왔소.
자막 | 패퇴(敗退) : 싸움에 지고 물러남

성인재   (E) 뭐라? 대군의 군대가 모두 전멸했다고?

공길   잔당들은 맡기고 어서 가시오!
자막 | 잔당(殘黨) : 패망하고 남은 무리

수혁   우린 강녕전으로 간다!

3. 봉덕궁 일각 / 해 질 녘

허겁지겁 도망치는 김양손, 다급히 어느 전각에 숨어든다.
공길이 거칠게 따라와 무언가를 김양손 앞에 툭 던진다. 여주 일대의
땅문서다.

김양손   아니, 너는…?! 살곶이 숲의 자객? 헌데, 어찌 주상의 편에 섰느냐!

공길   그야, 늬들 하는 짓이 더 엿같으니까!

김양손   (E) 이대로 죽을 수는 없다. 죽을 수는 없어!

공길   (슥 베는)

김양손   (E) 대군, 대군이 약속한 세상은 어찌 된 겝니까..

4. 침전 방 / 해 질 녘

문밖으로 창칼이 부딪치는 소리 들리고, 성귀인, 양귀인이 방 한쪽에
불안한 표정으로 앉아 있다.
어좌에는 곤룡포를 입고 익선관을 쓴 진명이 불안한 표정으로 자현대
비의 품에 안겨 있다.

5. 강녕전 앞 / 해 질 녘

강녕전 앞에서 제산대군의 군사들과 싸우는 수혁과 우림위들, 사당
패들.

수혁   물러서지 말거라! 역도들을 처단해라!

마침내, 군사들을 모두 무너뜨리고, 환호하는 우림위들과 사당패들.

수혁　(E) 전하, 무사히 돌아오시옵소서.

6. 궐내 각사 / 해 질 녘

긴 탁자에 홀로 앉은 성인재, 앞에는 빈 약사발이 놓여 있다.

성인재　(E) 이렇게 쉽게 궁이 다시 함락되다니..
우리가 폐주를 너무 얕보았어.
(허무하게 부르짖으며) 태평성대를 꿈꾸었건만, 일장춘몽이로구나..
(울컥! 피를 토하고 쿵! 머리를 박으며 눈을 감는)
자막 | 태평성대(太平聖代) : 성군이 다스려 평안한 시대
자막 | 일장춘몽(一場春夢) : 한바탕 봄날의 꿈으로 인생의 덧없음을 비유함

30. 봉덕궁 / 자홍원 / 행운당 / 해 질 녘

수를 놓고 있는 목주, '아얏!' 바늘을 잘못 찔려 손에서 피가 난다. 불길
한 기분을 느끼는 목주.
이때, 밖에서 챙챙! 검과 검이 부딪치는 소리가 들려오고.

목주　게 있느냐?!

아무도 대답하지 않는다. 목주, 조심스레 문을 열고 보면. 텅 빈 행운당
문간 앞. 챙챙 소리만 들려오고!

31. 봉덕궁 / 자홍원 밖 / 해 질 녘

덕출과 공길이 검을 쥔 채 생사를 건 사투를 벌이고 있다. 막상막하의
대결!

32. 봉덕궁 / 자홍원 / 행운당 / 해 질 녘

목주, 공포에 질려 문을 닫고 옷가지를 챙기며 장옷을 걸치고 서 있는데..
어느 순간, 검 소리가 멈춘다. 목주, 조심스레 일어나는데..
다음 순간, 문이 열리며 온몸에 피 칠갑을 한 공길이 들이닥친다!

공길　숙원마마..

목주　(놀라) 너, 너는…!

공길　(씨익) 누이의 복수를 하러 왔소이다. 그리고 그동안 쓰다 죽인 다른 여
　　　　인들의 복수도.

F.C_ '칼을 품고 웃는 자는 언젠가 그 칼에 베이는 법이다' 말하는 이헌 컷

목주　(표정 싸늘해지며) 네놈 따위에게 목숨을 구걸할 생각 따윈 추호도 없다.

공길　(목주의 목덜미를 잡아 올려 눈을 맞추며) 이년이 끝까지..!
　　　　네년 때문에 죽어 나간 목숨이 몇인 줄 아는가?!

목주　(눈을 피하지 않고 오히려 더욱 노려보며.. 슥 은장도를 빼어들고)
　　　　.. 나도.. 너와 똑같은 광대일 뿐이야..

공길　웃기지 마라! 네년은 광대 자격도 없어..!

목주　그건 니가 결정하는 것이 아니다.

목주, 눈시울이 붉어졌다가 어느 순간 결심하고 은장도를 자신의 가슴
에 깊게 박아넣는다.
공길, 놀란다! 목주, 눈을 부릅뜬 채로 고개를 떨구며 쓰러지고. 파르르
떠는데.. 아직 숨이 붙어 있다.

공길, 눈을 감고 자신의 검을 목주의 가슴에 다시 한번 깊이 박아 넣는
다..

공길　이건, 내 누이의 목숨값이다.

목주, 고통스러운 표정으로 눈을 감는다... 죽은 목주를 가만히 보다가
나가는 공길.

33. 봉덕궁 / 자홍원 / 앞마당 / 해 질 녘

공길, 계단에 널브러진 덕출의 시체를 가로질러 마당으로 걸어 나온다.
마당 일각에 앉아 어둑해진 하늘을 올려보는 공길.

공길　이제 다 끝났소, 대령숙수... (눈물)...
내 이번만큼은 전하를 응원하리다...

34. 어느 산길 / 밤

결연한 표정의 이헌, 말을 몰며 산길을 달려가고 있다.

35. 월영루 (어느 정자) 안 + 밖 / 밤

횃불로 사방이 밝혀진 가운데, 제산대군, 술 항아리 앞에 앉아서 술잔
을 기울이고 있다.
입에 재갈이 물린 채 정자 한 기둥에 포박되어 있는 지영.
줄을 풀려고 손을 꼼지락거리며 애를 쓰는 중인데..

말이 달려오는 소리가 들리자, 흠칫 놀라 제산대군을 보는 지영.

제산대군 역시 왔군.. (지영 보며) 네년 일이라면 물불 안 가리는 저 연심.. 참으로 감동적이야. 지옥길도.. 함께 가면 꽃길이려나? 흐흐흐.

지영 (노려보는)....

월영루 밖, 말을 세운 이헌.

지영 (전하!) 읍읍..! 읍읍...!

이헌 (고개 돌려 지영을 찾는다) 무탈하구나.. 다행이다..

지영 (눈시울이 붉어지고)....

제산대군 (그 모습 보며 한잔하는) 흠..

월영루로 올라서려는데, 군졸 3명이 휘릭 나타나 앞을 막아선다.

이헌 ... 비켜라.

군졸들 (칼을 슥 빼어 든다)

이헌 (피식 웃다가 죽일 듯 노려보며 검을 천천히 빼 들며 제산대군에게) 숙부, 명에서도 못 데려간 제 숙수를 데려가시다니.. 각오는 되셨겠지요?

군졸들 (칼 겨누며 노려보는)....

제산대군 (내려다보며) 허허. 너야말로.. 각오는 하고 온 게냐? 어디 네 힘으로 올라와 보거라.

이헌 (피식) 곧 내려오게 해드리지요.

이때, 제산대군이 눈짓하자, 3명의 군졸들, 삼면에서 일제히 회전하며 이헌의 복부를 공격한다.
챙! 검으로 공격을 가까스로 막아내는 이헌. 보통 군졸이 아님을 감지한다.
다시 동시에 이헌에게 달려드는 군졸들! 챙-챙-! 혼신의 힘을 다해 공격을 막아내는 이헌.
다급해진 지영, 손을 꼼지락거리며, 계속 줄을 풀려 안간힘을 쓰는데!

순간, 군졸1의 검이 이헌의 겨드랑이를 파고들자 피하면서 옷자락이 잘리고, 그 사이로 망운록이 떨어진다.
이헌이 화급히 쳐내며 군졸1을 처치하면, 군졸1의 검이 제산대군의 앞으로 날아온다!
챙-! 제산대군이 검집으로 막아내면, 튕겨진 검이 날아가 와장창-! 요란한 소리를 내며 깨어진다!
술동이 파편이 튀자 지영, '악~' 화들짝 놀라며 몸을 돌리는데!!

이헌, 지영의 비명 소리에 누각 위로 홱- 올라서려는데,
제산대군, 검을 뽑아 이헌을 막으면서 밀고 내려간다.
이헌, 제산대군과 지영을 번갈아 보며 뒷걸음으로 물러나고..
계단 밑에서 이어지는 군졸2, 3의 공격! 정자 앞에서 다시 시작되는 혈투!
지영, 눈앞에 있는 항아리 파편을 발끝으로 어렵게 당겨온다.
마침내 손에 파편을 거머쥐고 줄을 끊고 나가는 지영.

36. 월영루 (어느 정자) 앞 / 공터 / 밤

정자 입구에 선 지영.

지영   전하..! 전하!!
이헌   (지영을 보며) 연숙수... (날아든 검을 힘겹게 막아내며) 먼저 도망치거라. 어서!

지영을 돌아본 제산대군, 표정이 굳어지고!

지영   (눈물 그렁해서 다가서며) 안 돼요! 저 혼자서는 못 가요! (하는데)
이헌   걱정 말고, 어서!

지영, 이헌을 향해 정자 계단을 내려가는데..! 계단 아래에서 발에 채이는 이헌의 망운록!
나비 노리개를 보고 급히 책을 주워드는데.

지영   (나비 장식을 보며) ...설마?!! 망운록?!!

지영, 서둘러 책을 차르륵 넘겨 보는데, 점점 충격을 받은 표정으로 변한다.

F.C_ 그동안 지영이 만들어 올렸던 수많은 요리들의 모습 컷컷

지영   (E)(믿을 수 없다는 듯이) 이건.. 내가 그동안 전하께 바친 음식들이잖아!!
       (다급히 책을 넘겨 서문을 본다. 점점 눈이 커지고)
       이럴 수가.. 망운록의 저자가.. 전하?! (싸우는 이헌을 보며 충격)
제산대군 뭣들 하느냐! 저년을 잡아라!

군졸2가 지영을 본다. 검을 치켜세우고 지영에게 달려가는데!
이헌, 눈앞의 군졸3을 베고, 그대로 칼을 던져 지영에게 달려드는 군졸2를 처리한다.
지영, 눈앞에서 쓰러진 군졸2에 놀라며, 망운록을 들고 이헌에게 다가가고..
이헌, 분노한 제산대군의 시선을 돌리며 간곡히 설득하기 시작한다.

이헌   숙부... 지금이라도 그 칼을 거두시지요.
제산대군 (다가가며) 네 목숨이 질긴 것은 타고난 운이고...
       (검을 겨누며) 내 칼에 죽는 것은 네 업보다...

이헌   숙부! 제대로 다스리지 못하는 힘은 독입니다!

가슴에 피를 흘리며 간신히 몸을 일으킨 군졸3이 엎드린 자세로 마지막 힘을 모아 이헌의 다리를 베고 다시 쓰러져 숨을 거둔다. 허벅지를 베이고 무릎이 팍 꺾이는 이헌.
순간, 제산대군, 승리의 미소를 지으며 이헌의 목을 베려고 칼을 들어 올리는데.
지영, '안 돼에!!' 소리 지르며 뛰어들어 이헌 대신 등에 칼을 맞는다!
둘 사이에 툭 떨어지는 망운록.

지영   커헉...! (고꾸라지는)

이헌, 등을 칼에 베인 지영을 안고 쓰러지며.

이헌   연숙수!!!!! 안 돼, 안 돼!!!

으아아아악!!!! 광기에 휩싸인 이헌. 군졸3의 칼을 들어 제산대군의 가슴에 칼을 꽂는다.
'윽!' 피를 토하며 무릎 꿇는 제산대군! 이헌, 그대로 뒤돌아 지영을 끌어안아 일으킨다.

이헌   연숙수..
지영   (죽어가며) 전하...
이헌   말하지 말거라..
지영   ..사실.. 떠나고 싶지 않았어요.
이헌   (꼬옥 끌어안고, 눈물을 참는) ...감히 내 허락도 없이 어딜 간단 말이냐.

그 순간, 망운록이 빛나기 시작하고, 번개가 치면서, 무섭도록 거센 바람이 몰아치고!..

바람 속에서 빠른 속도로 망운록 책장이 차르르- 넘어간다.

빛과 바람 속에서 마지막 장 '환세반'에서 멈춘 망운록! 신비한 빛을 내뿜기 시작하는데..!

강풍에 햇불들이 꺼지고, 흔들리는 나뭇가지 사이로 보이는 달이 점점 어두워진다. 월식(月蝕)이다.

지영 (힘없이 피식) 사랑해...요, 전하.. (눈을 감는)

이헌 (눈물이 터지며) 연숙수! 연숙수!! 제발 부탁이니 눈 좀 떠 보거라.. 제발!!

이때, 번개가 그치고, 망운록에서 나온 빛이 강풍과 함께 온몸을 감싸며 허공으로 서서히 떠오르는 지영.

이헌, 떠오르는 지영과 잡은 손이 끝내 떨어지며, 지영 몸과 이어진 망운록의 빛을 본다.

이헌 안 돼.. 안 돼..

지영 (고요한 표정으로 눈감은) ...

이헌, 강풍 속에서 망운록을 덮으려고 애쓰는데 덮이지 않는 책장.

점점 더 강렬해지는 빛에 휩싸이는 지영.

이헌 (강풍을 버티며) 연숙수가 그토록 찾던 망운록이 내 ..일기장이었다니. (필사적으로 책을 덮으려 애쓰며) ..왜 하필 지금이냐... 왜!!

망운록의 빛은 더욱 강렬해지고!! 강렬한 빛이 최고조에 다다르며 떠오르는 그 순간!

책이 떠오르며 북- 소리와 함께, 이헌이 잡고 있던 망운록의 한 장이 찢겨 날아가고.

지영이 거센 빛줄기에 휘감긴 채, 책 속으로 점점 사라진다.

팟! 허공 속으로 책과 함께 사라지는 지영! 앞으로 쓰러지는 이헌. '흑흑 흑' 힘겨운 눈물을 토해낸다.

이헌   연숙수우우!!!
어딜 가든 내가.. 널 꼭 찾으마.

이때, 이헌의 뒤로 힘겹게 다가오는 제산대군. 죽지 않았다.

제산대군   너도 같이 보내주마! (온 힘을 다해 이헌의 등에 칼을 꽂는)

순간 이헌, 앉은 자세로 몸을 돌리며 다시 한번 제산대군의 가슴에 칼을 꽂는다. (군졸3의 칼)
쿨럭, 입으로 피를 쏟으며 이헌 앞에 무릎 꿇는 제산대군.

제산대군   헌아.. 이 조선의 왕은 나였어야 했다!! (마지막 포효와 함께 눈을 감는)
이헌   숙부.. 그만 편히 가시오. (칼 손잡이에 푹! 힘주는)

그때, 쓰러진 그의 얼굴 위로, 나풀.. 찢어진 종이 한 장이 바람을 타고 내려앉는다.
이헌, 잡아 보면 찢겨진 망운록 한 장이다.

지영   (E) 전하.. 절 찾으신다는 약속.. 잊지.. 마세요.
이헌   (떨리는 눈빛으로 보며)...

(E)   앰뷸런스 소리

37. 현대 / 어느 병원 / 2인실 / 낮

'안 돼...!!' 외치며 눈을 번쩍 뜨는 지영! 눈에서 눈물이 흐르고 있다.

지영   (E) 여긴 어디지?

고개를 돌려 주변을 둘러보면 병실 안이다. 지영, 링거를 꽂은 채, 믿기지 않는 표정으로 일어나고,

지영   (E) 병원?? ..나 돌아온 거야?

지영, 어깨를 살짝 들어보면, 검에 베인 흉터가 있다.

지영   (E) 흉터?! ..꿈이 아니었어. 그럼, 전하는.. 전하는 어떻게 된 거지?!!

F.C_ 지영을 안고 오열하던 이헌의 컷

지영   (E) 망운록! 망운록 어딨지? 다시 돌아가야 돼..!

지영, 황급히 침상에서 내려와 발을 딛는데, 힘이 없어 휘청이다 다시 일어서는 지영, 몸을 움직이며 절박한 표정으로 망운록을 찾는다.
사물함 속 짐가방 안에서 망운록을 찾아낸 지영!

지영   (E) (책장을 황급히 넘기며) 제발.. 제발.. 살아 있어줘..

목차를 따라 손가락이 쭈욱, 차르륵 넘기는 진지한 지영의 표정.. 마지막 '환세반' 장이 찢겨져 있다.
지영, 다시 눈물이 주룩 흐르는데... 눈물을 닦으며 마음을 다잡고, 심호흡을 하는 지영.

지영   (비행기에서처럼 서문을 읽는) 연모하는 그대가,

지영부   지영아!! (달려와 껴안고) 깨어났구나 지영아! 얼마나 걱정했는지 알
        아? 흑흑...

지영   (당황하며) 아빠..! (그러다 이내 울먹이며) 아빠..! 아빠..!! (하는데)

닥터   (E) 어! 연지영씨?

지영, 고개를 돌려 보면, 닥터와 인턴들.
닥터, 심각한 표정으로 지영의 눈을 까뒤집고, 맥박을 확인한다.

닥터   잠시만요! 괜찮으세요? 이렇게 갑자기 막 움직이고 그러면 안 돼요.

인턴들이 지영을 부축해서 눕히면서 소란스럽다. 눈을 까뒤집고, 각종
검사기기들이 들어오며.

38. 현대 / 지영의 집 / 외경 / 낮

39. 현대 / 지영의 집 앞 / 낮

전원주택 앞에 지영부의 차가 멈춘다. 손가방을 들고 차에서 내리는
지영.

지영부   지영아, 아빠 장 봐올 테니까~ 가만히 쉬고 있어~ 알았지? 얼른 갔다
        올게!

지영   (미소) 응.

지영부 차가 부아앙~ 멀어지면. 그 모습 보는 지영.

40. 현대 / 지영의 방 안 / 낮

아늑하고 아기자기한 지영의 방 안. 지영, 가방을 툭 내려두고. 커튼을
확 친다.
지영, 힘없이 침대에 벌러덩 눕는다.

F.C_ 제산대군과 싸우던 이헌의 모습 컷 / 책 속으로 빨려 들어가던 지
영을 보며 울부짖던 이헌 컷컷

지영, 눈물이 주르륵 흐른다.
문득 뭔가 머릿속을 스치고, 흐르는 눈물 닦으며 복잡한 심경으로 '연희
군'을 검색한다.
노트북 화면 위로, '조선시대 최악의 폭군'에 관한 기록들이 모두 뜬다.
클릭하며 내용을 확인하는 지영.

지영   (집중) 연희군의 시신을 발견한 사람은 없다..? 연희군 실종? 역사가 바
뀌었어!
(안절부절) 어쩌면.. 지금 가면 전하를 다시 만날 수 있을지도 몰라..

지영, 가방에서 망운록을 급히 꺼낸다. 첫 장을 펼치고 '흠흠..' 심호흡
하는 지영. '후~'

지영   연모하는 그대가 언젠가 이 글을 읽는다면.. 나의 곁에 돌아오기를..
(눈을 감는)

하.지.만. 아무 일도 일어나지 않는다. 실눈을 뜨는 지영. 여전히 자기
방이다.
방 안을 뱅뱅 돌며, 다시 읽고 또 읽는 지영. '연모하는 그대가..'
역시, 아무 일도~ 일어나지 않는다.

지영   (멍하고) 왜 안 돼.. 왜.. (곰곰이 생각하는데)

F.C_ 화장실에서 바람이 불며 책 속으로 빨려 들어가던 지영의 모습 컷컷

지영   화장실! (급히 화장실로 가는)

41. 현대 / 지영의 집 / 화장실 / 낮

화장실 거울 앞에 선 지영. '후~' 심호흡을 한다. '연모하는 그대가...' 다시 읽는 지영.
하지만 아무런 변화가 없다. 여러 번 시도를 반복하지만 그대로다. 답답한 마음에 한숨을 내쉬는 지영.

42. 현대 / 지영의 방 안 / 낮

지영, 힘이 빠진 표정으로 망운록을 안고 다시 침대에 벌러덩 눕는다.

F.C_ 이헌이 지영의 음식을 아이처럼 먹던 모습 컷컷컷 / 지영을 향해 환하게 웃던 이헌의 모습 컷컷컷

지영   (E) 그날이.. 우리의 마지막은 아니었기를... (눈물)

지영, 몸을 웅크리고 옆으로 돌아눕는다. 억지로 눈을 감아본다. 하지만 하염없이 흘러내리는 눈물.

43. 앰배 호텔 / 전경 / 저녁

// 자막. 한 달 후 //

44. 앰배 호텔 / 앙팡 레스토랑 / 저녁

모던하면서도 고급스러운 레스토랑. 지영이 들어서면, 분주한 웨이트리스와 웨이터들이 인사를 한다.
일각에 있던 김매니저(슈퍼바이저)가 지영을 알아보고 인사하며 구석진 자리로 데려가 앉힌다.

김매니저 연셰프. 진짜 괜찮아 보이네! 너무 다행이다~ 내가 급히 오라고 해서 좀
          놀랐지?
지영   응, 조금... 근데 무슨 일이야?
김매니저 일은 무슨 그냥.. 저어기.. 그게.. (심호흡하고) 나랑 같이 일 좀 하자.
지영   뭐? 여기 셰프님, 유명한 분 아닌가? 미슐랭 2스타 셰프.
김매니저 기사가 났잖아. '한국의 거물 셰프, 기괴한 재료의 향연'..
          그 뒤로 안 나와. 연락도 안 되고. 이러다 레스토랑 문 닫게 생겼어.
          도와줘 연셰프.. 국내 미슐랭 선정이 시작됐거든...
지영   하.. 어쩌지? 내가 지금 일할 상황이 아니라서..
김매니저 정 안 되면 한 달만이라도. 우리 제대로 된 셰프 구할 때까지만.
          호텔 측에서 이번에도 미슐랭 스타를 받지 못하면.. 레스토랑을 폐업
          한대. 우린 확실한 총괄셰프가 필요해. 지영아! 제발..
지영   (고민하다 마지못해).......하... 시간이 얼마나 있지?
김매니저 보름. 보름 안에는 미슐랭 심사관이 올 거야.
지영   (한숨).....주방 좀 볼까?
김매니저 (후다닥) 이쪽.

지영, 따라가며 주변을 둘러보는데, 디저트 손님들 몇 명뿐인 홀.

45. 앰배 호텔 / 앙팡 레스토랑 / 주방 / 저녁

지영, 주방을 돌아보며 사람들이 일하는 풍경을 가만히 지켜보고.

지영   세컨 쿡이랑, 서드 쿡은 어디갔어?

김매니저   총괄셰프 바꾸기 전엔 죽어도 안 나온다고.. 하.. 내가 이러고 산다.

지영   (E)(주방을 보며 고민하고)... 그래....

             (쿡 헬퍼에게) 저, 이 디저트 좀 테이스팅해 볼 수 있을까요?

Cut to_ 디저트를 테이스팅하는 지영.

지영   (결심한 듯) 좋아.

김매니저   (환호) 연셰프..!!!

지영   대신 딱 한 달이야~

             그리고 미슐랭의 스타를 받으려면...(메뉴판 짚으며) 지금 있는 이 메
             뉴로는 안 돼. 내가 새로운 메뉴 좀 개발해 볼게.

김매니저   이번에 우승할 때 개발한 거?

지영   ..아니.. 조선시대 궁중 요리를 접목한 파인 다이닝?

김매니저   궁중 요리도 할 줄 알아? 아니 언제부터??

지영   (미소) 그건.. 너무 긴 얘기라 나중에요.

             암튼 조선시대 수라간 전통 방식 그대로~ 자연을 담아 볼게요.

김매니저   좋아! 총괄셰프 바뀌었으니까 모두 나오라고 할게. 고마워 연셰프~

46. 앰배 호텔 / 전경 / 낮 (다음 날)

47. 앰배 호텔 / 앙팡 레스토랑 / 주방 앞 / 낮

셰프복의 지영 앞에 수셰프(엄숙), 셰프(맹숙), 쿡 헬퍼(민숙, 심숙, 길금) 군기 바짝 들었다.

김매니저 앙팡의 새로운 총괄 헤드셰프로 오신 연지영 셰프세요. 인사들 나누시죠.

엄/맹/민/심/길 안녕하십니까, 셰프~

지영 (황당) 아니, 엄숙수님? 맹숙수님? 심숙수님.. 민숙수님? (순금 보고) 길금씨?!

엄/맹/민/심 (뭔 소리야? 싶은 얼굴로 서로 보고)... 흠흠..

순금 네? 저는 순금인데요..

지영 (E) 세상에 이렇게 닮을 수가 있어? 후손들인가? 아니라기엔 너무 똑같잖아..

음.. 오늘부터 앙팡의 주방을 총괄하게 된 연지영입니다~ 잘 부탁드립니다.

엄/맹/민/심/길 (속닥속닥) (맹) 라 쁘알레 도르 /(심) 아, 그 우승자? /(길) 아~ /(엄) 쉿!

지영 곧 있을 미슐랭 심사를 겨냥해서 신메뉴를 개발할 예정인데요.
조선시대 왕의 식사를 대접하던 수라간 스타일을 이용해서
다이닝 코스 요리를 만들어 볼 예정입니다.
주방에서의 호흡이 아주 잘 맞을 것 같네요~

모두가 진지한 눈빛으로 지영의 말을 경청하고.

48. 앰배 호텔 / 앙팡 레스토랑 / 주방 / 몽타주 (지영의 컴백) / 밤 (여러 날)

지영   (Na) 그렇게 나는... 예전과 같은 모습으로 돌아왔다.. 하지만...
내 마음과 시간은 조선시대 수라간에 머물러 있었다..

1. 다른 날/주방/밤_ 수프: 〈북어 콩소메〉
한쪽에 펼쳐진 망운록 '북어 콩소메' 페이지와 태블릿. 새로운 모던 한
식 요리 연구 중이다.
태블릿엔 '대령숙수 수프 코스 – 북어 콩소메' 제목 아래에 북어 콩소메
그림이 있고, 보조선을 그어 두부, 채소, 브로콜리 등 새로 추가한 재료
들이 적혀 있다. (한글, 영문 혼용)

1) 지영, 쌀뜨물에 불린 북어를 토막 내서 자른 후에, 맹숙이 자른 미르
포아(양파, 당근, 셀러리)를 담은 볼 위에 얹으면, 옆에서 엄숙이 휘핑
한 흰자를 덮는다. 손으로 잘 섞은 후에 끓고 있는 육수에 붓는 지영.

2) 냄비에 북어 콩소메가 끓고 있고, 가운데에 맑은 국물이 모이도록
국자로 떠내는 지영.
지영이 동그란 두부를 만드는 시범을 보이면, 따라 하는 엄숙과 심숙.
가니쉬(브로콜리, 어린잎 채소, 잘게 썬 미르포아, 북어 보푸라기)를 준
비하는 맹숙, 민숙, 길금.

3) 가니쉬를 올린 후에 조심스럽게 육수를 붓는 지영. 완성된 북어 콩
소메의 향을 맡고 감탄하는 셰프들.

지영   (Na) 나는 대령숙수로서 경험했던 궁중 요리와, 그가 남긴 망운록 속의
요리들을 찾아.. 신메뉴를 만드는 데 몰두했고..

2. 다른 날/주방/ 밤_ 메인2: 〈수라간 오골계 삼계탕〉
한쪽에 펼쳐진 망운록과 태블릿. 새로운 모던 한식 요리 연구 중이다.
태블릿에는 '대령숙수 메인 코스 2 – 수라간 오골계 삼계탕' 제목 밑에

오계탕과 함께 다양한 모양의 돔이 그려져 있고, 빵돔에 체크하는 지영.

1) 지영, 압력솥을 열면 먹음직스럽게 익은 속을 채운 오계 1-2마리가 보이고. 감탄하는 셰프들.

2) 지영, 도마에 벗긴 오계 껍질을 올리면, 길금이 준 오계 속을 넣고, 만두 모양을 만들어 묶는다.
지영이 지시하면, 옆에서 보던 엄숙이 완성된 오계 만두를 압력솥 오계탕 국물에 데친다.
지영이 지시하면, 반구형 몰드에 퍼프 페이스트리를 붙이고, 오븐에 넣는 맹숙(빵돔 만들기).
지영이 지시하면, 곰보버섯의 속을 채우는 심숙과, 대추단자를 만드는 민숙. 옆에는 이미 손질된 브로콜리, 미니 버섯 등이 놓여 있다.

3) (플레이팅) 지영, 오계 지지대가 놓인 그릇에 오계 만두와 가니쉬를 플레이팅한다.
마지막으로 인삼을 올리고 육수를 붓는다.
맹숙이 오븐에서 꺼낸 빵돔을 건네면, 마지막으로 돔을 덮는다.

4) 완성된 오계탕을 깨뜨리고 맛보는 지영과 엄숙, 맹숙, 심숙, 민숙, 길금.
모두 감탄한다.

지영   (Na) 파리에서 배운 요리법과 접목해... 궁중 다이닝 코스를 만들었다.

3. **다른 날/주방/밤_** 디저트: 〈흑임자 마카롱〉
망운록의 '흑임자 마카롱' 페이지를 펼쳐놓고, 요리를 실험하는 지영.
태블릿에는 흑임자 마카롱 옆에 초콜릿 돔, 설탕 돔, 캐러멜 원통 등이 그려져 있다.

1) 흑임자 꼬끄에 필링을 짜며 흑임자 마카롱을 완성하는 지영. 옆에서 지영을 도우며 완성된 마카롱을 정리하는 길금. 한 켠에서 다식을 준비하는 엄숙과 과일을 손질하는 민숙, 짤주머니를 준비하는 심숙.

2) 플레이팅 준비를 마친 조리대 옆에서, 랩 위에 설탕물을 뿌리며 캐러멜 원통을 만드는 지영. 옆에서 캐러멜을 끓이던 엄숙과 도와주던 길금이 캐러멜을 보며 감탄한다. 맹숙은 옆에서 초콜릿 돔을 만들고 있다. 옆에서 맹숙을 돕는 심숙과 민숙.

3) (플레이팅) 지영, 캐러멜과 초콜릿 중 고민하다 조심스럽게 캐러멜 원통을 그릇에 올리고, 크림을 짜고, 과일, 다식, 마카롱, 나선형 초콜릿을 올려 완성한다.

지영　　(Na) 이름하여, 대,령,숙,수 다이닝 코스.

4. 레스토랑/낮_
웨이트리스가 육수를 부어주면,
북어 콩소메를 먹고 감탄하는 손님들. 오~
외국인들이 궁중 오계탕의 돔을 깨뜨리고 한입 먹어보며 감탄하는 모습~ 오~
손님들이 '흑임자 마카롱'을 먹어보고 감탄하는 모습~ 오~

5. 레스토랑/낮_
'연셰프~!' 외치며 김매니저가 뛰어 들어와 휴대폰 속 기사를 보여주는데, 〈앰배 호텔, 레스토랑 앙팡〉 '자연을 담은 궁중 모던 한식... '대령숙수' 코스에 쏟아지는 극찬!' 기사의 타이틀과, 북적이는 레스토랑 사진이 보인다.
지영을 향해 환호하는 셰프들과 김매니저. 지영, 미소 짓고.

49. 앰배 호텔 / 앙팡 레스토랑 / 주방 / 밤

요란한 주방 소음 속에서, 엄은 불이 최대로 올라온 스토브 앞에서 북어 콩소메와 오계탕을 끓이고 있고, 맹은 그릴 앞에서 비프 부르기뇽과 새송이버섯을 굽고 있다. 심은 근처에서 오븐을 담당하고 있고, 민과 길은 다른 쪽에서 육회 감태와 구절판을 준비하고 있다. 중앙 메인 조리대에서 그들 모두를 살피는 지영!

지영 (빌지를 읽으며) 대령숙수 코스 셋! 다들 각자 요리 준비해주세요!
셰프들 예, 셰프!

50. 앰배 호텔 / 앙팡 레스토랑 / 밤

송재가 번듯한 정장 차림으로 들어선다.

김매니저 안녕하십니까. 예약하셨습니까.
송재 7시에 예약한 스티브 임입니다.
김매니저 네, 확인되셨습니다. 이쪽으로 모시겠습니다.

김매니저의 안내를 받으며 자리에 앉는 송재.
메뉴판을 보며, 테이블 위에 휴대폰 두 개를 내려놓는다.

송재 여기 신메뉴가 있다던데. 음. 모던 한식 '대령숙수'.
김매니저 예, 옛날 수라상에 올라가던 요리를, 모던한 코스 요리로 재해석한 앙팡 레스토랑의 시그니처 메뉴입니다.
송재 이걸로 할게요. 생수 두 잔 먼저 주시구요.
김매니저 (떵!) 아~ 네.

김매니저, 긴장한 표정으로 주방으로 향하는.

51. 앰배 호텔 / 앙팡 레스토랑 / 주방 / 밤

분주한 주방. 지영이 비프 부르기뇽의 가니쉬를 매만지며 플레이팅하는데, 긴장한 표정으로 소리치는 김매니저!

김매니저 연셰프! 7번에 대령숙수 코~스! (속닥) 미슐랭이야! 생수 두 잔, 핸드폰 두 개. 확인!

셰프들 (긴장하며 지영을 보는)....

지영 (한식 플레이팅을 끝내며) 모두들 하던 대로만 하면 돼요. 알겠죠?

엄/맹/민/심/길 (신뢰하는 눈빛으로) 예, 셰프~!

Cut to_
지영, 북어 콩소메를 끓이고 있는 엄숙수 먼저 살피며.

지영 콩소메 잘됐네요. 이제 담아주세요!

엄숙수 예, 셰프.

민숙수와 길금을 살피며.

지영 육회 감태는 눅눅해지니까 시간 맞춰 나갈 수 있게 준비해 주고.

민숙수 예, 셰프.

지영 (구절판을 플레이팅하는 길금을 보며) 좀 더 얇게 썰어줘.

길금 예, 셰프.

맹숙수가 굽고 있는 비프 부르기뇽과 새송이버섯의 상태도 확인하며.

지영	플레이팅할 거니까 맹숙수님은.. 아니, 맹셰프는 부르기뇽 가니쉬 준비해줘.
맹숙수	예, 알겠습니다.

지영, 자리로 돌아와 마지막으로 디저트 플레이팅을 마무리한다.

지영	7번 테이블, 디저트 가요!

웨이트리스가 들고 나가면, 그제야 풀어지는 분위기. 셰프들, 환하게
웃고. 다음 주문받는데,
잠시 후... 음식을 다시 들고 들어오는 웨이트리스1, 2.

웨이트리스1	(비프 부르기뇽 들고) 셰프, 7번 테이블, 맛이 없다고..
웨이트리스2	(오계탕을 들고) 고기가 퍽퍽하다고 다시 만들어 달라십니다.
지영	(행주를 탁 던지고 되돌아온 음식들을 보는데) 뭐야, 손도 안 댔잖아?
	(팔을 걷어붙이고 음식을 들고 나가며) 내가 가볼게!

52. 앰배 호텔 / 앙팡 레스토랑 / 밤

송재, 김매니저가 기분 좋게 페어링해 준 수제 막걸리를 마시는 중인데,
지영, 비프 부르기뇽과 오골계 삼계탕 그릇을 들고 그 앞으로 다가선다.

송재	(음미하며) 음~ 피니쉬가 아주 매력적이네.
지영	(다가서며) 안녕하세요~ 앙팡 총괄 헤드셰프 연지영입니다.
	(E) 임송재랑 너무 똑같이 생겼잖아..
송재	네, 무슨 일로?
지영	(E) 하..! 여기서도 트집을 잡네.
	쌀머루주 갈비 조림과 오골계 삼계탕을 다시 주문하셨다고 해서요.

음식에 무슨 문제라도 있을까요?

송재 아~ (피식) 돌려서 얘기하니까 잘 못 알아들으셨구나~
(표정 돌변하며) 자연을 담은 모던 한식이라면서요. 여기 어디에 자연이 담겨있죠?

지영 (E) 어디서 샛트집이야?
거짓말하는 인간의 혓바닥은 막을 수가 없다더니!
손님께서는 지금 음식에 손도 안 대셨잖아요.

송재 하.. 지금 내가 제대로 먹어보지도 않고 거짓말을 하고 있다?
와~ 평가를 피하는 아주 기발한 방법이네. 실력이 없으면 얌전하나 있을 것이지.

지영 (파르르 떨며 팔을 걷어붙이고)
당신, 진짜 미슐랭 맞아? 당신 같은 사람이 어떻게 심사관이야?

송재 (일어선다) 뭐? 이 사람이 보자 보자 하니까! 당신 같은 사람이야말로 어떻게 셰프야!
좋아, 내가 오늘 아주 제대로 평가해줄게! 네 요리를 원망해라!
(품 안에서 칼을 뽑듯 평가 노트를 꺼내 쫙쫙 긋는데)

지영 뭐요?

이때, 어디선가 나직하게 들려오는 목소리.

이헌 (E) 그 말이 사실이라면, 내가 한번 먹어보지.

지영, '두근두근' 이헌의 목소리를 듣고 충격받은 표정으로 멈춰 있다가.. 놀라 천천히 뒤를 돌아본다.
정장 차림의 이헌이 서 있다! 지영, 멍하니 그 자리에 그대로 얼음이 된다.

송재 당신은 또 뭐야?

이헌 (살기 등등하게) 뭐라? 당신? 네가 정녕 단칼에 죽고 싶은 것이냐?

송재   (헉/움찔) 단칼? 미친.. 미친놈이야? 말투가 왜 저래?

김매니저 심사관님, 제가 스위트룸으로 안내하겠습니다. (생글 웃으며 잡아채고)

송재   (끌려가며/지영 보는) 운 좋은 줄 알아! 우씨!! (가는)

이헌   (버럭) 이놈이 그래도!!

'옴마야!' 송재가 도망치고 나자, 이헌이 피식 웃으며 지영을 본다.
지영, 그대로 멍하니 서 있고.

지영   (믿어지지 않는) 전하...? 정말 전하세요?

이헌   약조를 지키러 왔다. 내 너를 찾겠다는 약조 말이다.

지영   (눈물이 주르륵) 치.. 멋있는 척하기는.. (눈물 훔치고) 석수라는요?

이헌   (자리에 앉으며) 네가 없는데 무슨 맛으로 먹었겠느냐. 와서 기미하거라.

지영, 그대로 달려가 이헌에게 안기는데...!
이헌, 지영을 품에 안고 키스한다. 서로 포개지는 얼굴.
주방 문 사이로 빼꼼히 지켜보던 순금과 셰프들(엄,맹,민,심)이 우당탕
요란한 소리를 내며 넘어진다.
이때, 어디선가 날아온 노랑나비 두 마리가 축복하듯 지영과 이헌 위로
하트를 만들며 맴돌고..

53. 지영의 집 / 지영의 방 / 낮

지영, 갓 세수한 얼굴이다. 화장대 앞에 앉아 설화수 크림을 바르고 있다.
컷, 컷 넘어가며 어느새 화장이 거의 끝난 지영, 설화수 립스틱을 바르
는데, 휴대전화가 울린다.
보면, 김매니저다. 스피커 폰으로 전화 받는 지영.

지영   응~ 선배~

김매니저	(E) 연셰프, 그 미슐랭이 사기꾼이 맞더라고! 신고해서 경찰에 끌려
	갔어~!
지영	(립스틱 바르다가) 어머. 거봐! 나쁜 시키! 먹는 거 가지고 장난치더니.
	벌받아도 싸지.
이헌	(E) 연숙수!
지영	(밖을 향해) 예~ 나가요~! (급히) 알겠어, 선배. 내일 봐. (끊는)

지영, 거울 앞에서 급히 옷매무새를 정리하고 밖으로 나간다. 오랜만에
미소가 가득한 얼굴이다.

54. 지영의 집 / 주방 / 낮

앞치마를 맨 이헌이 초라한 고추장 버터 비빔밥 한 그릇을 완성해 놓고
지영을 기다린다.

지영	잘 먹겠습니다~ (하고 식탁 보며) 헐... 이게 다 뭐예요? 고작 비빔밥
	이네요.
이헌	고작? 하! 이건 조선의 왕인 내가 처음으로 만든 일류 궁중 비빔밥이다.
	환세반이지.
	(삐짐/비빔밥을 자기 앞으로 당기며) 먹기 싫으면 먹지 말거라.
지영	에헤이~ (그릇 다시 당기고) 먹을 거예요. 잘 먹겠습니다.
이헌	(피식, 그 비빔밥을 한 숟갈 퍼서) 그럼, 아~ 해 보거라.
지영	(행복한 미소) 아~~ (한입 먹고 맛이 좀 이상한 듯 갸웃)
이헌	맛이.. 있느냐?
지영	... 브라운 버터만 넣으면? (미소)

하며, 인덕션에 프라이팬을 올리고 버터를 녹이는데. 이헌, '부러운 밧
터?' 하고 신기하게 냄새 맡고. 지영, '이게 "뵈르 누아제"라고 하는데,

버터를 태우듯이 녹이는 거예요~' '볼수록 신기한 화로다~' '말투를 좀 바꿔야 되지 않을까요?' '어떻게 말이냐?' '근데.. 저를 어떻게 찾았어요?' '그것이 말이다.. 여기로 뚝 떨어지고 나서, 길에서 한 귀인을 만났는데....'

꽁냥꽁냥 행복한 두 사람의 모습에서.

지영   (E) 믿어지지 않겠지만, 그는 1500년대에서 왔다.

그가 어떻게 오게 됐냐고? 그건 중요하지 않다.

.......우린 다시 만났으니까... (한쪽 눈 찡끗)

......The end..

Bon Appétit, Your Majesty

미니 에필로그

1. 서울 / 봉덕궁 일각 한복 대여점 / 낮

지영, 한복을 갖춰 입고, 남성 탈의실 앞에서 이헌을 기다리고 있다.
충격적인 표정으로 탈의실에서 나오는 이헌. 대여용 곤룡포를 입은 채다.

지영   거봐요 내 말 맞죠? 빌려준다니까~

이헌   (얼굴이 하얗게 질려서) 곤룡포를 빌려준다는 것이 사실이었다니.. 하..

이헌, 일각을 본다. L,M,S, 사이즈별로 걸려 있는 곤룡포. 황당한 표정.

지영   (웃으며) 가요~ 시간 없어요~ 한 시간에 삼만 원이라구요~

이헌   (노엽고) 뭐라? 감히 내게 돈까지 받겠다는 것이냐? (부들부들)

지영   (쉿! 작게) 자꾸 시끄럽게 굴면, 나 먼저 가요? 아이스크림 사줄까 했는
데... (나가고)

이헌   (??) 아이수쿠림..? 흠흠.. (눈치보며 슬쩍 따라 나가고)

2. 서울 / 봉덕궁 편전 앞 / 낮

곤룡포와 한복 차림으로 아이스크림을 먹으며 나란히 경복궁을 걷는
지영과 이헌.
지영, 걷다가 침전 앞에서 감회가 새로운 듯 멈추고 이헌을 보는데..
이헌, 아이스크림에게 정신을 빼앗겼다. 어느새 다 먹고 지영의 손에
들린 아이스크림을 본다.

지영	(피식) 자요. (하고 내밀면)
이헌	(홱 받아서 먹으며) 이렇게나 달콤하고 시원한 맛이라니... (행복한)
지영	(미소) 자~ 이제 아이스크림도 다 먹었고, 사진이나 한 장 찍을까요?
이헌	사진이라니? 혹시 사람이 나오는 그 요술상자 말이냐?
지영	요술상자라뇨? (하다가 번뜩) 아~ 설마, 텔레비전 말하는 거예요? (웃고)
이헌	뭐, 타, 탈라바잔?
지영	거기 잠깐 서봐요~ (휴대폰 카메라 켜서 뒤로 가면서) 오 좋아~ 지금 표정 좋아요. 그쵸~ 웃어요~ 스마일~
이헌	수마일..? 뭐, 뭐냐.....(편전 앞에서 어색하게 포즈 취하고) 이렇게 말이냐?
지영	어! 어! 움직이면 안 돼요! (하다가) 굿~! (찰칵 찍고)
이헌	(어리둥절한데)...

지영, 이헌에게 달려가 방금 찍은 이헌의 편전 앞 사진을 보여준다.
이헌, 멋지게 나온 자신의 사진을 보며 흡족한데.

지영	(흡족한) 어때요? 멋있죠? 잘 나왔죠?
이헌	흠흠.. 뭐, 과인이 워낙 수려한 용모긴 하지 않느냐?
지영	(도리도리, 한숨) 예 예~ 따라오세요~ (경회루를 향해 가는)
이헌	어딜 가느냐?

| 지영 | (돌아보며 미소 짓고) 저두 찍어주셔야죠~ (가면) |
| 이헌 | (화들짝) 찌, 찍어? 너를? 그게 무슨 말이냐? (따라가며 부르는) 연숙수! |

3. 서울 / 봉덕궁 / 수라간 일각 / 낮

이헌, 수라간 일각에 서서 지영의 휴대폰을 들고 살펴보는 중이다.

이헌	(셔터 부분 눌러보며) 아.. 이렇게 누르면, 찍힌단 말이로군.
지영	굿~ 맞아요~ 그럼 제가 저어기 서 있을 테니까, 이대로 누르기만 해요. 알았죠?
이헌	(내키지 않지만) 알았다.

지영, 수라간 일각을 걸어 다니며 여기저기서 포즈를 취한다. 아궁이 앞, 도마 앞, 수라간 회의실 등등..
이헌, '좋다!' '굿이다!' 하면서 엉뚱한 사진(손이 클로즈업 되거나, 입만 나오거나 등등)을 찍는다.
자신이 어떻게 나오는지도 모른 채 지영, 여기저기서 자리를 옮겨 다니며 열심히 포즈를 취하고.
열심히 휴대폰 셔터를 눌러대며 혼자 웃음이 터지는 이헌.

| 지영 | (뭔가 찜찜하고) 응? 뭐지? (다가가 이헌의 휴대폰을 확 뺏고 내용을 확인하는) |

지영의 손과, 입, 몸, 전부 괴상한 사진들이다. 열받은 지영 '후~' 입으로 앞머리를 불어 넘기면.
이헌, 웃음을 참으며 모른 척, 저만치 걸어간다.

| 지영 | 동작 그만, 거기 안 서요?!!!! |

이헌	우하하하하!!! (도망치고)
지영	(황당해하며 같이 뛰는) 잡히면 가만 안 둬요 진짜!!
이헌	과인에게 그런 것을 시킨 네 잘못이다! 하하하!! (날랜 걸음으로 도망치고)

지영, 도망가는 이헌을 뒤쫓고, 약 올리듯 더욱 빨라지는 이헌의 발걸음. 결국, 수라간 일각 어딘가로 숨는다. 지영, 열 뻗친 표정으로 그런 이헌을 찾아 여기저기 헤매고.

4. 서울 / 인사동 라면집 / 낮

사람들로 북적이는 라면 가게 안. 꼬질꼬질한 지영과 이헌, 엄숙한 표정으로 앉아 있다.
지영의 배에서 꼬르륵~ 하면, 화답하듯 이헌의 배에서 다시 꼬르륵~ 소리가 들리고.

지영	아 배고파~!! (휙 흘겨보며) 또 그렇게 장난치실 거예요?
이헌	(눈이 퀭해) 네가 그렇게 호랑이 기운이 솟아나는 여인인지.. 내 오늘 알았다. (하는데)
지영	(우이씨).. 이건 전하가 다 사요.
이헌	(대꾸할 기력도 없다.. 엽전 몇 개 꺼내놓으며)...이거면 되겠느냐?
지영	(기가 막혀 피식 웃으며) 하.. 참.

이때, 지영과 이헌의 앞에 착착 놓이는 라면.

이헌	(눈이 반짝이며) 이건, 고초장 뻐스타가 아니냐?
지영	(피식) 이건 라면이라고 하는 건데요, 현대에선 사람들이 엄청 좋아하는 음식이에요.

이헌	오호~ 라면이라? (침을 삼키며 지영을 본다)
지영	(호호 불어가며 기미하는) 드셔 보세요.
이헌	(따라서 호호 불며 먹기 시작하는)..

이헌, 라면의 엄청난 맛에 동공이 커진다. 빠른 속도로 라면을 먹어 치우는 이헌. 한 그릇을 더 시키고. 한 그릇을 더 시키고.. 쌓여 가는 라면 그릇.. 사람들이 모두 이헌을 본다.
지영, 그런 이헌을 미소로 보는 데서.

 <끝>

안녕하세요 김 작가입니다.
이렇게 대본집으로 여러분을 만날 수 있어 무척이나 기쁘고 설렙니다.

사극을 좋아하고, 요리를 사랑하는 사람으로서 이 드라마를 집필하면서
좋아하는 것과 이야기를 만드는 것은 많이 다르구나 하는 것을 새삼 느꼈습니다.
대장금을 보고 자란 팬으로서 제가 쓴 요리 사극이 시청자들을 충분히 만족시
킬 수 있을지.. 걱정도 되었구요..
과연 이 요리들이 지루하지 않게 스토리와 잘 엮여서 전달이 될 수 있을지 하는
고민도 많았습니다. 산가요록, 수운잡방, 도문대작 등을 뒤지고, 프렌치 셰프,
중식 셰프, 궁중 요리 자문 교수님들과 회의하며 정답을 찾아가기 위해 애썼던
수많은 시간들.. 다른 요리 드라마들과의 차별점과 재미적인 표현을 위해 고민
하던 순간순간들..
이 모든 고민은 결국, 이 드라마의 요리가 하나의 캐스팅처럼 중요하게 보여지
기를 바랐고, 폭군과 셰프와 요리, 이 세 가지가 절묘하게 어우러지게 하는 과
정이었습니다.

그런데, 이 모든 것들을 잘 표현하기에 시간이 항상 부족했습니다.

이 작품은 편성 후 방송까지 약 9개월간의 시간 속에 쓰여졌습니다.
주어진 시간이 너무나 짧았기에 우려와 걱정도 많았지만
방송 후 시청자분들의 뜨거운 관심과 많은 사랑을 받으며,
모든 것이 분에 넘치는 행운이 아니었나 생각해봅니다.

기간은 짧았지만, 결코 쉬운 여정은 아니었기에 아쉬움도 많이 남습니다.
하지만 언제고 다시 더 좋은 드라마로 여러분을 만날 것이기에
아쉬운 마음을 접어두고 다음 길을 가려 합니다.
그동안 폭군의 셰프를 사랑해주신 시청자 여러분… 너무 고맙고 감사드립니다.

마지막으로,
저보다 앞서 폭군의 셰프를 4개월간 작업하다가,
자신들의 오리지널 드라마가 편성됨에 따라 폭셰를 떠나야 했던
박찬영, 조아영 작가님께 감사의 말씀을 드립니다.
제가 집필을 하게 되면서 극본은 새롭게 각색되었지만,
앞 회차 대본 곳곳에 그들의 빛나는 숨결이 남아 있습니다.

그리고 4부부터 저의 뒤에서 묵묵히 저를 돕고 마지막까지 함께해 주신
노호성 작가님께 감사합니다.
그분의 노고가 있었기에 쫓기는 시간 안에 대본을 완성할 수 있었고,
제가 버틸 수 있었습니다.

부족한 대본을 빛나는 연출로 완성해주신 장태유 감독님과
빈틈없는 제작을 위해 피땀 흘려 애쓰신 필름 그리다와 스튜디오 드래곤의
모든 여러분께도 너무나 감사드립니다.

기획부터 마지막 방송 현장까지 직접 발로 뛰며,
모든 시간을 함께했던 고아라PD에게도 깊은 고마움을 전합니다.

이 대본집이 나오기까지 애써주신, 출판사 청어람 박문수 실장님과 관계자분들
에게 무한한 감사의 인사를 전합니다.

사랑하는 저의 가족들에게도 감사와 사랑의 마음을 전합니다.

이헌의 회상씬_비빔밥 요리

이헌이 처음 지영이 만들어준 비빔밥을 먹으며 어머니를 떠올리는 장면.

최애씬은.. 너무 많은데, 1부에 '왕은 헤아리는 사람'이라는 대사가 나오는데요. 처음 이 드라마를 집필할 때 셰프의 마음이 담긴 음식과 그것을 먹으며 감응하는 먹는 이의 마음이 앞으로 어떻게 표현되어 그려질지 보여지는 씬이라서요. 제게는 쓸 때도 완성된 드라마를 볼 때도 의미가 깊은 씬입니다.

1부 # 42. 길금이네 초가집 / 마당 / 밤

지영　　아~

　　　　이헌, 못 이기는 척 받아먹기 시작한다. 흡족하게 바라보는 지영.

지영　　거봐 거봐.. 이럴 줄 알았어. 맛있죠? 맛있어 죽겠죠?
이헌　　(진지하게) 수저를 멈추지 마라.

　　　　지영, '아' 하고 다시 한 숟갈 퍼서 주는데.

폐비연씨　(E) 아~

1부 # 43. 이헌의 회상 / 동궁전 / 낮

　　　　폐비 연씨가 세자 이헌에게 밥을 먹여주고 있다. (6살 정도)

폐비연씨   (밥을 간장에 슥슥 비벼주며) 아~

이헌   (덥썩 먹고 오물오물)

폐비연씨   (흐뭇한 미소) 맛있습니까??

이헌   (빙그레) 예, 어마마마.

폐비연씨   세자, 할마마마께 혼났다고 수라를 걸러서야 되겠습니까?

이헌   (샐쭉) 그것이 아니오라.

폐비연씨   왕은, 헤아리는 사람입니다. 가족을 헤아리고. 하늘을 헤아리고.
           다른 이의 마음을 헤아리는 사람입니다.
           허니 할마마마의 마음도 헤아려 주세요.

이헌   헤아려요?

폐비연씨   (인자하게 웃으면서) 크면 그 의미를 아시게 될 것입니다.

이헌   소자, 이미 다 컸사옵니다.

폐비연씨   (다시 숟가락 건네주며) 자~ 아~

1부 # 44. 현재 / 길금의 초가집 / 밤

           자~ 아~상념에서 깨어나는 이헌. 어느새 눈시울이 붉어졌다.

지영   그렇게 매워요? (함지박 보며) 벌써 다 먹었네.

이헌   (밥을 씹으며) ....

지영   (길금 보며) 이제 치우자 길금씨~ (치우며 움직이고)

길금   야~ (도우며 움직이는)

           이헌의 시선으로 보면 지영과 길금이 어느새 하하호호 웃으며 밥상을
           치우고 있다.
           그런 지영을 뚫어져라 보고 있는 이헌.

이헌   (E) 묘한 일이군. 이렇게 단출한 음식으로 어머니를 떠올리게 하다니.

〈폭군의 셰프〉 연출 장태유입니다.

대본집 발간을 축하드립니다.

이 안에는 현장 상황과 시간 제약으로 표현되지 못했던 씬들이 들어있습니다.
모든 배우와 스텝들이 최선을 다해 구현하려 했지만 미처 보여주지 못한 장면들이 있습니다.

연출자도 작품이 DVD나 블루레이로 나오면 영광으로 느끼듯이 대본집은 잘된 작품에게 주어지는 훈장인 것 같습니다.

다섯 번째 사극을 연출하면서 이번에는 편안하고 쉽겠지 하는 마음으로 덤볐던 이 작품이 막상 들어가 보니 생전 처음 접해보는 요리의 세계, 수라간이라는 공간에서 벌어지는 전쟁 같은 셰프들의 상황. 하루에 다섯 끼를 드셨다는 임금님의 수라상은 과연 어떻게 표현돼야 사실감 있을까 하는 끝없는 고민의 늪에 빠져 허우적대다가 촬영이 끝나고 방송이 되었습니다.

이 모든 험난한 과정을 끝까지 완주할 수 있도록 인도해준, 훌륭한 대본을 집필해주신 작가님의 노고에 깊이 감사드립니다.

장태유 감독

감독의 씬

경기감영씬_수비드 요리

뻔뻔한 임송재가 수비드 요리를 먹으며 놀라는 씬,
씬 끝에 이헌이 등장하는 부분까지.

조선에 떨어진 연지영이 제대로 만드는 최초의 요리이자(비빔밥 이후) 맛없으면 정말 죽을 수도 있는 위기에서 탈출해야 하는 간절함이 있고, 입으로는 맛없다 하면서 몸이 맛에 반응하는 임송재의 코믹한 모습(거의 최초의 맛 판타지 씬) 그리고, 주상전하의 등장으로 구세주가 나타난 건지 더 최악의 상황으로 치닫는 건지 알 수 없는 씬 결말.

>> 이 부분이 12부 엔딩에 다시 나오는 대사이기도 합니다.

2부 # 23. 경기감영 / 후원 정자 / 밤

송재   (지영 보며) 묻겠다. 만약 이 반상에 자연이 담겨있지 않으면 어쩔 것이냐. 그땐 네 목이라도 내놓겠느냐?

지영   (E) 어차피 돌아갈 방법도 모르니까, 이판사판이다.
        ...분명 수비드 요리는 퍼펙트했으니까.
        (으쓱) 예, 원하신다면요. 자, 이제 한입 드셔 보세요.

        주변에 지켜보던 사람들, 침을 꿀꺽 삼킨다. 긴장감이 흐른다.

송재   (비웃듯이) 흠.. 알겠다. (서서히 젓가락을 든다)

        임송재가 먼저 입꼬리 한쪽이 묘하게 올라가더니 고기를 입에 넣고 씹는다. 임서홍도 마찬가지로 고기를 먹는다.

다시 한 입 베어 물어보고, 씹고, 음미하고 표정이 변해가는 임송재와 임서홍. 긴장감이 더욱 고조되고.

서홍   (눈썹이 가늘게 떨리며 탄성이 저절로)...오옷?? 이게 무언가?! (송재 보면)

송재   (고기를 씹으며, E) 이 식감.. 이 맛은.. 참으로 처음 느껴 보는 맛!

서홍   (E) 고기가 씹히는 게 아니라 녹는구나. 사르르..

송재   (E) 입안 가득 담기는 육즙은 대체 뭐란 말인가?

지영, 송재의 동공이 커지는 것을 보고, 됐다! 싶은.

* * *

지영   (E) 와.. 여기서.. 나 이렇게... 억울하게.. 죽는 거야? 조선시대에서? 하나님! 부처님!! 누구라도 도와줘.. 제발..

송재   니 요리를 원망해라.

지영   (노려보고) 내 요리는 잘못이 없어요. 문제는 정직하지 못한 당신의 헛바닥이지.

지영 두 손 모으고 눈을 감는데, 이때, 횃불이 훅, 흔들리며.

이헌   (E) 잠깐!

지영   (소리가 난 곳을 보면) !!

멀리 일렁이는 어둠 속을 슬로우모션으로 걸어 나오는 검은 실루엣.
(영웅본색 풍의 음악이 깔리며)
점점 선명해지더니 걸어오는 누군가의 발이 보인다.
이내 선명한 누군가의 얼굴, 바로 이헌이다!
차가운 눈빛으로 저벅저벅 걸어와 부복해 있는 지영의 앞에 서는 이헌.
이헌의 등장에 정자 위 모두가 당황하며 '전하!' 하고 부복한다.

이헌   (지영을 내려다보며) 너의 말이 사실이라면.. 과인이 한번 먹어보겠다.

입가에 묘한 미소를 띠고 고개 숙인 지영을 내려보고 있는 이헌.

레스토랑_대령숙수 요리

현재로 온 연지영이 맛에 대해 트집 잡는 미슐랭 (가짜)심사관 스티브 임(송재)과 말다툼을 벌일 때, '그렇다면 내가 한번 먹어보지' 하며 등장하는 이헌 씬,
이후 키스하며 스틸이 잡히는 12부 드라마 엔딩까지.

이 씬은 드라마의 수미쌍관을 이루는 씬이면서, 위기에 빠진 연지영을 구해주는 순간 등장하는 이헌(주상)의 모습과 중첩됩니다. 묘한 기시감이 주는 쾌감과 이후 이어지는 키스씬은 연출자로서 폭군의 셰프에서 최애 키스씬입니다.

12부 # 52. 앰배 호텔 / 앙팡 레스토랑 / 밤

송재 (음미하며) 음~ 피니쉬가 아주 매력적이네.

지영 (다가서며) 안녕하세요~ 앙팡 총괄 헤드셰프 연지영입니다.
(E) 임송재랑 너무 똑같이 생겼잖아..

송재 네, 무슨 일로?

지영 (E) 하..! 여기서도 트집을 잡네.
쌀머루ुरु 갈비 조림과 오골계 삼계탕을 다시 주문하셨다고 해서요.
음식에 무슨 문제라도 있을까요?

송재 아~ (피식) 돌려서 얘기하니까 잘 못 알아들으셨구나~
(표정 돌변하며) 자연을 담은 모던 한식이라면서요. 여기 어디에 자연이 담겨있죠?

지영 (E) 어디서 생트집이야?
거짓말하는 인간의 헛바닥은 막을 수가 없다더니!
손님께서는 지금 음식에 손도 안 대셨잖아요.

송재 하.. 지금 내가 제대로 먹어보지도 않고 거짓말을 하고 있다?
와~ 평가를 피하는 아주 기발한 방법이네. 실력이 없으면 얌전하나 있을 것이지.

지영 (파르르 떨며 팔을 걷어붙이고)
당신, 진짜 미슐랭 맞아? 당신 같은 사람이 어떻게 심사관이야?

송재   (일어선다) 뭐? 이 사람이 보자 보자 하니까! 당신 같은 사람이야말로
      어떻게 셰프야!
      좋아, 내가 오늘 아주 제대로 평가해줄게! 네 요리를 원망해라!
      (품 안에서 칼을 뽑듯 평가 노트를 꺼내 쫙쫙 긋는데)
지영   뭐요?

이때, 어디선가 나직하게 들려오는 목소리.

이헌   (E) 그 말이 사실이라면, 내가 한번 먹어보지.

지영, '두근두근' 이헌의 목소리를 듣고 충격받은 표정으로 멈춰 있다
가.. 놀라 천천히 뒤를 돌아본다.
정장 차림의 이헌이 서 있다! 지영, 멍하니 그 자리에 그대로 얼음이
된다.

• • •

이헌이 피식 웃으며 지영을 본다.
지영, 그대로 멍하니 서 있고.

지영   (믿어지지 않는) 전하...? 정말 전하세요?
이헌   약조를 지키러 왔다. 내 너를 찾겠다는 약조 말이다.
지영   (눈물이 주르륵) 치.. 멋있는 척하기는.. (눈물 훔치고) 석수라는요?
이헌   (자리에 앉으며) 네가 없는데 무슨 맛으로 먹었겠느냐. 와서 기미하거라.

지영, 그대로 달려가 이헌에게 안기는데...!
이헌, 지영을 품에 안고 키스한다. 서로 포개지는 얼굴.
주방 문 사이로 빼꼼히 지켜보던 순금과 셰프들(엄,맹,민,십)이 우당탕
요란한 소리를 내며 넘어진다.
이때, 어디선가 날아온 노랑나비 두 마리가 축복하듯 지영과 이헌 위로
하트를 만들며 맴돌고..

여러분들의 사랑으로 이렇게 대본집이 나오게 되었습니다 ♥
저도 이 대본을 읽으면서 어떻게 연기해보면 좋을까,
연지영을 어떤식으로 표현할 수 있을까. 고민해보고
촬영장에 가면 날들이 기억나네요 ☺
저에게도 배우로서 현장의 경험부터 작품의 표현까지
지금까지와는 또다른. 새로움이 많았던 작품이기에
셰프로서 연지영으로서 살아온 이 시간들을 잊지 못할것같아요.
    그동안 〈폭군의 셰프〉를 사랑해주신
    모든 시청자 분들에게 감사드립니다 ♥

윤아

— 연지영 ♥ —

이헌으로 〈폭군의 셰프〉에 참여할 수 있어 큰
영광이었는데, 이렇게 대본집으로 다시 만날 수 있게 되어
정말 뜻 깊습니다 :)

무엇보다 대본집이 나올 수 있었던 건,
〈폭군의 셰프〉를 끝까지 사랑해주신 시청자 여러분 덕분에
가능한 일이었다고 생각합니다.

한 장면, 한 대사마다 큰 의미가 있었던 〈폭군의 셰프〉였기에,
저나 느꼈던 흥미와 감동을 여러분도 대본집을 통해 느껴
보셨으면 좋겠습니다.

다시 한번 큰 사랑 느낄 수 있게 해주시고,
기억해 주셔서 진심으로 감사드립니다 ♡

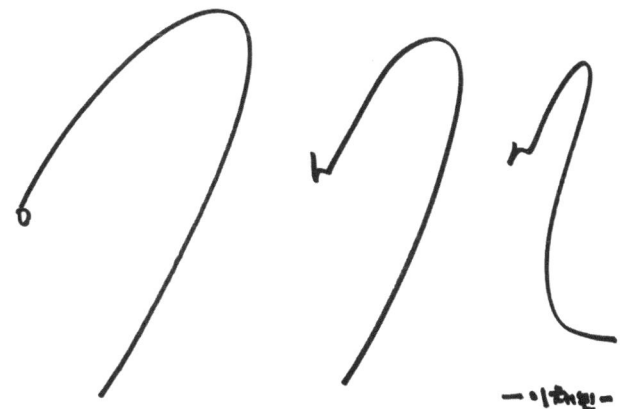

— 이채민 —

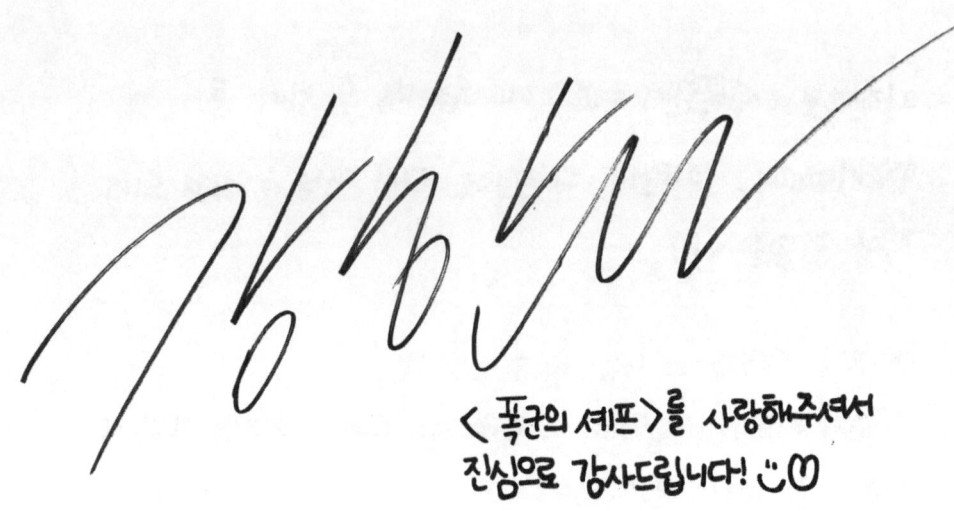

< 폭군의 셰프 >를 사랑해주셔서
진심으로 감사드립니다! ^^ ♡

" 폭군의 셰프 " 를 사랑해주신 시청자 여러분
진심으로 감사드립니다.
무더위 속에 촬영했던 " 힘들었던 기억 " 이
여러분들의 사랑으로 " 행복했던 추억 " 으로 바뀌었습니다.
여러모로 힘드실때에 저희 폭군의 셰프 가
조금이나마 위로와 응원이 되었길 바라며..
매보람 과 함께 " 폭군의 셰프 " 오래오래 추억해 주세요 !

-임송재 역

Swneg

- 길금, 윤서아 -

아따 ~ 모다털 폭군의 셰프와
같이 사랑해 주서가꼬
찰불로 감사하덩게요
저도 겁나게 사랑해요잉 ~ ♡

폭염 속에 고생한 우리 모두와
시청자 여러분께 감사드립니다 ♡
- 엄숙수 -

승진기

연!! 봐!! 맨 봐!! 폭군이세도 봐!!
저런 일상에 조금이나마 활력이 되었걸 바랍니다 ♡

감사합니다.

-수혁. 박영운-

수혁으로 살아간 모든 순간이
큰 영광이었습니다.
〈폭군의 셰프〉 여정을
함께 해주셔서 진심으로
감사 합니다.

이주안

폭군의셰프 와 함께하고
를 사랑해주시고
의 '공간'을 아껴주신

모든 분께 감사를 드립니다.